股理丛书

畅销书系列

U0516285

股市小白必修课

关 闯 杜琳琳 于经纬 张 坤 ◎编著

股市小白必修 **7** 课程

拿起投资	打开投资	踏上投资	开启投资	学好投资	攀登投资	系好投资
"金钥匙"	"致富门"	"致富路"	"黄金瞳"	"擒龙诀"	"致富峰"	"安全带"

炒股需要注意的事、股票交易的流程、如何运用 K 线、如何判断股价趋势、如何选股、如何运用技术交易法走向人生巅峰、如何正确看待市盈率

经济管理出版社

ECONOMY & MANAGEMENT PUBLISHING HOUSE

图书在版编目（CIP）数据

股市小白必修课/关闯等编著 . —北京：经济管理出版社，2021.5（2021.8重印）
ISBN 978 - 7 - 5096 - 7973 - 9

Ⅰ.①股… Ⅱ.①关… Ⅲ.①股票投资—基本知识 Ⅳ.①F830.91

中国版本图书馆 CIP 数据核字（2021）第 081255 号

组稿编辑：杨国强
责任编辑：杨国强
责任印制：张莉琼
责任校对：张晓燕

出版发行：经济管理出版社
　　　　　（北京市海淀区北蜂窝 8 号中雅大厦 A 座 11 层　100038）
网　　址：www. E - mp. com. cn
电　　话：（010）51915602
印　　刷：唐山昊达印刷有限公司
经　　销：新华书店
开　　本：720mm × 1000mm/16
印　　张：17.25
字　　数：334 千字
版　　次：2021 年 7 月第 1 版　2021 年 8 月第 2 次印刷
书　　号：ISBN 978 - 7 - 5096 - 7973 - 9
定　　价：58.00 元

目　录

第一章　拿起投资"金钥匙"

学而不思则罔，思而不学则殆。只想不做，那叫空想；只做不学，那叫蛮干。掌握股票知识，看准股市潮流，果断采取行动，才能赢得"畅快淋漓"。随波逐流，稀里糊涂，虽然短期也可能获利，但时间久了必赔无疑。炒买炒卖，当然意在赚钱，然而拥有的人，应不为眼前些许蝇头小利吸引，不为"股仙""股神"的评论所迷惑，要逐步培养起自己的理解、自己的判断。

第一课　当"股神"还年轻的时候，他学过什么？
——股票的基本常识

一、股票的概念

说穿了，股票不过是一张"纸"、一个"符号"，它之所以能成为投资者追逐的目标，是因为一旦买入了股票，就成为该股票发行公司的股东。公司赚钱时，能领到现金红利，或获得配股。低价买进，高价卖出时，可以赚取差价。可见，小小的一张"纸"，具有不少可以享受的权利，还有不少潜在的赚钱机会。也正因如此，投资者才愿意买进并拥有它。股票作为一种具有高流动性、易变现的流动资产，投资者越来越喜欢它。

初涉股海，投资者可能对股票感到神秘。其实，股票是股份有限公司在筹集资本时向出资人发行的股份凭证，代表着其持有者（股东）对股份公司的所有权。这种所有权是一种综合权利，如参加股东大会、投票表决、参与公司的重大决策、享受红利分配或获得配股权利等。

股票可以通过买卖方式有偿转让，股东可以通过股票转让收回其投资，但不能要求公司返还其出资。股东与公司之间的关系不是债权债务关系，而是一种所有权关系。持有了股票则就成为公司的股东，股东以其出资额为限对公司负有限责任，承担风险，分享收益。股东权力的大小，取决于占有股票的份额多少。

股票自诞生之日起，已经有几百年的历史。企业可以通过向社会公开发行的方式或者向特定对象定向发行的方式发行股票来筹集资金用于生产经营。国家可通过控制多数股权的方式，用同样的资金控制更多的资源。

> 点评：一位伟大的思想家曾经说："当人们忘记了一切时，剩下的便是文化。"股票的道理也是如此。知道了什么是股票，才能综观大局，理解股市发展久盛不衰的深层动力。

二、股票来源

现代社会，股票已经越来越为人们所熟悉，也越来越走进普通人的生活。股票是脱胎于股份制有限公司的一种产物，而股份制公司是市场经济发展到一定阶段的产物。

股份制是以入股方式把分散的、属于不同人所有的生产要素集中起来，统一使用、合理经营、自负盈亏，按股分红的一种经济组织形式。股份制的基本特征是生产要素的所有权和使用权的分离，在保持所有权不变的情况下，把分散的使用权转化为集中的使用权。

股份公司是股份制最典型的形式。股份简称为"股"，把公司资本总额按相等金额分成的单位叫作股份。股份制公司是通过发行股票及其他证券以筹集资金的一种企业组织形式。

> 点评：对股票的历史略知一二，你就会发现，充实自己的头脑，比充实钱袋还要重要。

三、股票票面内容

股票凭证是股票的具体表现形式，就像任何票据凭证都必须有相关内容一样。在一般情况下，上市公司的股票凭证票面应具备以下内容：

（1）发行该股票的股份有限公司的全称及其注册登记的日期与地址。

（2）发行的股票总额、股数及每股金额。

（3）股票的票面金额及其所代表的股份数。

（4）股票发行公司的董事长或董事签章，主管机关核定的发行登记机构的签章，有的还注明是普通股还是优先股等字样。

（5）股票发行的日期及股票的流水编号。如果是记名股票，则要写明股东的姓名。

（6）印有供转让股票时所用的表格。

（7）股票发行公司认为应当载明的注意事项。如注明股票过户时必须办理的手续、股票的登记处及地址，是优先股的说明优先权的内容等。

随着计算机技术及网络技术的发展与应用，我国股市股票的发行和交易都借助于电子计算机及电子通信系统进行，上市股票的日常交易已实现了无纸化，所以，现在的股票及交易仅仅是由电子计算机系统管理的一组组二进制数字而已。但从法律上说，上市交易的股票都必须具备上述内容。我国发行的每股股票的面额均为1元人民币，股票的发行总额为上市的股份有限公司的总股本数。

> 点评：股票发行上市不但要取得国家有关部门的批准，而且其票面必须具备一些基本的内容。股票凭证在制作程序、记载的内容和记载方式上都必须规范化并符合有关的法律法规和公司章程的规定。

四、股票特征

买进股票的人多了，价格就会上涨；卖出股票的人多了，价格就会下跌。股价的涨跌，就是买者与卖者之间较量的结果。从股票的买卖特性上看，有如下特征：

（一）流通性

股票的流通性是指股票在不同投资者之间的可交易性。流通性通常用可流通的股票数量、股票成交量以及股价对交易量的敏感程度来衡量。

可流通股数越多，成交量越大，价格对成交量越不敏感（价格不会随着成交量一同变化），股票的流通性就越好；反之就越差。股票的流通，使投资者可以在市场上卖出所持有的股票，取得现金。通过股票的流通和股价的变动，可以看出人们对相关行业和上市公司的发展前景和盈利潜力的判断。

（二）可以在市场上流通，但不可要求偿还

股票是一种无偿还期限的有价证券，投资者认购了股票后，就不能再要求退股，只能到二级市场卖给第三者。股票的转让只意味着公司股东的改变，并不减少公司资本。从期限上看，只要公司存在，它所发行的股票就存在，股票的期限等于公司存续的期限。

（三）能给投资者带来收益

股东凭其持有的股票，有权从公司领取股息（红利），获取投资收益。股息（红利）的大小，取决于公司的盈利水平和公司的盈利分配政策。

（四）赋予投资者一定权利

股东有权出席股东大会、选举公司董事会和参与公司重大决策等。股票持有者的投资意志和享有的经济利益，通常通过行使股东参与权实现。股东参与公司决策的权力大小，取决于其持有股份的多少。从实践中看，只要股东持有的股票数量达到左右决策结果所需的实际多数时，就能掌握公司的决策控制权。

（五）因价格波动具有投资风险

股票在交易市场作为交易对象，如同商品一样，有自己的市场行情和市场价格。由于股票价格会受到诸如公司经营状况、供求关系、银行利率、大众心理等多种因素影响，其波动有很大的不确定性。正是这种不确定性，有可能使投资者遭受损失。价格波动的不确定性越大，投资风险往往也越大。因此，股票是一种高风险的金融产品。

> 点评：小富靠攒、大富靠天，其实这个"天"指的就是机遇。把握股票特征，抓住机遇，你就赢得财富，就能获得成功。

五、股票种类有多少？

作为一种有价证券，股票本身并没有价值，但它可以为持有者带来股息收入和资本增值。按照不同的标准，可以对股票进行不同的分类。

按照股东享有的权益和承担的风险不同，股票可以分为普通股和优先股，按照有无记名分为记名股票和无记名股票；按有无票面金额分为面额股票和无面额股票；按投资主体的不同情况，分为国家股、法人股（企业法人股）、个人股（自然人的散股）和外资股等。

> 点评：尽管股票种类繁多，但物以稀为贵，投资者追捧的是永远能赚钱的股票，股市奉行的就是这个原则。

六、股票与债券的区别

两者都是有价证券，都是可以通过公开发行募集资本的融资手段，是证券市场上的主要金融工具，同在一级市场上发行，又同在二级市场上转让流通。股票和债券的区别在于：

（一）发行主体不同

作为筹资手段，无论是国家、地方公共团体还是企业，理论上说都可以发行债券，而股票只能是股份制企业才可以发行。

（二）收益稳定性不同

从收益上看，债券在购买之前，利息率已定，到期就可以获得固定利息，而不管发行债券的公司经营获利与否。股票在购买之前不定股息率，股息收入随着股份公司的盈利情况和盈利分配政策而变动，盈利多时往往多得，盈利少时往往少得，无盈利时往往不得。

（三）保本能力不同

从本金方面看，债券到期可回收本金。也就是说，连本带利都能得到。股票则无到期之说。股票本金一旦交给公司，就不能再收回，只要公司存在，就永远归公司支配。公司一旦破产，还要看公司剩余资产清盘状况，那时甚至连本金都会蚀尽，小股东特别有此可能。

（四）经济利益关系不同

债券和股票是两种性质不同的有价证券，两者反映不同的经济利益关系。债券所表示的只是对公司的一种债权，股票所表示的是对公司的所有权。权属关系不同，就决定了债券持有者无权过问公司的经营管理，而股票持有者有权直接或间接地参与公司的经营管理。

（五）风险性不同

债券作为一般的投资品种，其交易转让的周转率比股票低，价格变化幅度也相对不大，因此风险性要小一些。股票交易转让的周转率高，市场价格变动幅度大，可能暴涨暴跌，相对来说，风险系数大一些。但是，由于股票交易可能获得较高的预期收入，所以股票交易能够吸引大量投资者参与。

> 点评：股票的特性中，不可返还性决定了股票投资的风险性，价格的波动性决定了股票具有极大的"投机"性。这就是股市的意义和奥妙所在。

七、股票与储蓄的区别

股票投资和储蓄存款，都是将一定的资金交付给他人，并获取相应的收益，但两者在本质上根本不同：

（一）两者的投资性质不同

股票投资和储蓄存款都建立在某种信用基础上，但股票以资本信用为基础，体现着股份公司与投资者之间围绕股票投资行为而形成的权利与义务关系；储蓄存款是一种银行信用，建立的是银行与储蓄者之间的借贷性债务债权关系。

（二）法律地位和权利内容不同

股票持有者处于股份公司股东的地位，依法有权参与股份公司的经营决策，并对股份公司的经营风险承担相应的责任；银行存款人的存款行为相当于向银行放贷，处于银行债权人的地位，其债权的内容仅限于定期收回本金和获取利息，不能参与债务人的经营管理活动，对其经营状况也不负任何责任。

（三）投资增值的效果不同

股票和存款储蓄都可以使货币增值，但货币增值的多少是不同的。股票是持有者对股份公司的直接投资。投资者的投资收益主要来自两个方面：一方面是上市公司派发股息，另一方面是资本增值（股价上涨）。股息受到上市公司当年经营业绩和分配政策影响，处于经常性的变动之中。储蓄存款是通过实现货币的储蓄职能来获取货币的增值部分，即存款利息。利息是银行事先约定的、固定的，不受银行经营状况影响。

（四）存续时间与转让条件不同

股票是无期的，只要股票发行公司存在，股东就不能要求退股以收回本金，但可以进行买卖和转让；储蓄存款一般是固定期限的，存款到期时存款人收回本金和利息。普通的储蓄存款不能转让，大额可转让储蓄存单除外。

（五）风险不同

股票投资是一种风险性较高的投资方式，其投资回报率可能很高，但高回报往往伴随着高风险；银行作为整个国民经济的重要金融支柱，其地位一般说来是稳固的，很少发生衰落到破产的危险地步。

> 点评：尽管银行存款的利息收入通常低于股票的股息和资本增值，但它是可靠的，而且存款人在存款后，不必像买入股票后那样经常性地投入精力去关注它的变化。股票投资大不相同，需要时刻关注价格波动，操碎了心。

八、股票与股份公司的关系

股份公司具有以下几个特点：通过发行股票和公司债券等有价证券来筹集资本；基本上允许股票自由转让；股东以自己的出资额为限对公司的债务负责；从决策、业务执行、监察这些明确为公司机关的经营责任制看，适合于大企业形式；担当社会经营职务的董事不一定必须是股东。

股票是股份公司卖给股东的一种所有权证书。投资者在获得股票的所有权后，便理所当然地成为该公司的股东，有权参与公司经营的决策、享有公司的利润分配、优先购买新股、检查公司经营和分配公司剩余财产等权利。因此，股票、股东和股份公司之间就有了上述的密切联系。

> 点评：投资不可以"盲人骑瞎马，夜半临清池"。对于投资者来说，了解股票与股份公司的关系很重要。

九、股票价格术语

有关股票的价格，有几个常用的术语，对投资者非常有用，它们是开盘价、收盘价、最高价与最低价。

开盘价是指股票集合竞价时产生的成交价格，收盘价是指交易日最后一笔成交的价格。

最高价与最低价分别是指交易日内最高与最低的成交价格。

股票的发行价格是指投资者购买新发行的股票时所必须支付的价格，因此，它最为投资者关注。在股票的发行中，涉及面额价、市价、中间价和竞价四种价格。以股票的面额作为发行价格的为面额价格的发行，这种方式现在已经很少使用。

市场发行是指以市场价格为基准来确定股票价格的发行方式。一般情况下，股票的市场价格总是高于股票面额价格和中间价格，对发行人来说很有益处，所以这一方式多被采用，而且投资者已经适应这种表里不一的价格方式。中间价发行是以介于面额价和市价两个价位之间的第三种价格发行股票的方式，这种方式比较常见。

竞价，即"双边拍卖"。只是这种拍卖区别于一般的拍卖。在竞价中有出价和要价两个概念，出价总是指股票的购买者在一定的时间内对某一种股票所愿意出的最高价格，而要价是指股票的出卖者同时对该种股票愿意出卖的最低价格。当买卖双方的出价与要价一致时，一笔交易拍板成交。

> 点评：炒股术语看似杂乱，其实不然。只要肯下功夫学习，很短时间就可运用自如。

十、炒股如何缴纳个人所得税

根据国家税务总局的有关规定，个人转让股票所得属于"财产转让所得"应税项目，应按照20%的税率计征个人所得税。但是，为配合我国企业改制和鼓励证券市场的健康发展，经报国务院同意，财政部、国家税务总局分别于1994年6月、1996年12月和1998年3月下发了《关于股票转让所得暂不征收个人所得税的通知》《关于股票转让所得1996年暂不征收个人所得税的通知》《关于个人转让股票所得继续暂免征收个人所得税的通知》，规定从1994年起，对股票转让所得暂免征收个人所得税。

> 点评：根据《关于个人转让股票所得继续暂免征收个人所得税的通知》（财税〔1998〕61号）：从1997年1月1日起，对个人转让上市公司股票取得的所得继续暂免征收个人所得税。

第二课　这股票什么星座的？——股票的种类

一、原始股

原始股是在中国股市初期，在股票一级市场上以发行价向社会公开发行的企业股票。原始股从总体上可划分为：国有股、法人股与自然人股。

（1）国有股是国家持有股份，目前法律对国有股上市有严格的规定。

（2）法人股是企业法人所持有的股份，不经过转让是不能直接上市流通的。

（3）自然人股是一般个人所持有的股票，一旦该股票上市就可以流通。

在中国证券市场上，"原始股"一直是盈利和发财的代名词。通过上市获取几倍甚至几十倍的高额回报，通过分红能取得比银行利息高得多的回报。

> 点评：原始股的认购有完整的认购体系，不能进行私下交易。购股者要了解承销商是否有授权经销该原始股的资格，避免上当受骗。

二、普通股和优先股

普通股和优先股是股票的两种基本类型。普通股是公司最基本、数量最多的股份，因此普通股的股东享有最为广泛的权利并承担最为广泛的义务。普通股的股息不固定，由董事会每年根据公司盈利情况而决定股利分配。持有普通股的股东只有在优先股持有人之后才享有利润分配权、资产分配权和股份转移权。

优先股是股份有限公司专门为某些获得优先持有特权的投资者精心设计出的一种股票，它比普通股具有某些特别权利，同时又有更多限制。

优先股具有以下几个特征：

（1）优先股的股息一般相对固定，无论公司经营好坏，其股息不变，且股息支付也优先于普通股。

（2）优先股一般不具有投票权，不参与公司的经营管理，除非当公司需要讨论优先股有关权益时，优先股股东才有权参加股东大会，并享有投票权。

（3）优先股一般具有可赎回性质，发行此类股票的企业在一定年限后可按照一定价格将其赎回，必要时可平价赎回。

> 点评：普通股和优先股名副其实，是形式和内容的统一。

三、A 股、B 股、H 股、N 股和 S 股

我国上市公司的股票有 A 股、B 股、H 股、N 股和 S 股等区分。区分的主要依据是股票的上市地点以及所面对的投资者而定。

A 股的正式名称是人民币普通股票。它是由我国境内的公司发行，供境内机构、组织或个人（不含台、港、澳投资者）以人民币认购和交易的普通股股票。

B 股的正式名称是人民币特种股票。它是以人民币标明面值，以外币认购和买卖，在境内（上海、深圳）证券交易所上市交易。B 股的投资人限于：外国的自然人、法人和其他组织，香港地区、澳门地区、台湾地区的自然人、法人和其他组织，定居在国外的中国公民。中国证监会规定的其他投资人。现阶段 B 股的投资人，主要是上述几类中的机构投资者。B 股公司的注册地和上市地都在境内。B 股开始时，投资者在境外或在中国香港、澳门和台湾，2001 年开放境内个人投资者投资 B 股。

H 股，即注册地在内地、上市地在香港地区的中资企业股票。香港地区的英

文是 Hong Kong，取其字首，在港上市的中资企业股票就叫作 H 股。依此类推，纽约的第一个英文字母是 N，新加坡的第一个英文字母是 S，所以在纽约和新加坡上市的股票就分别叫作 N 股和 S 股。

点评：股票虽小，种类不少。

四、ST 股和 *ST 股

我国沪深证券交易所在 1998 年 4 月 22 日宣布，根据 1998 年实施的股票上市规则，将对财务状况或其他状况出现异常的上市公司的股票交易进行特别处理，由于"特别处理"的英文是 Special Treatment（缩写是"ST"），因此这些股票简称 ST 股。

上述财务状况或其他状况出现异常主要是指两种情况：一是上市公司经审计连续两个会计年度的净利润均为负值；二是上市公司最近一个会计年度经审计的每股净资产低于股票面值。

在上市公司的股票交易被实行特别处理期间，其股票交易应遵循下列规则：

（1）股票报价日涨跌幅限制为 ±5%。

（2）股票名称改为原股票名前加"ST"。

（3）上市公司的中期报告必须审计。

从 2003 年 5 月 8 日开始，警示退市风险启用了新标记：*ST，以充分揭示其股票可能被终止上市的风险并区别于其他股票。在退市风险警示期间，股价的日涨跌幅限制为 5%。

有下列情形之一的为存在股票终止上市风险的公司：

（1）最近两年连续亏损的（以最近两年年度报告披露的当年经审计净利润为依据）。

（2）财务会计报告因存在重大会计差错或虚假记载，公司主动改正或被中国证监会责令改正，对以前年度财务会计报告进行追溯调整，导致最近两年连续亏损的。

（3）财务会计报告因存在重大会计差错或虚假记载，中国证监会责令其改正，在规定期限内未对虚假财务会计报告进行改正的。

（4）在法定期限内未依法披露年度报告或者半年度报告的。

（5）处于股票恢复上市交易日至其恢复上市后第一个年度报告披露日期间的公司。

（6）交易所认定的其他情形。根据此规定，存在退市风险的公司股票在简称前均冠以 *ST 标记。

点评：投资者对于特别处理的股票也要区别对待，具体问题具体分析，比如，有些 ST 股主要是经营性亏损，那么在短期内很难通过加强管理扭亏为盈；有些 ST 股是由于特殊原因造成的亏损；有些 ST 股正在进行资产重组，是否具有投资价值需要进一步观察。不管有没有带＊，ST 股票比正常的股票风险大。做出区别的目的是使投资者能够非常容易地区分哪些股票存在较大的退市风险，便于投资者识别、决策。

五、概念股和指标股

概念股是指具有某种特别内涵的股票，而这一内涵通常会被当作一种选股和炒作题材，成为股市的热点。

概念股与业绩股是相对而言的。业绩股需要有良好的业绩支撑，概念股则依靠某一种题材支撑价格。"中国概念股"是外资因为看好中国经济成长而对所有在海外上市的中国股票的称呼。

说起指标股，不能不说到股票指数。股票指数虽说是代表整个市场走向的"晴雨表"，但往往只是挑选了一些样本公司的股票进行计算，而且在计算时，由于其中的某只或某几只股票价格高、流通市值大、权重系数大，从而这几只股票的价格变动对股指的最后计算结果影响大，甚至产生失真。

总股本（总市值）大的股票，所占整个股市全部股份的比重大，每上涨或下跌（个股）几个百分点，将会影响大盘指数的上涨或下跌。比如，全部股票不涨不跌，某一个指标股上涨了 10%，可能根据它在大盘指数中的权重占比，就能使大盘指数上涨 1 个百分点；反之亦然。国企大盘股和金融股，都是指标股。

指标股在股市中往往起着聚集市场人气、推动价格涨跌的作用。因为指标股是对股指变动影响较大的股票，它们的上涨或下跌很可能带动股指的上涨或下跌，所以往往可以通过指标股的涨跌预判股指的涨跌。对于想影响普通投资者对整个市场判断的机构投资者来说，操纵指标股显然是一种"四两拨千斤"的做法——只要集中精力影响指标股的走势，就能左右整个市场的走势。

由于上海证券交易所和深圳证券交易所大盘指数计算方法的不同，所以指标股的具体所指也是有差别的。上海证券交易所的指数是采用全部股本（包括流通股本和非流通股本）作权重，所以只要看总股本大的就是指标股；深圳证券交易所的指数是采用流通股本作权重，所以总股本大的不一定对指标产生大的影响，需要看流通盘的大小。

点评：指标股常常受到数家大主力的关照，指标股股价一旦开始上涨，往往会有一段坚挺而持续的上涨行情，因而在指标股启动初期及时购进，往往能有所收获。

六、题材股

顾名思义，题材股是有炒作题材的股票，这些题材可供炒作者（所谓庄家）借题发挥，可以引起市场大众的跟风。例如，能源紧张时，一些替代性的生产酒精或生产太阳能电池的公司股票就成为炒作题材，称为"新能源题材股"。外资进入股市时，又出现"外资收购题材股"，奥运申办成功时，立刻出现"奥运题材股"。总之，一切可以引起市场兴趣的话题，都是炒作题材，所涉及的股票，也就成了题材股。

题材股由于某一突发事件或特有现象而使部分个股具有一些共同特征，有时也被称作"板块"，例如"资产重组板块""高送配板块"等。市场（股价）要炒作，就必须以各种题材做支撑，这已成了股票市场炒作股价的不成文的规律。

点评：常被市场炒作的题材股大致有以下几类：①经营业绩好转，盈利改善的公司股票；②国家产业政策扶持，政府实行政策倾斜的公司股票；③将要或正在进行合资合作、股权转让的公司股票；④出现控股或收购等重大资产重组的公司股票；⑤增资配股或高送转或高分红的公司股票等。

七、一线股、二线股和三线股

一线股通常指股票市场上价格较高的一类股票。这些股票业绩优良或具有良好的发展前景，股价领先于其他股票。大致上，一线股等同于绩优股和蓝筹股。一些高成长股，如我国证券市场上的一些高科技股，由于市场和投资者对其发展前景充满憧憬，它们通常被看作一线股。一线股享有良好的市场声誉，为机构投资者和广大中小投资者所熟知。

二线股是价格中等的股票。这类股票在市场上数量最多。二线股的业绩参差不齐，但从整体上看，它们的业绩也同股价一样，在所有上市公司中居于中游。

三线股指价格低廉的股票。这些公司大多业绩不好，前景不妙，有的甚至已经到了亏损境地。

点评：也有少数上市公司，因为发行量太大，或者身处夕阳行业，缺乏高速增长的可能性，难以再塑造出好的投资概念吸引投资者，所以这些公司的业绩虽然尚可，但股价却徘徊不前，也被投资者视为三线股。

八、蓝筹股、红筹股

蓝筹股多指长期稳定增长的、大型的、传统工业股及金融股。此类上市公司的特点是有优良的业绩、收益稳定、股本规模大、红利优厚、股价走势稳健、市场形象良好。

在海外股票市场上，投资者把那些在其所属行业内占有重要支配性地位、业绩优良，成交活跃、红利优厚的大公司股票称为蓝筹股。"蓝筹"一词源于西方赌场。在西方赌场中，有两种颜色的筹码，其中蓝色筹码最为值钱，红色筹码次之，白色筹码最差。投资者把这些行话套用到股票中。美国通用汽车公司、埃克森石油公司和杜邦化学公司等股票，都属于"蓝筹股"。

"蓝筹股"可划分为一线蓝筹股、二线蓝筹股、绩优蓝筹股、大盘蓝筹股等。银行类上市公司多数是一线蓝筹和大盘蓝筹；一些处于行业内的龙头公司属于二线蓝筹，比如A股市场中的海螺水泥、三一重工等上市公司。绩优蓝筹股是从蓝筹股中因对比而衍生出来的词，是以业内公认的业绩优良、红利优厚、保持稳定增长的上市公司，而"绩优"则从业绩表现排行的角度优中选优，比如A股市场中的格力电器、片仔癀、云南白药等上市公司。

蓝筹股并非一成不变。随着公司经营状况的改变及经济地位的升降，蓝筹股的排名也会发生改变。据美国著名的《福布斯》杂志统计（1917年的100家最大公司中，目前只有43家公司股票仍在蓝筹股之列），当初"最蓝"、行业最兴旺的铁路股票，如今完全丧失了入选蓝筹股的资格和实力。

"红筹股"是指在中国境外注册、在香港上市的带有中国内地概念的股票。"带有中国内地概念"主要是指中资控股和主要业务发生在中国内地。

早期的"红筹股"，主要是指一些中资公司收购香港地区中小型上市公司后改造而形成的，如中信泰富。近年来出现的"红筹股"，主要是内地一些省市将其在香港的窗口公司改组并在香港上市后形成，如北京控股。

"红筹股"股份可以全部上市流通，而在日后增发时，"红筹股"往往拥有较大的弹性和空间。"红筹股"在发行可转换债券和其他债券时，并不需要符合中国内地的法律程序和条件。

点评：虽然投资"蓝筹股"的风险较低，但并非一成不变，随着国家经济水平的发展，上市公司的经营状况及其在行业地位中的升或降，"蓝筹股"排名也会发生变化。"红筹股"的兴起和发展，不仅对香港股市有十分积极的影响，而且"红筹股"已经成为B股、H股外，内地企业进入国际资本市场筹资的一条重要渠道。

第三课　"股票宇宙"有什么？——股票市场

一、股票市场

股票市场可以分为一级市场和二级市场，一级市场称为股票发行市场，二级市场称为股票交易市场。投资者了解的股票市场一般是指二级市场或次级市场，是股票流通（交易）的场所。也可以说，是指对已发行的股票进行买卖和转让的场所。

股票是一种有价证券。有价证券除股票外，还包括债券和基金等品种。因此，股票交易只是有价证券交易的一个组成部分，股票市场也只是多种有价证券市场中的一种。目前，很少有单一的、纯粹的股票市场，股票市场不过是证券市场中专营股票的地方。

股票市场是上市公司筹集资金的主要来源之一。随着商品经济的发展，公司规模的增长，需要大量的长期资金支撑实体经济。如果单靠公司自有的资本化积累，已经很难满足生产和经营，所以必须从外部筹集资金，股票市场是最有效的直接融资市场。

企业筹集长期资金一般有三种方式：一是向银行借贷；二是发行公司债券；三是发行股票。前两种方式的利息较高，且有时间限制，不仅增加了企业的经营成本，还会使企业的资金运用难以稳定，因而存在较大的局限性。利用发行股票的方式从外部筹集资金，无须还本付息，只要在利润中划出一部分支付红利即可。

> 点评：无利不起早，发行股票对公司来说无疑是最有利的，也是最符合经济原则的，由此催生了股票市场的发展与壮大。

二、股票一级市场

一级市场指股票发行市场，是股票发行者为扩大经营，按照一定的法律规定和发行程序，向投资者出售新股票所形成的市场，是发生股票从规划到销售的全过程。新公司的成立，老公司的增资或举债，都要通过发行市场，都要借助于发行、销售股票来筹集资金，使资金从供给者手中转入需求者手中。

股票发行市场的特点：一是无固定场所，可以在投资银行、信托投资公司和证券公司等渠道发行，也可以在市场上公开发售新股票；二是没有统一的发行时间，由股票发行者根据自己的需要和市场行情自行决定发行时间。

股票一级市场由三个主体因素相互连接而组成。这三者是股票发行者、股票承销商和股票投资者。发行者的股票发行规模和投资者的实际投资能力，决定着发行市场的股票容量和发达程度；同时，为了确保股票发行的顺利进行，使发行者和投资者都能顺利地达到自己的目的，往往需要市场中介参与其中，代发行者发行股票，并向发行者收取手续费用。

> 点评：发行市场是以承销商为中心，一手联系发行者，一手联系投资者，由此开展股票发行活动。一级市场是把储蓄转化为投资，从而创造新的实际资产和金融资产，增加社会总资本和生产能力，促进社会经济的发展。

三、股票二级市场

二级市场指股票交易市场。是股票经过发行市场后，投资者不断对股票进行买卖交易，所产生的股票流通市场。

股票流通市场是已经发行的股票按时价进行转让、买卖和流通的市场，包括交易所市场和场外交易市场两部分。由于股票流通市场建立在股票发行市场基础上，因此股票流通市场又称作二级市场。

股票二级市场是已发行股票进行买卖交易的场所，已发行的股票一经上市，就进入二级市场，二级市场有以下主要功能：

（1）促进短期闲散资金转化为长期建设资金。

（2）调节资金供求，引导资金流向，是沟通储蓄与投资的融通渠道。

（3）二级市场的股价变动能反映出整个社会的经济情况，有助于提高劳动生产率和促进新兴产业的兴起。

（4）维持股票的合理价格，保护买卖双方的利益。

> 点评：二级市场的最大特点是，投资人可以根据自己的判断和需要买卖股票，其交易价格由买卖双方来决定，投资人在同一天中的不同时段，买入的价格往往不同。

四、股票市场构成

综上所述，平常我们所说的"股市"，实际是"股票市场"的简称。股票是通过股票市场发行的并在二级市场上进行交易。因此，一个完整的股票市场包括两个部分：发行市场与交易市场。

发行市场的作用在于提供股票，发行市场中有以下几个重要角色：

（1）发行股票的公司。公司为了筹措资金，发行一定的股份和股份证书，交由出资人（购买股票者），以作为对发行公司拥有权益的凭证。

（2）承销股票的证券承销商。除了国家设立有关投资公司作为专门的证券承销商外，众多的银行金融机构的储蓄部或信托部也兼营。公司发行的股票，不能自己直接使其上市，而是通过承销商，以代销或包销的方式上市，同时达到股权分散的目的。

（3）股东或股票申购者。原始股东缴纳股本，从发行公司领取股票；股票申购者按照股票承销办法，申购刚发行还未转手的新股票。

二级市场的主要作用是对股票进行买卖（流通），除了从事股票交易的买方和卖方外，二级市场中还有如下两个重要角色：

（1）证券交易所。证券交易所就是我们常说的证交所，它提供交易的场地和设备，但只容纳证券商入场交易，普通投资者不能直接在交易所买卖股票，只能通过证券商实现股票的买卖、交割和转让。

（2）证券商。证券商分为证券自营商、证券经纪人两种。证券自营商可自行买卖股票，证券经纪人只能代客买卖股票。

由上可知，构成股票市场的组织要素有股票发行者、股票投资者和股票承销者。股票发行者是通过发行股票来筹集资金的企业或部门，是原始股票的供给方。

具有股票发行资格的分为已经成立的股份有限公司和经批准成立的股份有限公司。股票承销商是按承销合同，为发行者包销或代销股票的股票经营机构，主要有证券公司、商业银行、投资银行等，它是连接股票发行者和投资者的中间人，是发行市场的枢纽。

> 点评："赢也爱你，输也爱你。"话虽悲壮，但也说出了股票市场的个性。

第四课　兄弟，该你上场了！——股票发行

一、股票发行的程序

股票的发行要有一定的程序。一个股份有限公司要发行股票，其具体步骤如下：

第一步，股份有限公司通过其董事会作出新股发行的决议，并做好一系列的新股发行准备工作，如起草申请工作中所需的各种资料和文件，委托资产评估机构或会计师事务所对公司资产的真实价值进行评估。

第二步，依据法律的规定向有关部门提出发行股票的正式申请，如果审批部门批准后，便进入下面的环节。

第三步，股份有限公司同投资机构、股票公司等股票经营机构签署承销协议。

第四步，股份公司在获得批准后，在一定的时间期限内，应公布招股说明书。

第五步，在前面的准备工作完成以后，则进入了招认股份阶段，具体操作程序：原有股东优先认购，公司有关人员优先认购，公众认购。

第六步，随着新股的发行，公司原有股份结构发生了变化，等到公司股份募集结束后，应该尽快召开股东大会改选董事、监事。

点评：程序是人定的，主意是自己拿的。相信自己，甚至特立独行，会有意外收获。

二、股票发行的方式

目前，国内股票发行方式主要有股东优先认购、定向募集和公开发行三种。

股东优先认购是原有股东按照一定比例优先认购的股票发行方式。

定向募集是采取定向募集方式设立的公司，发行的股票除发起人认购以外，其余不向社会公开发行，而主要向其他法人发行部分股份，经批准也可以向公司内部职工发行部分股份的发行方式。

公开发行是指股份有限公司通过发行中介机构，公开向社会发行股票，法人、个人等都可以认购的发行方式。

点评：千万不要被"原始股"的发财梦忽悠了。

三、公募发行与私募发行

公募发行指发行人通过中介机构向社会公众公开地发售证券。所有合法的投资者都可以参加公募发行的证券认购，包括个人投资者、法人机构、证券投资基金等。为了保障广大投资者的合法权益，各国对公募发行都有严格的要求，如发行人要有较高的信用等级，并符合证券主管部门规定的各项发行条件，经批准后方可发行。在我国，公募发行须符合《证券法》《公司法》等有关规定。

私募又称不公开发行或内部发行，是指面向少数特定的投资人发行证券的方式。私募发行的对象大致有两类：一类是满足条件的个人投资者，如公司老股东或发行人机构自己的员工（俗称"内部职工股"）；另一类是机构投资者，如大的金融机构或与发行人有密切往来关系的企业等。

私募发行有确定的投资人，发行手续简单，可以节省发行时间和费用。私募发行的不足之处是投资者数量有限，流通性较差，而且也不利于提高发行人的社会信誉。

> 点评：发行数量与发行质量都是非常重要的因素。

四、平价发行与折价发行

平价发行也称为等额发行或面额发行，是指发行人以票面金额作为发行价格。如某公司股票面额为 1 元，如果采用平价发行方式，那么该公司发行股票时的售价也是 1 元。由于股票上市后的交易价格通常要高于面额，因此绝大多数投资者都乐于认购。我国最初发行股票时，就曾采用过，如 1987 年深圳发展银行发行股票时，每股面额为 20 元，发行价也为每股 20 元，即为平价发行。

折价发行是指以低于面额的价格出售新股，即按面额打一定折扣后发行股票，折扣的大小主要取决于发行公司的业绩和承销商的能力。如某种股票的面额为 1 元，如果发行公司与承销商之间达成的协议折扣率为 5%，那么该股票的发行价格为每股 0.95 元。

> 点评：平价发行方式较为简单易行，但其主要缺陷是发行人筹集资金量较少，多在证券市场不发达的国家和地区采用。

五、首次公开发行股票（IPO）

IPO（Initial Public Offerings）是"首次公开发行股票"的意思。首次公开招股是指一家企业第一次将它的股份向公众出售。通常，上市公司的股份是根据其出具的招股书或登记声明中约定的条款通过经纪商或做市商进行销售。一般来说，一旦首次公开上市完成，这家公司就可以申请到证券交易所或报价系统挂牌交易。

> 点评：IPO 新股定价过程分为两部分，首先通过合理的估值模型估计上市公司的理论价值，其次通过选择合适的发行方式来体现市场的供求，并最终确定价格。

六、上网发行股票

上网发行是指投资者通过证券交易所电脑交易网络系统进行股票发行的方式。上网发行又分为上网竞价发行和上网定价发行。

上网竞价发行是指投资者通过证券交易所电脑交易网络系统进行竞价，确定股票实际发行价并成交的发行方式。竞价发行的具体办法与二级市场的股票买卖方式差不多，但也有一些具体的差别。竞价发行具有很多优点，在很大程度上解决了其他发行方式产生的问题，竞价发行由于采用了计算机无纸化发行，节约了人力、物力。

竞价发行由于是通过股票交易所通向全国各地的计算机网络发行，解决了小户购买股票的困难，体现了机会平等，也解决了现金大量搬运的问题。竞价发行极大地降低了投资者的认购成本，提高了效率。从实践情况看，竞价发行方法存在的主要问题是竞价发行股票有可能被与发行方有利益关系的机构操纵。

上网定价发行也是通过股票交易所交易网络系统发行股票的一种方式。与竞价发行所不同的是，上网定价发行不是由股票的购买者通过集合竞价的方式决定股票的发行价格，而是在上网发行之前由上市公司与承销商来确定股票的发行价格。

> 点评：上网定价发行与竞价发行的区别在于一个是事先人为确定股票价格，另一个是由市场的竞争决定股票价格。此外，上网定价发行在投资者认购股票时，往往需要按比例分配或摇号抽签的办法。在其他方面，两者是完全一致的。

第五课　当企业明星没那么容易！——股票上市

一、能上市交易的股票

并不是所有的公司都有资格发行股票，更不是所有的股票都有资格上市。不同的国家、不同的交易所对股票上市所要求的条件是不一样的，但一般包括以下几个方面：

（1）申请股票上市的公司的股本总额能够达到法定的标准。

（2）公司具备一定的盈利和抗风险能力。

（3）股权分散。

这几条规定是上市公司发行的股票能够吸引投资者的秘诀。上市公司有较高的资本额，就有充足的资金进行生产和经营，反映它有较强的经济实力和较大的发展潜力。公司能够盈利，投资者才有希望获得较高的股利收入和资本增值，才对公司发行的股票感兴趣，股票才有投资价值。注册制下的股票发行和传统的股票发行区别较大，注册制下的上市公司蕴藏巨大的发展潜力，即使当下没有盈利，或盈利较少，同样具备投资价值。

任何一种股票，有收益就有风险。公司的自有资本比重大，借贷资本比重小，公司的抗风险能力就强，公司股票的风险就低，股东对债务的负担就小。股权适当分散，股票才便于流通，免予被少数股东垄断。

> 点评：只要上市交易，股票面前，人人平等。东挪西借的入市新手，市场绝不会稍事寒暄、客气一番，而饱读经书的专家学者，市场也绝不留情面、照顾情绪。

二、股票上市条件

股票上市，指的是某种股票经过证券交易所的批准，在交易所内挂牌买卖。这种经过批准、在交易所内注册的股票就是上市股票，发行股票的公司就是上市公司。在交易所内上市的证券除了股票外，还有债券和基金等品种，但股票的交易量最大、上市条件最严格、程序最复杂，因此，证券市场也被泛称为股票市场。

目前，我国的股份有限公司要申请股票在上海证券交易所或深圳证券交易所上市，必须具备下列条件：

（1）股票的公开发行经过证监会的审查批准（核准）。

（2）发行后的股本总额不少于5000万元。

（3）持有面值5000元以上的个人股东人数不少于1000人。

（4）个人持有的股票面值总额不少于1000万元。

（5）公司有最近3年连续盈利的记录，原有企业改组设立股份有限公司的，原企业有最近3年盈利的记录，新设立的股份有限公司除外。

（6）证监会规定的其他条件。

> 点评：股票上市路途漫漫，正因为这样，不少中长期投资者永远看好后市，不为风浪所动，结果逢凶化吉、屡战屡胜，甚至在股市流行起"炒不如买，买不如捂"的说法。

三、我国的证券交易所

我国的证券交易所有两个，分别在上海和深圳。

上海证券交易所成立于1990年11月26日，注册人民币1000万元。深圳证券交易所是我国第二家证券交易所，筹建于1989年，于1991年7月经中国人民银行批准正式营业，深圳证券交易所逐渐取代上海证券交易所，成为我国最大的证券交易中心。这两个交易所开业以来，不断改进市场运作，逐步实现了交易的电脑化、网络化及股票的无纸化操作。截至2020年，在这两个交易所上市的证券品种有A股、B股、债券、基金等品种。

上海证券交易所和深圳证券交易所按照国际通行的会员制方式组成，是非营利性的事业单位。其业务范围包括：

（1）组织并管理上市证券。

（2）提供证券集中交易的场所和设备。

（3）办理上市证券的清算与交割。

（4）提供上市证券市场信息。

（5）办理中国人民银行许可或委托的其他业务。其业务宗旨是：完善证券交易制度，加强证券市场权利，促进中国证券市场的发展与繁荣，维护国家、企业和社会公众的合法权益。

上海证券交易所和深圳证券交易所由会员、理事会、总经理和监事会四个部分组成。会员是经审核批准且具备一定条件的法人，他们都享有平等的权利，有权参加会员大会，对交易所的理事和监事有选举权和被选举权，对交易所的事务有提议权和表决权。会员大会是证券交易所的最高权力机关，每年召开一次。理事会为证券交易所会员大会的日常事务决策机构，向会员大会负责。

总经理为交易所的法定代表人，由理事会提名通过报主管机关批准。总经理的职责是组织实施会员大会和理事会的决议并向其报告工作；主持本所日常业务和行政工作；聘任本所部门负责人；代表本所对外处理有关事务。证券交易所还设监事会，负责本所财务、业务工作的监督，并向会员大会负责。

> 点评：有关证券交易所的情况，是投资者需要了解和掌握的基本常识。

第六课　关键时刻，需要你！——股票承销

一、股票承销

当发行人通过股票市场筹集资金时，就要聘请股票承销商来帮助他销售股票。股票承销商借助自己在股票市场上的信誉和营业网点，在规定的发行有效期限内将股票销售出去，这一过程称为股票承销，它是股票承销商的基本职能之一。根据股票承销商在承销过程中承担的责任和风险的不同，承销又可分为代销和包销两种形式。

代销是指股票发行人委托承担承销业务的股票承销商代为向投资者销售股票。承销商按照规定的发行条件，在约定的期限内尽力推销，到销售截止日期，股票如果没有全部售出，那么未售出部分退还给发行人，承销商不承担任何发行风险。

包销是指发行人与承销商签订合同，由承销商买下全部或销售剩余部分的股票，承担全部销售风险。对发行人来说，包销不必承担股票销售不出去的风险，而且可以迅速筹集资金，与代销相比，包销的成本相应较高。包销在实际操作

中有全额包销和余额包销之分。全额包销是指发行人与承销商签订承购合同，由承销商按一定价格买下全部股票，并按合同规定的时间将价款一次付给发行人，然后承销商以略高的价格向社会公众出售。余额包销是指发行人委托承销商在约定期限内发行股票，到销售截止日期，未售出的余额由承销商按协议价格认购。余额包销实际上是先代理发行，后全额包销，是代销和全额包销的结合。

> 点评：根据《中华人民共和国公司法》规定，股份有限公司向社会公开发行新股，应当由依法设立的证券经营机构承销，签订承销协议。承销协议中应载明承销方式。承销期满，尚未售出的股票按照承销协议约定的包销或者代销方式分别处理。

二、股票包销与股票代销的区别

股票在上市发行前，上市公司与股票的代理发行证券商签订代理发行合同，确定股票发行的方式，明确各方的责任。综上所述，股票代理发行的方式按发行承担的风险不同，分为包销发行方式和代销发行方式两种，两者有明显不同。

包销发行是由代理股票发行的证券商一次性将上市公司所新发行的全部或部分股票承购下来，并垫支相当股票发行价格的全部资本。由于金融机构一般都有较雄厚的资金，可以预先垫支，以满足上市公司急需大量资金的需要，所以上市公司一般都愿意将其新发行的股票一次性转让给证券商包销。如果上市公司股票发行的数量太大，一家证券公司包销有困难，还可以由几家证券公司联合起来包销。

代销发行是由上市公司自己发行，中间只委托证券公司代为推销，证券公司代销证券只向上市公司收取一定的代理手续费。

股票上市的包销发行方式，虽然上市公司能够在短期内筹集到大量资金，以应付资金方面的急需，但一般包销出去的证券，证券承销商都只按股票的一级发行价或更低的价格收购，从而不免使上市公司丧失了部分应有的收益。代销发行方式对上市公司来说，虽然相对于包销发行方式能获得更多的资金，但整个筹款时间可能很长，从而不能使上市公司及时地得到自己所需的资金。

> 点评：投资者在考察一家准备上市的公司时，看一看并分析一下它的发行方式是包销还是代销，有时也能看出一些比上市公告书更深一层的信息。

第七课　上市板块大家庭成员

一、主板

主板市场也称为一板市场，指传统意义上的证券市场（通常指股票市场），是一个国家或地区证券发行、上市及交易的主要场所。证券市场按证券进入市场的顺序可以分为发行市场和交易市场。发行市场又称一级市场，交易市场也称为二级市场。这同主板市场、二板市场、三板市场完全不是一个概念。

> 点评：在我国，主板市场一般指上交所（上海证券交易所）和深交所（深圳证券交易所）。

二、创业板

创业板，又称二板市场，即第二股票交易市场，是与主板市场不同的创新低的一类证券市场，专为暂时无法在主板上市的创业型企业、中小企业和高科技产业企业等需要进行融资和发展的企业提供融资途径和成长空间的证券交易市场，是对主板市场的重要补充，在资本市场占有重要的位置。

创业板与主板市场相比，上市要求往往更加宽松，主要体现在成立时间、资本规模、中长期业绩等的要求上，由于新兴的二本市场，上市企业大多趋向于创业型企业，所以又称为创业板。创业板市场最大的特点就是低门槛进入，严要求运作，有助于有潜力的中小企业获得融资机会。在创业板市场上市的公司大多从事高科技业务，具有较高的成长性，但往往成立时间较短，规模较小，业绩也不突出，有很大的成长空间。可以说，创业板是一个门槛低、风险大、监管严格的股票市场，也是一个孵化科技型、成长型企业的摇篮。

2009 年 10 月 30 日，中国创业板正式上市。由于创业板风险相对较大，投资者交易创业板的股票要办理开通手续，办理手续的时候要本人携带本人身份证到开户的券商营业部办理或在网络上在线开通。证监会 2020 年 4 月 28 日开始正式实施创业板新规定，要求个人投资者必须满足两年的 A 股交易经验，且需前 20 个交易日日均资产不少于 10 万元。

> 点评：深交所以 300 打头的就是创业板，要办理完开通手续后才能交易。

三、三板

中国的三板市场起源于 2001 年"股权代办转让系统"。目前，包含三类企业股：第一类是历史遗留问题，公司主要只从 STAQ、NET 法人股市场转过来的股票；第二类是因为连年亏损，走投无路而被迫从主板市场摘牌的企业；第三类是从2006年初国家批准中关村科技园区的高科技企业在三板市场进行交易后挂牌的企业。2001年1月23日，高新技术企业世纪瑞尔和北京中科软进入代办股份转让系统挂牌交易，三板市场开始摆脱垃圾股收容站的角色，第三类企业股，被称为新三板。

从本质上来讲，三板市场的主要任务是承载于缓解上市公司退市的压力，应该做到适度的活跃剂不应该被看成垃圾桶，也不要被想成是现成的金矿，在整个市场体系有望得到改善的背景下，三板市场存在一定的投资机会。①为了减轻主板上市公司的退市压力，激活三板市场将成为管理层的政策方向，推出相关的政策利好在意料之中；②目前在三板市场转让了大部分公司，锦江三板转让作为一个过渡。最终在主板上市将是这些公司的主要奋斗目标，当国内投资者进入三板市场成本低，基本没有投资进入壁垒，管理层对扩大三板市场投资规模有极大的调控能力，目前三板市场部分股票的价格较主板而言有明显优势。

> 点评：退市后的个股在三板市场交易。

四、新三板

新三板属于场外市场，特指中关村科技园非上市股份有限公司，进入代办股份系统进入转让试点，因为进入股份转让的企业都是高科技企业，和原来的退市企业以及原STAQ、NET系统挂牌公司不同，所以就被形象地称为新三板，新三板主要是针对公司这种代办股份转让系统的出现，对公司都会有很大的好处。

2013年1月新三板正式开板，2013年12月，新三板从北京、天津、上海、武汉四城市高新园区试点扩大到全国范围内企业均可挂牌。

三板股票风险相对来说非常大，购买三板股票需要另外开通一个三板账户，个人投资者需要有两年以上的证券投资经验，或具有会计、金融、投资、财经等相关专业背景。同时要求投资者本人名下前一交易日日终证券资产市值在三板万元以上，证券类资产包括客户交易资产结算资金、股票、基金、债券、券商集合理财产品等，信用证券账户资产除外。本人带着身份证和股东卡到具备三板资格的证券公司营业部办理。开通三板账户后就能购买三板股票了。

> 点评：新三板和三板不一样，是新挂牌的企业。

五、科创板

2018年11月5日，国家主席习近平在首届中国国际进口博览会开幕式上宣布在上交所设立科创板，并在该板块内进行注册制试点。科创板是独立于现有主板市场的新设板块。设立科创板并试点注册制是提升服务科技创新企业能力、增强市场包容性、强化市场功能的一项资本市场重大改革举措。

注册制，即证券市场的证券发行注册制，有别于核准制。在注册制下，证券发行审核机构只对注册文件进行形式审查，不进行实质判断。证券发行注册的目的是向投资者提供据以判断证券实质要件的形式资料，以便做出投资决定，证券注册并不能成为投资者免受损失的保护伞。如果公开方式适当，证券管理机构不得以发行证券价格或其他条件非公平，或发行者提出的公司前景不尽合理等理由而拒绝注册。

> 点评：设立科创板是落实创新驱动和科技强国战略、推动高质量发展、支持上海国际金融中心和科技创新中心建设的重大改革举措，是完善资本市场基础制度、激发市场活力和保护投资者合法权益的重要安排。

第八课 股市中也有"天气预报"？——股票指数

一、股票价格指数

股票价格指数是由证券交易所或金融服务机构编制的表明股票行市变动的一种供参考的指数。由于股票价格起伏无常，投资者必然面临市场价格风险。对于具体某一种股票的价格变化，投资者容易了解，而对于多种股票的价格变化，要逐一了解，既不容易，也不胜其烦。为了适应这种情况和需要，一些金融服务机构就利用自己的业务知识和熟悉市场的优势，编制出股票价格指数，公开发布，作为市场价格变动的指标。投资者据此就可以检验自己投资的效果，并用以预测股票市场的动向。

这种股票指数，也就是表明股票行市变动情况的价格平均数。编制股票指数，通常以某年某月为基础，以这个基期的股票价格作为100，用以后各时期的股票价格和基期价格比较，计算出升降的百分比，就是该时期的股票指数。投资者根据指数的升降，可以判断出股票价格的变动趋势。并且为了能实时地向投资者反映股市的动向，所有的股市几乎都是在股价变化的同时即时公布股票价格指数。

> 点评：股票价格的上升或下跌能通过股价指数非常敏感地表现出来。它不仅是一种对现状的感觉和理解，更主要的是对未来抉择的一种预测。

二、计算股价指数要考虑的因素

计算股票指数，要考虑三个因素：一是抽样，即在众多股票中抽取少数具有代表性的成份股；二是加权，按单价或总值加权平均，或不加权平均；三是计算程序，计算算术平均数、几何平均数，或兼顾价格与总值。

计算股价平均数或指数时经常考虑以下四点：

（1）样本股票必须具有典型性、普通性和代表性。

（2）计算方法应具有高度的适应性，能对不断变化的股市行情作出相应的调整或修正，使股票指数或平均数有较好的敏感性。

为了使股票价格指数更精确地反映股价变化情况，一般要对各采样股票加上适当的权数，如以股票发行量作为权数等。股票指数之所以能够较为客观地反映股票价格的总体变动情况，并能够为全世界的证券交易市场及股民普遍接受，是因为股价指数本身具有两个独特的基本特点，这是其他股价参数所无法替代的，那就是股价指数所具有的代表性和敏感性。

（3）要有科学的计算依据和手段。计算依据的口径必须统一，一般均以收盘价为计算依据，但随着计算频率的增加，有的以每小时价格甚至更短的时间价格计算。

（4）基期指数应有较好的均衡性和代表性。

> 点评：在股市行情千变万化之中，处变不惊，选择机会，果断投资，这才是股价指数敏感性的真谛所在。

三、计算价格指数时样本股票是如何选择

由于上市股票种类繁多，计算全部上市股票的价格平均数或指数的工作是艰巨而复杂的，因此人们常常从上市股票中选择若干种富有代表性的样本股票，并计算这些样本股票的价格平均数或指数。用以表示整个市场的股票价格总趋势及涨跌幅度。

为此，选择样本必须综合考虑其行业分布、市场影响力、股票等级、适当数量等因素。股价指数的代表性主要指在股票市场上众多的股票中，需要选择不同行业中具有典型性的若干种重要的股票作为样本进行计算。相反，如果仅选择了局限性较大的且没有典型性的几种股票，或者虽选择了典型性的几种股票但却受到了行业范围的限制，也同样不足以反映整个股市的交易总体变化情况。

通常的做法是，选择不同行业中真正具有典型性的重要股票作为样本，然后加以计算。即把采样的股票先分门别类，分别计算并公布其分类指数，然后进一步进行计算并公布其综合指数。

> 点评：总而言之，选择的样本股票必须具有典型性、普通性和代表性，并且根据情况的变化，样本股票也是经常调整的。

四、如何编制股票价格指数

目前股价指数编制的方法主要有三种，即算术平均法、几何平均法和加权平均法。

（1）算术平均法。该方法是先选定具有代表性的样本股票，以某年某月某日为基期，并确定基期指数，然后计算某一日样本股票的价格平均数，将该平均数与基期对应的平均数相比，最后乘以基期指数即得出该日的股票价格平均指数。

（2）几何平均法。在几何平均法中，报告期和基期的股票平均价采用样本股票价格的几何平均数。国际金融市场上有一部分较有影响的股票指数是采用几何平均法编制，其中以伦敦金融时报指数和美国价值线指数为代表。

（3）加权平均法。不同股票的地位不同，对股票市场的影响也有大小。加权平均法首先按样本股票在市场上的不同地位赋予其不同的权数，即地位重要的权数大，地位次要的权数小；其次将各样本股票的价格与其权数相乘后求和，再与总权数相除，得到按加权平均法计算的报告期和基期的平均股价；最后据此计算股票价格指数。加权平均法权数的选择，可以是股票的成交金额，也可以是它的上市股数。若选择计算期的同度量因素作为权数，则被称为派许（Paasche）加权法。

> 点评：与前两类方法相比，加权平均股价指数能更真实地反映市场整体走势。

五、世界著名股票价格指数

当今世界上各大股票交易所几乎都有自己的股票指数。其中最为著名和常用的有以下几种：

（1）道琼斯股票价格平均指数。这是世界上影响最大、最有权威性的一种股价指数，其起源要追溯到1884年。道琼斯股票平均指数共分为四组：第一组是由30种具有代表性大工商业公司的股票组成，由于其股票总值占全美股票总值的30%，因此它可以大致反映股市的基本趋势，所以人们通常所说的道琼斯指数即指这一种指数；第二组是由20家很有代表性的运输业公司的股票组成的道琼斯运输股票平均价格指数业；第三组是由代表美国公用事业的15家煤气公司和电力公司的股票组成的道琼斯公用事业股票平均价格指数；第四组是由前面三组指数的全美65家公司股票综合计算得出的道琼斯平均价格综合指数。

（2）标准普尔股票价格指数。这是美国最大的证券研究机构标准普尔公司编制的股价指数，是美国仅次于道琼斯指数的重要的股价指数。该公司于1923

年开始编制发表股票价格指数。最初采选了 230 种股票，编制两种股票价格指数。1957 年，这一股票价格指数的范围扩大到 500 种股票，分成 95 种组合。其中最重要的四种组合是工业股票组、铁路股票组、公用事业股票组和 500 种股票混合组。

从 1976 年 7 月 1 日开始，改为 40 种工业股票，20 种运输业股票，40 种公用事业类股票和 40 种金融业股票。几十年来，虽然有股市更迭，但始终保持为 500 种。标准普尔公司股票价格指数以 1941～1993 年抽样股票的平均市价为基期，以上市股票数为权数，按基期进行加权计算，其基点数位 10。以目前的股票市场价格乘以基期股票数为分母，相除之数再乘以 10 就是股票价格指数。

（3）纽约证券交易所股票价格指数，是由纽约证券交易所编制的股票价格指数。它起自 1996 年 6 月，先是普通股股票价格指数，后来改为混合指数，包括在纽约证券交易所上市的 1500 家公司的 1570 种股票。纽约股票价格指数是以 1965 年 12 月 31 日确定的 50 点为基数，采用的是综合指数形式。纽约证券交易所每半个小时公布一次指数的变动情况。虽然纽约证券交易所编制股票价格指数的时间不长，但它可以全面、及时地反映其股票市场活动的综合状况，因而较受投资者欢迎。

（4）《金融时报》股票价格指数。《金融时报》股票指数的全称是"伦敦《金融时报》工商业普通股股票价格指数"，是由英国《金融时报》公布发表的。该股票价格指数包括从英国工商业中挑选出来的具有代表性的 30 家公开挂牌的普通股股票。它以 1935 年 7 月 1 日作为基期，其基点为 100 点。该股票价格指数以能够及时显示伦敦股票市场情况而闻名于世。

（5）日本经济新闻社道式股票平均价格指数，简称"日经股价指数"，是由日本经济新闻社编制并公布的反映日本股票市场价格变动的股票价格平均数。该指数从 1950 年 9 月开始编制。最初在根据东京证券交易所第一市场上市的 225 家公司的股票算出修正平均股价，当时称为"东证修正平均股价"。1975 年 5 月 1 日，日本经济新闻社向道琼斯公司买进商标，采用美国道琼斯公司的修正法计算，这种股票指数也就改称为"日经道琼斯平均股价"。1985 年 5 月 1 日在合同期满 10 年时，经两家商议，将名称改为"日经平均股价"。

（6）纳斯达克综合指数。纳斯达克（NASDAQ）是美国全国证券交易商协会于 1968 年着手创建的自动报价系统名称的英文简称。纳斯达克的特点是收集和发布场外交易非上市股票的证券商报价。它现已成为全球最大的证券交易市场。纳斯达克是全世界第一个采用电子交易的股市，它在 50 多个国家和地区设有 20 多万个计算机销售终端。

纳斯达克指数是反映纳斯达克证券市场行情变化的股票价格平均指数，基本指数为 100。纳斯达克的上市公司涵盖所有新技术行业，包括软件和计算机、电信、生物技术、零售和批发贸易等。世人瞩目的微软公司便是通过纳斯达克上市并获得成功的。1971 年 2 月 8 日纳斯达克股市建立，最初的指数为 100 点，10年后突破了 200 点。

（7）香港恒生指数，是香港股票市场上历史最悠久、影响最大的股票价格指数，由香港恒生银行于 1969 年 11 月 24 日开始发表。恒生股票价格指数包括从香港地区 500 多家上市公司中挑选出来的 33 家有代表性且经济实力雄厚的大公司股票作为成份股，这些股票涉及香港地区的各个行业，并占香港地区股票市值的 68.8%，具有较强的代表性。

恒生股票价格指数的编制是以 1964 年 7 月 31 日为基期，其计算方法是将 33种股票按每天的收盘价乘以各自的发行股数为计算日的市值，在与基数的市值相比较，乘以 100 就得出当天的股票价格指数。由于恒生股票价格指数所选择的基期适当，因此，无论股票市场狂升猛跌，还是处于正常交易水平，恒生股票价格指数基本上都能反映整个股市的活动情况。

> 点评：指数重要，价值更重要，千万不能只见森林不见树木，淹没在一片指数声中。

六、国内主要股票价格指数

在我国，股票指数也有多种，除港台地区股市以外，目前国内市场的股票价格指数主要包括上海证券交易所编制的上证指数系列、深圳证券交易所编制的深证指数系列和中证指数公司编制的包括沪深 300 指数在内的中证指数系列等。最主要最常用的是以下两种：

（一）上证股票指数

由上海证券交易所编制的股票指数，1990 年 12 月 19 日正式开始发布。该股票指数的样本为所有在上海证券交易所挂牌上市的股票，其中新上市的股票在挂牌的第二天纳入股票指数的计算范围。该股票指数的权数为上市公司的总股本。由于我国上市公司的股票有流通股和非流通股之分，其流通量与总股本并不一致，所以总股本较大的股票对股票指数的影响就较大。

上海证券交易所股票指数的发布几乎是和股票行情的变化相同步的，它是我国股民和证券从业人员研判股票价格变化趋势必不可少的参考依据。

上海证券交易所股票指数的发布几乎是和股票行情的变化同步的，它是我国股民和证券从业人员研判股票价格变化趋势必不可少的参考依据。

2020 年 7 月 23 日，新修订的上证指数正式落地施行。主要修订三方面的内容：剔除风险警示股票、延长新股一年再计入指数的时间、纳入科创板上市证券。修订后上证指数将更好地发挥投资功能，更客观地反映沪市上市公司的总体表现。

（二）深圳综合股票指数

由深圳证券交易所编制的股票指数，以 1991 年 4 月 3 日为基期。该股票指数的计算方法基本与上证指数相同，其样本为所有在深圳证券交易所挂牌上市的股票，权数为股票的总股本。由于以所有挂牌的上市公司为样本，代表性非常广泛，且它与深圳股市的行情同步发布，它是股民和证券从业人员研判深圳股市股票价格变化趋势必不可少的参考依据。

点评：股价指数仅供参考，正如股市格言"在枪炮声中买进，在柔和的小提琴乐曲中卖出"。价格指数的变化，一切都要自己去衡量。

第九课 股市中"牛魔王""黑熊精"谁人气更高？
——牛市与熊市

一、为什么把股市的涨跌称为牛市和熊市

牛和熊是投资者在谈论股票市场时经常提及的两种动物。因为牛的眼睛总是向上看，加上它的体魄强健，所以投资者习惯把牛作为股市行情看涨的象征，称之为牛市。熊的笨重和它的利爪给人们带来了可怕的印象，所以熊被喻为看跌股市行情，称之为熊市。骑上牛背，它会带你攀上股市上涨的高坡，使你收获丰厚；被熊爪抓住，它会把你拖进股市下跌的深谷，使你鲜血淋漓。

既然与牛为伍还是与熊做伴的问题如此重要，而且每个投资者都想掌握牛和熊的踪迹，所以谁先嗅出牛或熊的气息，显得尤为重要。当投资者在与牛先生翩翩起舞之际，就要时刻提防着熊的利爪的到来，一旦闻到熊的气味，就要及时地抛售股票、及时离场。当熊爪离去，投资者又将焦急地等待着牛的回来，一有信号，就要返回"牛场"，及时与牛先生共舞。

点评：作为股票市场的投资者，认准"牛"与"熊"的规律，掌握市场时机，并采取相应的调整措施，这一点相当重要。

二、决定牛市、熊市的主要因素

（1）宏观经济表现。人们通常把股票市场与经济发展的关系形象地比喻为"股市是国民经济的'晴雨表'"，表明股市的冷暖与宏观经济形势有极强的正相关性。

虽然形成股市牛市或熊市的原因众多，但最根本的因素还是国家（或地区）

的经济发展状况，虚拟经济可以在一段时期内与实体经济不匹配，但最终还是要靠实体经济作依托。因为上市公司的业绩表现、老百姓的钱袋子鼓不鼓，决定了投资者的投资意愿，也决定了股市是"牛"还是"熊"。

（2）投资者心理。由于市场的行为是由无数个人的行为集合而成，所以投资者的心理和情绪起伏会影响股市的涨跌。在牛市中，几乎人人都想参与到股市中以获取丰厚回报，乐观的情绪会不断地推升股价。而在持续下跌的熊市中，投资者的信心备受打击，相继把资金从股市中撤出；投资者的投资信心一旦失去了，短时间内很难恢复过来，熊市就会持续很长一段时间。

（3）股市的现实表现。在牛市中，投资者对股票的需求高涨，而股票供给却相对紧张。也就是说，大多数投资者都想买进股票，造成求大于供，股价自然会形成持续上涨。在熊市中，大多数投资者都不愿意持有股票，纷纷抛出而造成供大于求，股价自然会越走越低。

> 点评：正常情况下，股市变动幅度达到15%～20%时，才能基本确认股市发生了趋势性的根本扭转。这个时候，投资者应该及时调整自己的投资思维和投资策略。无论是在牛市里还是在熊市里，顺势而为，不逆市场潮流而动，尤其是要投资真正的绩优股并长期持有，风险就会变得很小。

三、如何判断市场是牛市还是熊市

判断股市是"牛"还是"熊"的关键是发展的长期趋势，而不是股市对突发事件的短期反应。市场的小幅波动只是在一种大趋势下的主动调整，比如在一个长期走熊的市场格局下，出现几周的市场转暖不能认为是熊市的结束。一般情况下，只有当股市变动的幅度超过15%～20%时，才能基本确认股市发生了趋势性的根本转折。

在牛市中，最理想的状态是在牛市启动前就买入股票并在牛市到达顶部前卖出，只有做到这样才可以充分地享受到股市上涨带来的丰硕果实。但在实际操作中，准确判断牛市的开始和结束，几乎很难办到。我们可以做到的是，经过多方面的分析，从总体上判断这是一个牛市还是熊市。

常常听到投资者用牛市和熊市来形象地比喻股市涨跌，然而准确地定义和理解牛市与熊市，并不像普通投资者想的那么容易。由于股市的发展方向是决定投资者投资热情大小的最主要原因，所以，了解牛市和熊市意味着什么？它们有什么特征？它们会带来哪些影响？这对投资决策的形成非常重要。

> 点评：如果判断是牛市，则牛市不轻易言顶；如果判断是熊市，则规避风险的最好办法是"现金为王"。

四、牛市、熊市应对投资策略

对于多数投资者来说，在牛市时买入股票的风险相对较小，盈利的概率大于亏损的概率。即使出现亏损，一般来说，也是暂时的，投资者可以忍受，毕竟亏损没有对投资者造成致命的伤害。此时，投资者应该以更加积极而自信的态度买入经过自己认真研究后看好的股票，在牛市中迅速扩大回报。

在熊市中，由于谁也无法准确地判断熊市何时结束，即便在你认为的低点买入，也有可能被套牢，毕竟"跌"无止境，底部后还有底部，所以在熊市中的风险大于机会。如果要买，最好采取稳健的投资策略，把资金投到低风险的固定收益型产品或防守型绩优股。

无论是在牛市中还是在熊市中，顺势而为，不逆市场潮流而动。质地优良的绩优股，长期走势往往呈现螺旋式或台阶式的牛皮市道，而在熊市的下跌中，反而是建仓并长期持有绩优股的好时机。

> 点评：牛市和熊市的出现，都有其基本的表象和内在规律。遇到牛市或熊市发生转折时，投资者应该及时地调整投资理念和投资策略。

第十课　春种一粒粟，秋收万颗子！——股息和红利

一、股息和红利

分红由股息和红利两部分构成。股息是指股东定期获得固定比率的分红，一般针对的是优先股股东；红利是在上市公司分派优先股股东的股息之后，普通股股东再按持股比例获得剩余利润的分红。获取股息和红利，是投资者投资上市公司的基本目的，也是投资者的基本经济权利。

一般来讲，上市公司在财会年度结算以后，会根据股东的持股数将一部分利润作为分红派发给股东。根据上市公司的信息披露管理条例，我国的上市公司必须在财会年度结束的 120 天内公布年度财务报告，且在年度报告中要公布利润分配预案，所以上市公司的分红派息工作一般都集中在次年的第二季度至第二季度进行。

上市公司的税后利润既是股息和红利的来源，又是股息和红利的最高限额，所以说，上市公司的经营业绩直接关系到股息和红利的发放。一个经营财会年度结束以后，当上市公司有所盈利时，才能进行分红，税后利润越多，意味着可以用于分配的股息和红利越多。

> 点评：一年能够获得多少股息和红利，主要看上市公司的财会年度的经营业绩和税后利润，此外，财会年度的派息政策也是影响股息和红利的重要因素。

二、股息和红利的派发

一般情况下，在分配股息和红利时，优先股股东享有优先按照固定的股息率行使收益分配，就算上市公司的财会年度的税后利润为负，如果事先约定必须分配，那么上市公司也要按照固定的股息率派发股息给优先股股东。普通股股东根据余下的利润分取红利，红利往往不固定。如果派发优先股股东的股息之后无剩余利润，那么普通股股东在财会年度将不能发放红利。

除了经营业绩外，上市公司的派息政策将影响股息和红利的发放。在上市公司盈利后，其税后利润有两大用途，除了派息外，还要补充资本金以扩大再生产。如果公司的派息政策倾向于公司的长远发展，就有可能少派息或不派息，而将利润转为资本公积金。反之，派息的量就会大一些。

股息和红利的分配受到国家税收政策的影响。上市公司的股东无论是自然人还是法人机构都要依法承担纳税义务，如我国就有明确规定，投资者必须交纳证券投资收益（股息和红利）所得税，对个人投资者的股息和红利收入按20%的税率进行征收。

在上市公司分红派息时，其总额一般都不会高于每股税后利润，除非有前一年度留转下来的利润。

各国的《公司法》对上市公司的派息都有限制性的规定，如我国就规定上市公司必须按规定的比例从税后利润中提取资本公积金来弥补公司亏损或转化为公司资本，所以上市公司分配股息和红利的总额总是要少于公司的税后利润。

> 点评：上市公司在实施分红派息时，必须符合法律规定且不得违反公司的章程，这些规定在一定程度上也影响股息和红利的发放数量。

三、股息红利的发放形式

股息和红利作为股东的投资收益，是以股份为单位计算的货币金额，如每股派发多少元（税前）。但在上市公司实施具体分派时，其形式可以有四种：财产股利、负债股利、现金股利和股票股利等。

财产股利是上市公司用现金以外的其他资产向股东分派的股息和红利。它可以是上市公司持有的其他公司的有价证券，也可以是实物。

负债股利是上市公司通过建立一种负债，用债券或应付票据作为股利分派给股东。这些债券或应付票据既是公司支付的股利，又确定了股东对上市公司享有的独立债权。

现金股利是上市公司以货币形式支付给股东的股息和红利，这是最普通、最常见的分红形式，如每股派息多少元（税前），就是现金股利。

股票股利是上市公司用股票的形式向股东分派的股利，也就是通常所说的送红股，俗称的高送转。

点评：采用送红股的形式发放股息红利实际上是将应分给股东的现金留在企业作为发展再生产之用，它与股份公司暂不分红派息没有太大的区别。股票红利使股东手中的股票在名义上增加了，而股票价格在除权后降低了，实质上股东手中股票的总资产并没有发生变化。与此同时，上市公司的注册资本增大了，股票的净资产含量也相应地降低了。实施高送转是上市公司的一种数字游戏，也是主力炒作股价（题材）的一种策略。

四、股票的分红

股票分红的狭义理解，就是股份公司在支付优先股股东的股息之后仍有盈余，将盈余再分派给普通股股东的分配活动，普通股股东分得的现金就是红利。股票分红遵守下列原则：分红的方法应在公司法或公司章程中做出明确规定，分红过程必须依照法规章程办理；公司无盈利不分红，盈利少则少分，亏损时不分，普通股股东分红采用平等原则，分配的金额、日期等对投资者不应存在差别。

点评：简单地说，经股东大会通过，上市公司定期以派发现金、股票等形式回报其股票投资者的行为叫分红。只要你拥有该公司的股票，即使只有1股股票也完全有分红的权利。

五、分红的基本程序

由于要在获得利润后才能向股东分派股息和红利，上市公司一般是在公司营业年度结算以后才进行这项工作。在实际中，有的上市公司在一年内进行两次结算，一次在营业年度中期，另一次是在营业年度终结。相应地向股东分派两次股利，以便及时回报股东，吸引投资者。但年度中期分派股利不同于年终分派股利，它只能在中期以前的利润余额范围内分派，且必须是预期本年度终结时不可能亏损的前提下才能进行。

在沪深股市，股票的分红派息都由证券交易所及登记公司协助进行。在分红时，深市的登记公司将会把分派的红股直接登录到股民的股票账户中，将现金红利通过股民开户的券商划拨到股民的资金账户。沪市上市公司对红股的处理方式与深市一致。

点评：分红必须遵守基本程序：首先由公司董事会根据公司盈利水平和股息政策，确定股利分派方案，然后提交股东大会审议通过方能生效。董事会即可依股利分配方案向股东宣布，并在规定的付息日在约定的地点以约定的方式派发。

六、除权和除息

上市公司发放股息和红利的形式虽然有四种，但沪深两市的上市公司进行利润分配时，多数采用股票红利和现金红利这两种，即统称中所说的送红股和派现金（高送转和现金分红）。当上市公司向股东分派股息时，就要对股票进行除息；当上市公司向股东送红股时，就要对股票进行除权。

当一家上市公司宣布上年度有利润可供分配并准备予以实施时，则该只股票就称为含权股，因为持有该只股票就享有分红派息的权利。在这一阶段，上市公司一般要宣布一个时间称为"股权登记日"，即在该日收市时持有该股票的股东就享有分红的权利。

在以前纸质的股票交易时期，为了证明对上市公司享有分红权，股东们要在公司宣布的"股权登记日"予以登记，且只有在此日被记录在公司股东名册上的投资者，才有资格领取上市公司派发的分红。实行股票的无纸化交易后，股权登记都要通过计算机交易系统自动进行，投资者不必到上市公司或登记公司进行专门登记，只要在登记的收市时还拥有股票，股东就自动享有分红的权利。

点评：进行股权登记后，股票将要实施除权除息，也就是将股票中含有的分红权利予以解除。除权除息都在"股权登记日"的收盘后进行。除权除息之后再买入股票的股东，不享有此次分红派息的权利。

七、股权登记日

上市公司实施送股、派息或配股等行为，需要提前给出多个确定的时间，包括股权登记日、配股日、派息日或除权日等时间，确定时间的目的是界定哪些股东可以参加分红或参与配股。

按照规定，在股权登记日这一天仍然持有或买进该公司股票的投资者，才可以享受分红或参与此次配股，这部分股东名册由证券登记公司统计在案，届时将所应送的红股、红利或者配股划到这部分股东的股票账户。

股权登记日后的第一天是除权日，这一天才买入该公司股票的股东，不享有此次分红或配股的权利。

若要得到上市公司的配股权，必须弄清楚股权登记日在哪一天，提前准备好配股所需资金，否则将失去配股机会。

点评：股权登记日后的第一天就是除权日或除息日，这一天才买入该公司股票的股东属于"新股东"，不享有此次分红或配股的权利。

八、如何计算除息价和除权价？

在股票的除权除息日，证券交易所都要计算出股票的除权除息价，以作为投资者在除权除息日开盘的参考。

因为在开盘前拥有股票是含权的，而收盘后的次日其交易的股票将不再参加利润分配，所以除权除息价实际上是将"股权登记日"的收盘价予以变换。这样，除息价就是登记日收盘价减去每股股票应分得的现金红利，其公式为：

除息价＝登记日的收盘价－每股分得的现金红利

对于除权，"股权登记日"的收盘价格除去所含有的股权，就是除权报价。其计算公式为：

股权价＝股权登记日的收盘价÷（1＋每股送股率）

若股票在分红时既有现金红利又有红股，则除权除息价为：

除权价＝（股权登记日的收盘价－每股应分的现金红利＋配股率×配股价）÷（1＋每股送股率＋每股配股率）

点评：除权和除息是两个完全不同的概念，不能混为一谈。

第十一课　是时候一起干大事了！——配股

一、配股

配股是指上市公司根据公司发展的需要，依据有关规定和相应程序，旨在向原股东进一步发行新股、筹集资金的行为。按照惯例，公司配股时新股的认购权按照原有股权比例在原股东之间分配，即原股东拥有优先认购权。

配股的一大特点就是新股的价格是按照发行公告发布时的股票市价做一定的折价处理来确定的。所折价格是为了鼓励股东出价认购。配股一般采取网上定价发行的方式。配股价格由主承销商和发行人协商确定。

> 点评：配股就是你有公司的股票，公司要继续发展，需要资金而采取的一种筹资方法。当公司要配股，你有公司的股票就有配股权。就可按一定的价格、一定的比例，在约定的时间内买入相应的股票。不过也可弃权不参加配股，这就要自己判断配股后是否划算了。

二、后配股

后配股是在利益或利息分红及剩余财产分配时比普通股处于劣势的股票，一般是在普通股分配之后，对剩余利益进行再分配。如果公司的盈利巨大，后配股的发行数量又很有限，则购买后配股的股东可以取得很高的收益。后配股一般在下列情况下发行：

（1）公司为筹措扩充设备资金而发行新股票时，为了不减少对旧股的分红，在新设备正式投入使用前，将新股票作后配股发行。

（2）企业兼并时，为调整合并比例，向被兼并企业的股东交付一部分后配股。

（3）在有政府投资的公司里，私人持有的股票股息达到一定水平之前，把政府持有的股票作为后配股。

> 点评：对于企业来说，发行后配股，一般所筹措的资金不能立即产生收益。因此，对于投资者来说，持有后配股要慎重。

三、配股与分红的区别

分红是上市公司对股东投资的回报，它的特征为：上市公司是付出者，股东是收益者，且股东收获的是上市公司的经营利润，所以，分红建立在上市公司经营盈利的基础之上，没有利润就没有红利可分。配股并不建立在盈利的基础上，只要股东情愿，即使上市公司的经营发生亏损也可以配股，上市公司是索取者，股东是付出者。股东追加投资，股份公司得到资金以充实资本。配股后虽然股东持有的股票增多了，但它不是公司给股民投资的回报，而是追加投资后的一种凭证。

根据《公司法》的有关规定，当上市公司要配售新股时，它应首先在老股东中进行，以保证老股东对公司的持股比例不变，当老股东不愿参加公司的配股时，它可以将配股权转让给他人。对于老股东来说，上市公司的配股实际上是提供了一种追加投资的选择机会。

老股东是否选择配股以追加对上市公司的投资，可根据上市公司的经营业绩、配股资金的投向及效益的高低来进行判断。但在现实的经济生活中，除了配股外，股民还可通过购买其他公司的股票、投资债权及居民储蓄来实现追加投资，其关键应视投资收益情况来确定。

如果配股上市公司的净资产收益率还达不到居民储蓄存款利率，显然上市公司的经营效益太差，其投资回报难以和居民储蓄相比拟，股民可不选择配股这种方式追加对上市公司的投资。当然，当一个上市公司确定配股以后，如配股权证不能流通，其配股就带有强制性，因为配股实施后股票就要除权，价格就要下跌，如老股东不参加配股，就要遭受市值下降的损失。其逃避配股的唯一方法是在配股前将股票抛出。

> 点评：在比较成熟的股市中，配股是不受股东欢迎的。中国股市创立的时间较短，投资者认为只要买到股票就赚钱，这极大地刺激着百姓入市投机的热情，而上市公司正是利用了这一点，低价向老股东配售新股，既壮大了公司的资金实力，也满足了股民对股票的渴求。

第十二课　股市中的对手

一、股市上都是哪些人在炒股

从知识及能力的角度看，在股票市场上较为多见的有以下几类人：

一是股票行家。这些人被称股票市场上的"老手"，具有较高的分析股市行情的技术和能力，他们不因行情便宜就下手买进，行情跌到底了也不一定买。有时可能在景气好转或股票上涨突破时积极追进，但都是在有较大把握时为之。该类投资者操作时有目标、有方向、有策略，获利的可能性较大，虽然有时也会因为判断失误而遭受损失，但基本上不会赔大钱，他们是赢大亏小的投资代表。

二是既非股票专家，亦非投资外行人。这些人不具有股票专家所具有的高超能力和水平，他们大多以股息和银行存款利率相比较，如果觉得买股票获利比银行存款的利息高，就会买进股票，以待将来好转时出售；相反的，如果觉得股票利息比银行利息低时，便予以卖出观望。该类投资者较少在市场上进行买卖，对于短期涨跌亦不在意，对于复杂的行情分析，有许多人根本不懂，但由于交易时非常慎重，该类投资者长期做下去亦能获利。

三是散兵游勇型的投资者。目前来看，A股市场还是以散户投资者为主。大多数散户投资者对股票似懂非懂，往往是因为看了某则新闻或听到某个消息而买卖。散户投资者对股票少有研究，多数时候也缺乏确切的买卖目标。散户投资者稍微赚点钱便沾沾自喜，买天价、卖底价是经常干的事，长期下来是亏损累累。

点评：可以对号入座瞧一下，您属于哪一个人群？

二、机构投资者

在股票市场上，凡是出资购买股票的个人或机构，统称为股票投资者，简称为投资者。也就是说，投资者包括个人投资者和机构投资。在证券市场的发展初期，市场参与者主要是个人投资者，即以自然人身份从事股票买卖。一般的股民是以自然人身份从事股票买卖，因此被称为个人投资者。

从广义上讲，机构投资者是指用自有资金或者从分散的公众手中筹集的资金专门进行有价证券投资活动的法人机构。在西方国家，以有价证券收益为其主要收入来源的证券公司、投资公司、保险公司、各种福利基金、养老基金及金融财团等，都被称为机构投资者。其中最典型的机构投资者是专门从事有价证券投资的共同基金。在中国，机构投资者目前主要是具有证券自营业务资格的证券自营机构，符合国家有关政策法规的各类投资基金等。

点评：所谓机构投资者的"机构"，是一个金融行业的法人组织，不可与政府行政部门的"机构"混为一谈。

三、机构投资者的特点

（1）投资管理专业化。机构投资者一般具有较为雄厚的资金实力，在投资决策运作、信息收集分析、上市公司研究、投资理财方式等方面都设立了专门部门，由证券投资专家进行管理。

自1997年以来，国内的主要证券经营机构，都先后成立了自己的证券研究所。个人投资者由于资金有限而高度分散，同时绝大部分都是小户投资者，缺乏足够时间去收集信息、分析行情、判断走势，也缺少足够的资料数据去分析上市公司经营情况。因此，从理论上讲，机构投资者的投资行为相对理性化，投资规模相对较大，投资周期相对较长。

（2）投资结构组合化。证券市场是一个风险较高的市场，机构投资者入市资金越多，承受的风险越大。为了尽可能地降低投资风险，机构投资者在投资的过程会进行组合投资，回避非系统风险。机构投资者拥有庞大的资金、专业化的管理和多方位的市场研究，为建立有效的投资组合提供了可能。个人投资者由于自身的条件所限，难以进行投资组合，相对来说，承担的风险较高。

（3）投资行为规范化。机构投资者是一个具有独立法人地位的经济实体，投资行为受到多方面的监管，相对来说，也就较为规范。一方面，为了保证证券交易的"公开、公平、公正"原则，维护社会稳定，保障资金安全，国家和政府制定了一系列的法律、法规来规范和监督机构投资者的投资行为；另一方面，投资机构本身通过自律管理，从各个方面规范自己的投资行为，保护客户的利益，维护自己在社会上的信誉。

> 点评：在过去的十几年中，以养老基金、保险基金、公募基金和私募基金等为代表的机构投资者在资本市场中都获得了迅猛发展。机构投资者发展背后的依托是其成熟的投资理念、熟练的投资技巧以及专业的研究分析。他们的投资理念和做法，值得投资者学习和借鉴。

四、战略投资者

战略投资者没有统一、权威的定义，战略投资者是指符合国家法律、法规和规定要求、与发行人具有合作关系或合作意向和潜力并愿意按照发行人配售要求与发行人签署战略投资配售协议的法人，是与发行公司业务联系紧密且欲长期持有发行公司股票的法人。

我国在新股发行中引入战略投资者，允许战略投资者在发行人发行新股中参与申购。主承销商负责确定一般法人投资者，每一发行人都在股票发行公告中给予其战略投资者一个明确、细化的界定。

具体来讲，战略投资者是指具有资金、技术、管理、市场、人才优势，能够促进产业结构升级，增强企业核心竞争力和创新能力，拓展企业产品市场占有率，致力于长期投资合作，谋求获得长期利益回报和企业可持续发展的境内外大企业、大集团。一般来说，战略投资者必须具有较好的资质条件，拥有比较雄厚的资金、核心的技术、先进的管理等，有较好的实业基础和较强的投融资能力。

同时，战略投资者不仅能带来大量资金，更能带来先进的技术和管理，促进产品结构、产业结构的调整升级，并致力于长期投资合作，谋求长远利益回报。

> 点评：确认战略投资者，要具体情况具体分析，不能简单地认为国际500强、国家500强才是战略投资者，对有资金、有技术、有市场，能够增强企业竞争力和创新能力、形成产业集群的，都是战略投资者。

五、合格境外机构投资者（QFII）

QFII是一个英文缩写词，中文意思是"合格境外机构投资者"。

QFII制度是指允许经核准的合格境外机构投资者，在一定规定和限制下汇入一定额度的外汇资金，并转换为当地货币，通过严格监管的专门账户投资当地证券市场，其投资收益等经审核后可转为外汇汇出的一种市场开放模式。

QFII 制度 1990 年发轫于中国台湾地区。当时施行这一形式的目的，在于解决资本项目管制条件下向外资开放本土证券市场的问题。这一制度在中国台湾地区收效良好，其后成为许多新兴市场国家所采取的一种重要制度。中国大陆于2002 年实施 QFII 制度，2011 年实施 RQFII 制度（人民币合格境外机构投资者）。

QFII 限制的内容主要有资格条件、投资登记、投资额度、投资方向、投资范围、资金的汇入和汇出限制等。在中国，引入 QFII 机制的意义是吸引境外有资格的机构投资者来中国资本市场投资，更直接的目的是为中国资本市场带来大量新增的境外资金，这无疑将为资本市场注入新鲜的血液，给市场带来活力。

我国证券市场经过近 30 年的发展，整体规模、功能和效率都获得了较大提升，已经成为亚太地区最大同时也是最具有活力的证券市场之一。目前，我国证券市场中的机构投资者比重远远低于境外成熟市场，这严重制约了我国证券市场功能的发挥。从这个角度来看，引入 QFII 制度具有积极而深远的意义。

> 点评：QFII 制度本是一种有限度地引进外资、开放资本市场的过渡性制度。2019 年 9 月 10 日，经国务院批准，国家外汇管理局决定全面取消 QFII 和 RQFII 投资额度限制。只要具备相应资格的境外机构投资者，只需进行登记即可自主汇入资金开展符合规定的证券投资。这是深化金融市场改革开放，服务全面开放新格局的重大改革，也是进一步满足境外机构投资者对我国金融市场投资需求而主动推出的改革措施。

六、合格境内机构投资者（QDII）

QDII 也是一个英文缩写词，中文意思是"合格境内机构投资者"。根据证监会的定义：在资本项没有完全开放的情况下，境内符合相关规定的一些机构可以投资于境外，这一制度称为 QDII 制度。从资金的流向来看，QFII 是境外资金进入我国境内市场进行证券投资，QDII 是境内的合格机构通过募集资金投资于境外市场，资金流向一个是进、一个是出，这是它们之间最明显的区别。

QDII 是在尚未全面铺开个人境外投资时产生的投资工具。目前市场中推出的主要是银行和基金公司的 QDII 产品。按照目前的规定，银行系 QDII 可投资境外股票等权益类产品，但投资于股票的资金不得超过单个理财产品总资产净值的50%，因此，银行系 QDII 总体上属于风险比较低、收益也比较低的稳健型产品。

QDII 的产生背景让我们知道它的投资价值和风险系数，而各机构的 QDII 的比较则可以帮助投资者分析风险收益，进而与自己的投资目的、预期和风险承受能力相比较，更好地选择 QDII 产品，比如为筹集养老金且短期没有大量资金需求的投资者适合选择银行系的 QDII 产品；而追求超额收益、对风险有一定承受能力的成长型投资者，则可以选择基金系 QDII 产品。

点评：巴菲特告诉我们，投资股票犹如选择爱人。同样，选择投资工具也需要我们认真分析，了解其中的产品特性，不断补充相关信息达到足够的认知程度，发现其投资价值，在众多投资产品中选出最适合自己的产品进行投资。

第十三课　单车变汽车靠的是什么？——如何炒股赚钱

一、股票上的钱从哪里赚的

股市有亏有赚，于是很多投资者认为，赚钱人赚的钱就是赔钱人赔的钱，其实，这样理解是不全面的。有些人把股市当成赌场，所以在这种情况下就有人提出来，股市是游戏，赚钱人赚的钱就是赔钱人赔的钱。实际上我们要看到的是，赔钱人赔的钱是被赚钱人赚走了，但是赚钱人赚的钱绝不仅仅是赔钱人赔的钱。赚钱人赚的钱包括三部分。

（一）企业创造出增值的这部分的价值

上市公司每年形成的利润是不能吃光分净的，必须要提留公积金，一个叫作盈余公积金，一个叫作资本公积金，盈余公积金是利润里边强制提取的，每年要提取 15%，不断累计渐渐就形成积累了。也就是说，原来一个股票是 1 元钱一股，但是提留了 15% 或者 30% 的公积金之后就变成 1.3 元了，就是说股票是唯一一个本身可以增长的品种。

股票的含金量从 1 元增加到 1.3 元，这是企业实实在在创造出来又没有被股东吃光分净拿走的钱。第二块就是资本公积金，资本公积金是企业增发，从首次上市募集，募集当中是 1 元钱一股作价，但股民二级市场买股票就要靠 10 元、8 元地买，一股也是按一元钱算，那 9 元钱都当作了资本公积金，而且立刻按照持股比例进行了分配。所以也标志着每股含金量的增长，所以就可能出现一股一元钱的股票，净资产可能是 5 元，含金量是 8 元都有，所以如果是 8 元钱的资产价格，股票价格当然会涨。这是企业增值的一部分。

（二）被市场虚拟出来的，而且又被社会承认的那部分

股市是一个理性跟非理性的结合这样的一个产物，在这里面，投资者坚信国家经济会长期保持稳定，每年仍然会以高速度增长，坚信经济会出现更好的繁荣，并且在泡沫延伸的过程当中，泡沫本身可能会产生新的泡沫，而且泡沫的另一个功能是可以由虚变实，泡沫是可以填充的，如果进入一个良性的经济循环，泡沫经济可以由虚变实。国家经济最重要的市场是资本市场，资本市场就是股民

参与的市场，这就是被虚拟出来又被社会承认的价值。

（三）赔钱人赔的钱被股民赚走了

所以赚钱人赚的是三部分的钱，企业创造的价值的钱，赔钱人赔的钱，加上被虚拟出来又被社会承认的那部分价值。

> 点评：股市是可以多赢的，不是说我赚的钱一定是谁亏的那部分。

二、如何判断哪些股票更有赚钱效应

股票要赚钱，必须具有投资价值。股票的价值决定于其投资标的物的价值。一般来讲，股票的投资价值由其投资标的的基本面决定。不同的投资理论和流派对上市公司基本面的分析评价方法往往不同，市场公认的、简单地衡量上市公司基本面的指标是市盈率。市盈率是指每股市价与每股收益的比率，可以用来估计公司股票的投资回报和风险。从长期看，市盈率越高，该公司投资价值越低；市盈率越低，则投资价值越高。当然，评价上市公司的基本面，还要考虑宏观经济环境、行业发展前景、企业的行业竞争能力、现金流量折现和未来发展战略等诸多因素。

投资者判断股票能否赚钱，可以从股票市场的以下几个特征进行观察。

（1）股市的偏向性，指股票价格总体上具有不断向上增长的长期历史趋势，而非短期市场表现。这是股票长期投资能够盈利的重要理论依据。

（2）股市的随机性，指股票价格的统计分布服从随机性分布的特征。一般投资者很难准确把握股票价格的涨跌。

（3）股市的跳跃性，指股票价格运动具有的以较短的交易时间完成较大的运动距离的特性。

（4）股市的周期性，指股票价格波动的频率具有相对稳定的重复性的特征。

（5）股市的心理性，指股票市场价格波动受到市场心理因素强烈影响的特性。

这五个特征并不是一种平行并存的关系，而是一种相互作用、相互制约的关系。投资者可利用股票市场价格波动的这几个特征，来制定自己的投资战略和策略，或赚取上市公司的红利，或博得二级市场的差价。

> 点评：捧牛打熊，股市之常情。然而不管牛市、熊市，都有可炒作的成分，都可能赚到大钱，也都可能赔个精光，关键在于投资者的素质与经验。

三、制订炒股计划

（1）良好预期和介入时机。你所依据何种预期，是否是一个可行的入市

时机。

（2）详细的分析计划。分析内容有：大幅增长的盈利报告；大比例的股本送转；是否是当前市场热点；有无突发利好；是否是季度结算前敏感时间；基本面有无其他积极变化。

（3）主要风险提示。股票市场是一个高收益、高风险的市场，建仓前要将如何控制可能出现的风险放在首位，这直接决定你在进行多次的交易后能否获利。

（4）预期收益。建仓一只股票是因为你认为它会涨，而且还会有可观的预期涨幅。估计一下可能的收益，这需要经验，时间越长，你的估计可能越准确。如果股价如你所预期的一样出现大幅上涨，你需要在某个地方卖出以实现你的获利，比如盈利报告前的 1~2 天，或者股价下调到盈利 15% 或 20% 处，这些都可以在建仓前，就把它们列入操作计划。

（5）能够承受的损失。根据预期收益和可能的最大损失，你可以得到一个收益风险比，如果这个收益风险比小于 3∶1，可能需要寻找更好的投资目标；如果收益风险比大于 3∶1，按这个计划做下去，这次成功的可能性，可能会高一些。

（6）总结。如实记录你要建仓的时间、价位、数量、是否需要加仓、止损位、止盈位和跟踪计划等，这样你才可以大胆地做交易。

> 点评：做股票和做任何生意一样，做什么东西，什么时间做最好，具体每一步该怎么做，这都是事先要想好的。

第十四课　炒股需要注意的事儿（一）

一、哪些钱不能用来炒股

决定炒股时必须注意，有些钱是不能用来炒股的，有些钱虽然能用于炒股，但冒不得太大风险。大致来说，以下几类资金的使用要特别注意。

（1）家庭日常开销。用于日常的衣、食、住、行等生活消费的资金，绝对不能用来炒股，就算压缩正常消费以致捉襟见肘来投资也不宜采用。投资者一定要避免连买菜钱都赔进去，落得家徒四壁。如果连起码的温饱都成问题，还谈什么赚钱？

（2）借来的资金。借贷资金并非不能用于投资，但千万不要投资于高风险的项目，否则，一旦到期不能归还便会陷入困境。

（3）急用的资金。家里计划用于买房、结婚、生孩子、教育、看病等必需费用，都是急需用的钱，不宜用来投资过于冒险的项目，否则，很可能给家庭带来危机。

（4）保险性资金。保险金、养老金、退休金等资金，都是用来保证最低生活水平所需的资金，原则上应投资于本息安全且稳定的项目，不易冒大的风险。

总的原则是，用来投资的资金应该是宽裕的，而不是急用的，不能因为投资而使生活陷入困境。

> 点评：经常有人问我"是否可以借款或贷款买股票？"我会毫不犹豫地回答："绝对不要借钱或贷款买股票。"

二、不能借钱炒股

在股票市场里，高风险与高收益并存，作为投资者一定要有风险意识。要想在股市中赚钱，必须是自己的经济条件宽裕，如果你想靠借钱到股市中赚钱，那是非常危险的。

买股票首先要有钱，没有钱或钱少，你就买不到价格优良的绩优股票，而投资劣质股票，可能会使你血本无回，如果是借的钱岂不是雪上加霜？

即使是炒股赚了，借的钱要还本付息，这笔钱与你买卖股票所得的利润相抵，将所剩无几。另外，借钱炒股只能作短线投资，为了还钱，你不能等到比较高的价位卖出，有时甚至不得不在低价位忍痛卖出，岂不悲哀？

在当前的股市中，还有一些想靠炒股赚钱的下岗职工，本来他们的生活状况就很糟糕，风险承受能力极差，再借钱炒股，恐怕风险更大。所以，提醒大家千万不要借钱炒股，这是一大陷阱，陷进去了，往往是越陷越深。

> 点评：不是人人都能在股票市场中发财致富，股市花招迭出，变幻莫测，存在不少的陷阱，一夜暴富绝非易事。

三、哪些人炒股容易赔钱

（1）缺乏主见的人。有时看到别人抛，不问他人抛的理由，就稀里糊涂地跟着抛，自己手中潜力很好的股票也抛出去了。有时谣言四起，由于跟风心理在作怪，也跟着别人往外抛，这样往往会上当，而后悔莫及。因此，投资者要树立自己买卖股票的意识，不能跟着别人的意志走。

（2）优柔寡断的人。事前已经发觉手中的股票价格偏高，是抛出的时机，同时也作出了决策。但在临场时，听到他人你一言我一语的议论，决策马上改变了，从而放弃了一次抛售的大好时机。或者，事前已看出某只股票价格偏低，是适合买入的时候，并作出了趁低吸纳的决策。到临场一看，见到卖出股票的人挤成一团，纷纷抛售，又临阵退缩，放弃了投资的决定，从而失去了一次发财的良机。

（3）过于贪婪的人。有利都要，寸步不让。这种贪心的投机人，不能够控制自己的贪欲，股票上涨，不肯果断抛出；股票下跌，又迟迟不肯买进，总盼望跌了再跌。只想到高风险中有高收益，而很少想到高收益中有高风险。劝君莫贪心，不要老是羡慕他人的幸运，应相信分析，相信自己对企业、经济形势以及大势的判断而果断行动。如果和银行利息比，炒股快得多，风险也大得多。包赚不赔是不可能的。但是一辈子投资股票获利肯定要比存银行大几十倍，甚至上百倍。

（4）赌徒心态的人。具有赌博心理的股市投资者，总是希望一朝发迹。他们恨不得捉住一只或几只股票，好让自己一本万利，他们一旦在股市投资中获利，多半会被胜利冲昏头脑，像赌棍一样频频加注，恨不得把自己的身家性命都押到股市上去，直到输个精光为止。当股市失利时，他们常常不惜背水一战，把资金全部投在股票上，这类人多半落得个倾家荡产的下场。

（5）想赢怕输的人。许多投资者买股票，买进后上升一段时间，便迫不及待地要卖出去获利。他们相信，只有把钱装进口袋里才算安全。可是他们却忽略了股票的合理价值。一般说来，股票的市场价格不一定能完全反映股票的真实价值。所以，有些投资人卖出股票后，股价依然持续地不断上升。

而且往往表现为卖出后的价格上升幅度比卖出前的上升幅度还大。因此，不能见好就收，见涨就卖，要以市盈率为基准，作出卖的决策。许多人投资股票，往往赚的非常有限，赔的却非常多。其中的一个重要原因就是想赢怕输的心理在作怪。

> 点评：美国人常说，在华尔街，做多和做空都可以发大财，只有贪得无厌是例外。有道是："空头多头都能赚，唯有贪心不能赚。"

四、哪些情绪会影响股市操作

（1）偏执的情绪。多数投资者都不能做到客观地看待市场，俗话说的"一根筋"就是这个意思。他们会固执地认为股市总是会朝着他们设想的方向发展，实际上股市是不会随着任何人的意志运动，只有客观地、理性地看待股市，才有可能做对行情并从中获益。投资者不要把自己的不经市场验证的感性观点强加于市场，而要敏锐地察觉到市场所传递出的信息，哪怕是蛛丝马迹都不要放过，学会理性分析才是王道。

（2）过于相信直觉。心理学认为，判断和决策与实际情况之间的偏差经常是由认知假象导致的，与视觉假象一样，很难消除由直觉推理产生的失误。面对股市环境的复杂性和不确定性，如果仅仅依赖于直觉做最后的判断和决策，容易受认知假象的迷惑, 会存在对风险视而不见, 做出理由不充分的交易判断。

结果不如意时, 责备自己或迁怒他人。有的投资者总是自我感觉良好, 忽视一些自己不喜欢但其实是很重要的东西。面对股市环境的复杂性和不确定性, 如果仅仅依赖直觉做最后的判断和决策, 会对存在的风险视而不见, 做出理由不充分的交易判断。

(3) 盲目乐观的情绪。盲目乐观, 投资者可能会遭遇灭顶之灾。因为投资者在决策过程中, 一旦出现盲目乐观的情绪, 就很容易导致高估自己的知识和技能、错判或误判市场走势、低估或忽视风险的存在、夸大自己掌控局面的能力, 从而导致不尽如人意的交易结果。

(4) 懊悔焦虑的情绪。投资者经常后悔没做某事, "为什么当初就没买这只如今涨得这么好的股票呢!" "为什么当初就不在股价高位把股票抛掉呢!" 这些声音我们经常都能听到。有悖常理的懊悔情绪只会把事情变得更糟, 不仅容易把投资心态搞坏, 而且可能陷入恶性循环。如果投资者经常把这种懊悔情绪带到投资中, 又时常把它挂在嘴边, 那么投资将会走样, 或许失利接踵而来。

> 点评: 投资者在决策过程中要时刻注意控制自己的情绪, 牢记股市是一个高风险的场所, 不为暂时的成绩忘乎所以, 也不为一时的失误而灰心气馁。

五、炒股心理是如何失衡的

初入股市者, 都想早赚钱, 多赚钱, 永远赚下去, 只赚不赔就更好了。比如你现在有 5000 元, 但你只投入 500 元进去, 买了一只 4 元左右的股票 100 股, 2 个礼拜后, 这只股票可能涨到 6 元, 然后你就赚了 200 元, 你心理不平衡了, 你会这样想: "要是我当初买了 1000 股的话, 不就赚了 2000 元吗?"

于是你就将剩下的钱全部投进去又买 900 股, 这时你的成本价已经是 5 元多了, 可能庄家是从 1 元开始赚的钱, 现在涨到 6 元他全部抛了, 你就被套在里面, 看着股票跌, 跌那么两三元, 你就亏了两三千元。这时, 你的心理还会平静如水吗?

炒股如同吃鱼。鲜鱼上桌, 有人抢吃鱼肚, 有人抢吃鱼头、鱼尾。头尾的肉固然鲜美无比, 然而结构复杂、肉少刺多。当费尽心力一无所获的时候再回头看: 中段味道稍逊的大块肉已被分! 追求大赚、一夜巨富不是绝对不可能, 而是极难, 搞不好已有的东西都保不住。所以, 秉持"中庸之道", 少赚不贪多, 是老百姓入市的准则。

> 点评: 要想取得投资胜利, 关键是对金钱有一个正确的态度, 投资的基本点包括想象力、耐力、远见以及经验。

六、培养持股的耐心

投资者买进自己看好的股票，就开始了漫长的等待历程。等到持股出现上涨之时，获得大利后，都有一个成功的经验，那就是："总会等到你！"

有了这样耐心等待的信念，才会尝到久等之后的甜美收获。当然，股市中不乏一些手疾眼快，追涨杀跌，随机应变的换股"老手"，在不断追逐轮涨的个股上，累并快乐着。但是，也有那么一部分投资者，属于海枯石烂心不变、爱钻牛角尖的硬汉子。买进股票以后，股价不涨就是不卖，自己没有买到的股票都涨了，而自己的股票就是不见动静，生闷气或有情绪是难免的。可是，就是这样子，还是要等个"水落石出"，以证明自己当初的选择是多么的"英明"。

根据有关统计资料显示，超级短线的投资者，大部分的持股时间一般不会超过3个交易日，3天股价不涨，就会转换目标，如此反复操作。如果进一步观察会发现，在这些短线操作的行为中，也有部分持股超过一周时间，且多控制在两个星期以内。这时如果股价还不涨，十之八九都会卖掉股票，继续重复短线操作，结果往往事与愿违。

所以，缺乏耐心的投资者，往往都在股价上涨前放弃持股，而股价从此扶摇直上，确实十分可惜，但这个世界没有后悔药。投资者若想获得丰厚的回报，要付出的最大代价便是耐心地等待，同时抗拒其他股票大涨的诱惑。

凡是经历过持股煎熬的投资者，往往有一种共同的心理体会，不断的换手，并不比等待的报酬多。总是因为忍受不了持股的寂寞，才让赚钱的机会一次又一次地从手里溜走，而没有溜走的又总是迟迟不涨。

等待是艰苦的，等待之后的果实却是分外甜美的。耐心持股是在众多投资方法中最简单、最奏效的一种，然而却是最难做到的一种。

"股神"巴菲特曾经说过："如果你因为第一种股票的升值等得不耐烦了而把它抛出的话，那么第二天，这种股票就可能升值了。这种事情肯定会发生，我称它为脱离后的繁荣。"

> 点评：利润是需要付出巨大的忍耐和等待！绩优蓝筹股的上涨不会很快，投资者买进以后，应该坚定信念，不为所动，千万别因为3天不涨就犯急，5天不涨就动摇了信心。一念之差，或许半途而废，就把本来该赚到手的利润化为泡影。

七、炒股的基本原则

（1）掌握基础的技术分析知识，把命运把握在自己的手中。股票投资是一种高风险与高利润并存的投资方式。股市是一个没有硝烟的战场，它不同情无知者与弱者。所以劝告你，不能把炒股票作为谋生之路，也不能把股市作为暴富的赌场。它是投资理财的一个渠道，由于不成熟与不规范和特定的客观条件，目前的股市对于中小散户而言，掌握基本技术和基本分析方法，是少赔多赚的开始。

（2）不盲从于媒体、股评、各种消息。许多投资者选股的依据主要源于传媒消息、媒体股评，这种选择有太大的随意性和盲目性，赢少输多，往往成为劣质股评、谋利小报的牺牲品。对于股评，要在自己掌握技术分析的基础上，一分为二地加以分析判断，去伪存真，方可立于不败之地。应该相信，也许这些铺天盖地的股评家水平还不如自己高呢！

（3）重视个股，抓小放大。随着股市制度的逐步完善，最初的各种股票齐涨齐跌的现象将逐步成为历史，取而代之的是技术分析，所以"跑赢"大市的关键在于选股，应该关注的是公司的业绩，题材炒作永远是短线行情。大盘趋势的研判可以交给股评家来分析，而个股的选择却要自己把握。在股市中应该遵循抓小放大、优中选优的策略，果断地换股与止损是走向稳定获利的保证。

点评：股市中的赚与赔都是不可避免的，只有保持平常的心态，从容应对，才能在关键时刻作出正确的抉择，不被气氛效应及各种骗局所左右，把握成功机会，从中获得财富。

八、理解内盘和外盘

内盘是指主动性挂单卖出的总手数，即卖方主动以低于或等于当前买入前三档价格下单卖出股票时成交的总手数。成交时使用字母 S 表示（英文 Sell 卖出的首字母 S），字母显示绿色。内盘的数量表达了主动性卖出的总手数，一般代表空方。

外盘是指主动性挂单买入的总手数，即买方主动以高于或等于当前卖出前三档价格下单买入股票时成交的总手数。成交时使用字母 B 表示（英文 Buy 买入的首字母 B），字母显示红色。外盘的数量表达了主动性买入的总手数，一般代表多方。

内盘、外盘这两个数据，一般用来判断买卖力量（多和空）的强弱。若外盘数量大于内盘，表明买方力量（做多）强；若内盘数量大于外盘，表明卖方力量（做空）强。

点评：投资者在使用外盘和内盘时，必须结合股价当前所处的位置以及该股在内盘、外盘的总成交量（总手数），避免虚假数据而误判走势。

九、中国股市被称为"消息市"

我国股市一直被称为消息市、政策市，靠消息决定投资去向的投资者很多，而凭技术分析方法研究股市的投资者反而较少。因此，消息的影响很大，无论是对大盘走势，还是对个股的价格变动，都一样。各种消息对上市公司股价走势的影响，往往具有举足轻重的地位。一些所谓的股市专家，对于某只股票今后的趋势预测（点评），几乎都是引用来源广泛的各种消息作为依据。

对于股市来讲，凭着不实的所谓的"内部消息"而兴起大牛的股市，这是不健康、不正常的股市。不管认可不认可，消息在一定程度上左右着我国股市和股价波动。我们在判断股市趋势时，一定要慎重而又认真地把这些因素都考虑进去，基本面和技术面一并研究，综合研判。

点评：对于来路不明的小道消息，宁可信其无，不可信其有。

第十五课　炒股需要注意的事儿（二）

一、止损很重要

投资者通常认为股市高手每战必赢，站在云端，高高在上，其实不然。华尔街顶尖高手的成功率大概在50%，有的甚至不到50%。那么，他们怎么获利呢？他们每次亏损都很有限，一般情况下，他们每次止损都能控制在几个点附近，而他们每次盈利往往都有20%～30%，甚至几倍收益。总的看来，他们的收益还是很可观的。

如果你也能按照这样做，在看错的时候坚持执行止损，在看对的时坚持持股，在获利丰厚时止盈，长期下来，你也能获得可观的盈利。

如果可以，从现在开始，抛掉你手中的垃圾股，改掉随意买卖股票和听小道消息买卖股票的习惯。从现在开始，只买基本面有良好预期的股票，只在适当的时机买进有技术面支持的股票，设立止损位和止盈位，做一个详细的计划，总结经验和教训，坚持下来，你就建立了一个良好的获利模式。这样，你一定能在股市中实现稳定的收益！

点评：索罗斯讲"让你的亏损减小，让你的盈利奔跑"，说的就是这个意思。

二、确定投资目标要考虑的因素

你尚未入市之前，必须要有一个明确的投资目标，那就是你为什么要炒股？一般而言，投资目标大致有以下三个：

（1）保存资金。为了确保资金的安全性，可供选择的投资项目有存银行生息、等级高的公债等。

（2）赚取固定收益。投资的目的是赚取安全且稳定的收益，以应付各种日常生活开销，比较适宜的投资选择有国库券、声誉卓越的公司债券或高素质的优先股等。

（3）资金增值。投资的目的是确保未来有足够的购买力，而且不会因为通货膨胀而被贬值。比较适宜的投资工具是成长性高的公司股票。通过较长时间的投资，不仅能够分享公司持续高增长而带来的收益，还能享受股价上涨而带来的资本增值。

炒股的目的是赚钱，但必须考虑好相关因素，比如个人和配偶及子女的年龄、健康状况、职业的稳定性、负债及财富情况等。由于个人情况不同，选择投资的工具和目标也不同，所需承担的风险不一样。

以一对收入稳定的年轻夫妇来说，每月收入应付日常生活开销绰绰有余的情况下，可将剩余的资金投入股票市场，购买有增长潜能的股票，通过长期投资以坐收分红和资本增值。当然，并不是说长期投资高潜能的股票就没有风险，一旦选择错误，损失也不轻，而且时间还浪费了。

对于已达耳顺或古稀的老人来说，由于精力有限，收入来源相对固定，所以理财不能激进了，起码不能像年轻小伙子那样冒险。保障应对日常开支的前提下，比较适宜的投资渠道（投资工具）是存银行收息、国库券、等级高的债券。

> 点评：理财之道，因人而异，必须根据个人情况而定，并无一个放之四海而皆准的方案。

三、影响投资者做出正确判断的因素

多数投资者都会不断地重复着错误的投资行为，原因就在于，他们没有以正确的态度看清楚阻碍自己前进的到底是什么！下列因素往往会蒙住投资者的双眼。

（1）不动脑子思考。一些投资者根本不看大势，不分析公司的基本面，长期持有一只业绩不好的公司股票，还寄希望于"乌鸦变凤凰"，绝地重生，亏损变盈利。然而，这种翻身的机会很难遇到，在大部分情况下，这是造成投资者长期套牢、无法取得正收益的原因。只要破坏了收支平衡，就会增加投资者的焦虑心理。

（2）情绪反复无常。情绪化是投资者在投资活动中最普遍、最容易出现的一种障碍，也是投资者最容易犯的毛病。看见盘面和股价泛红就兴高采烈，翻绿了就七上八下，这种情绪化的表现不仅会阻碍投资者进行理性思考，而且会导致投资者常常做出错误的投资决定，不是买在最高点，就是卖在最低点。此时股价

最会捉弄人，你认为要跌，它就涨了；你认为该涨了，它反而跌了，投资者往往在这买进或卖出之间后悔不已。

（3）不具备起码的投资知识。有不少投资者认为，炒股是不需要技术的，只要选择"正确"的股票进行买卖就可以赚钱，所以既不清楚股票市场是如何运作的，也不知道股票价格涨跌会受到什么因素影响。说白了，就是什么都不知道。

（4）盲目追风。感性的投资者容易被当前表现良好但未来表现不确定的股票吸引，也就是所谓的追逐热点、炒作题材。既没有充分了解股价上涨的原因，还要人云亦云，而在市场情绪到达极度亢奋之际，跟风买入所谓的热门股、题材股。买入以后，或许赚了，或许赚不少，或许买入就开始亏了，可是根本不知道应该如何止损和止盈。要么做短看长，要么看长做短，犯了炒股大忌。

（5）缺乏长期投资的战略眼光。许多投资者都知道应该树立长期投资的意识，但在实际操作中，仍然摆脱不了股价的短期波动，或者是突然冒出的想法而左右了原来的投资决定。由此可见，如果没有建立一个长期投资的规划，容易受到市场和股价的短期波动而影响。

依据不可预知的短期波动来做出或改变决策，犯错的概率极大。认为牛市到来了，他们倾其所有，希望跟着主力和机构大赚一笔，但此时牛市往往已接近尾声。当股市出现大幅下跌时，又难免惊慌失措，时常在熊转牛的大底部落荒而逃（割掉股票）。

> 点评：股市本身是一个强大的平衡机器，它不会一直青睐某些股票，冷落另一些股票，用"风水轮流转"形容股市是非常贴切的。投资者必须主动地调整投资组合的品种，适应并踩准股市变换的节奏。明智的做法是：卖掉一部分获利的股票，把变现的本金和收益投资到其他一些更有增长潜力的股票。

四、中小投资者如何分配仓位？

资金的有效管理，也就是俗称的仓位配置问题，这对于中小投资者至关重要。很多时候，投资的成败往往就在于能否很好地调配仓位。

一是很多投资者在选定股票后，往往一口气满仓杀入。这种做法其实带有很大的赌博性，如果出现始料未及的状况，其损失不言而喻。

二是一部分投资者也知道留有一部分现金，以应对走势变化，但在操作过程中，往往是越跌越补，最后变成满仓套牢。其原因在于，没有一个良好的资金管理计划。

在不同的市场行情中，如果事先已经确定好现金与股票的比例，则应当严格按照计划执行。比如，牛市时现金与股票的比例可以控制在20%与80%，平衡市时现金与股票的比例可以控制在 50% 与 50%，熊市时现金与股票的比例可以控制在 80% 与 20%。实施加仓或补仓，需要把握技巧。一般在刚开始建仓时，投入的资金量应当占到预计总投入资金量的 20% 左右。从原则上说，如果第一次介入以后发生亏损，应当仔细观察、分析，到底是不是由于判断失误而造成的，如果是，坚决执行止损。

三是一部分投资者能够做到现金与股票的合理配置，但往往在品种搭配上出现问题。比如在选股时，过于集中某一个板块。这要看实际情况，单边牛市时这么做问题不大，震荡市时就不妙了。随着市场的不断发展，多元化的投资策略以及各路市场主力运作的思路和阶段不同，应考虑适当分散投资品种。

> 点评：在选股时要考虑总体仓位的布局，市场上重要的主流板块都要合理分配资金，在某一个阶段可以适当调配仓位。与此同时，也要考虑中长线仓位与短线仓位的搭配。

第十六课　重要概念

一、增发

增发是指上市公司为了再融资而再次发行股票的行为。《证券法》《公司法》和中国证监会于 2006 年 5 月 7 日公布并于次日实施的《上市公司证券发行管理办法》（以下简称《发行管理办法》）对上市公司增发股票作了相应规定。

> 点评：增发可以为投资者开拓投资渠道，扩大投资的选择范围，适应了投资者多样性的投资动机，交易动机和利益的需求，一般来说能为投资者提供获得较高收益的可能性。
>
> 同时，增发也可以增强投资的流动性和灵活性，有利于投资者股本的转让出售交易活动，使投资者随时可以将股票出售变现，收回投资资金。

二、重组

资产重组是指企业改组时将原企业的资产和负债进行合理划分和结构调整，经过合并、分立等方式，将企业资产和组织重新组合和设置。狭义的资产重组仅仅指对企业的资产和负债的划分和重组，广义的资产重组还包括企业机构和人员的设置与重组、业务机构和管理体制的调整。所指的资产重组一般都是指广义的资产重组。

资产重组分为内部重组和外部重组。

内部重组，是指企业（或资产所有者）将其内部资产按优化组合的原则，进行的重新调整和配置，以期充分发挥现有资产的部分和整体效益，从而为经营者或所有者带来最大的经济效益。在这一重组过程中，仅是企业内部管理机制和资产配置发生变化，资产的所有权不发生转移，属于企业内部经营和管理行为，因此，不与他人产生任何法律关系上的权利义务关系。

外部重组，是指企业或企业之间通过资产的买卖（收购、兼并）、互换等形式，剥离不良资产、配置优良资产，使现有资产的效益得以充分发挥，从而获取最大的经济效益。这种形式的资产重组，企业买进或卖出部分资产，或者企业丧失独立主体资格，其实只是资产的所有权在不同的法律主体之间发生转移，因此，此种形式的资产转移的法律实质就是资产买卖。

> 点评：重组可以提高资本利润率、避免同业竞争、减少关联交易并把不宜进入上市公司的资产分离出来，重组成功股价通常会大涨。

三、可转债

可转换债券是债券持有人可按照发行时约定的价格将债券转换成公司的普通股票的债券。如果债券持有人不想转换，则可以继续持有债券，直到偿还期满时收取本金和利息，或者在流通市场出售变现。如果持有人看好发债公司股票增值潜力，在宽限期之后可以行使转换权，按照预定转换价格将债券转换成为股票，发债公司不得拒绝。该债券利率一般低于普通公司的债券利率，企业发行可转换债券可以降低筹资成本。可转换债券持有人还享有在一定条件下将债券回售给发行人的权利，发行人在一定条件下拥有强制赎回债券的权利。

> 点评：可转换债券具有股票和债券的双重属性，对投资者来说是"有本金保证的股票"。

四、融资融券

2008 年 4 月 23 日国务院颁布的《证券公司监督管理条例》对融资融券做了如下定义：融资融券业务，是指在证券交易所或者国务院批准的其他证券交易场所进行的证券交易中，证券公司向客户出借资金供其买入证券或者出借证券供其卖出，并由客户缴存相应担保物的经营活动。

通俗地说，融资交易就是投资者以资金或证券作为质押，向证券公司借入资金用于证券买入，并在约定的期限内偿还借款本金和利息；投资者向证券公司融资买进证券称为"买多"。融券交易是投资者以资金或证券作为质押，向证券公司借入证券卖出，在约定的期限内，买入相同数量和品种的证券归还券商并支付相应的融券费用；投资者向证券公司融券卖出称为"卖空"。

> 点评：有利于为投资者提供多样化的投资机会和风险回避手段，有利于提高投资者的资金利用率，有利于增加反映证券价格的信息。但它也蕴含着相比以往普通交易更复杂的风险。除具有普通交易具有的市场风险外，融资融券交易还蕴含其特有的杠杆交易风险、强制平仓风险、监管风险，以及信用、法律等其他风险。投资者在进行融资融券交易前，必须对相关风险有清醒的认知，才能最大限度地避免损失、实现收益。

五、股权分置

股权分置是指中国股市因特殊历史原因和在特殊的发展演变中，中国 A 股市场的上市公司内部普遍形成了"两种不同性质的股票"（非流通股和社会流通股），这两类股票形成了"不同股不同价不同权"的市场制度与结构。

股权分置问题被普遍认为是困扰我国股市发展的头号难题。由于历史原因，我国股市上有 2/3 的股权不能流通。由于同股不同权、同股不同利等"股权分置"存在的弊端，严重影响股市的发展。一句话概括，股权分置就是指上市公司的一部分股份上市流通，一部分股份暂不上市流通。

股权设置有四种形式：国家股、法人股、个人股、外资股。1994 年 7 月 1 日生效的《公司法》，对股份公司就已不再设置国家股、集体股和个人股，而按股东权益的不同，设置普通股、优先股等。

> 点评：我国已经完成相关制度的改革，逐步规范上市公司的股权结构，统一股权、统一价格、统一市场、统一利益。

六、老鼠仓

老鼠仓是指庄家在用公有资金拉升股价之前，先用自己个人（机构负责人、操盘手及其亲属或关系户）的资金在低位建仓，待用公有资金拉升到高位后个人仓位率先卖出获利，最终造成损失的公家资金。"无庄不成股"是中国股市的特色，老鼠仓存在于这些大大小小的庄股之中。

券商是庄股中的主力队员，有些券商利用自身具有融资的天然优势，从社会各方面融入大量资金坐庄拉升股票。坐庄是为了赚钱的，但券商坐庄却很少有真正赚钱的，原因就在于券商把股票拉升后，底部埋仓的大量老鼠仓蜂拥出货，而券商又在高位接盘。这样的结果就是导致券商利益受损，老鼠仓赚得盆满钵满。这便是某些券商被掏空的主要形式。

点评：老鼠仓是一种营私舞弊、损公肥私的腐败行径。说白了，老鼠仓就是一种财富转移的方式，是券商中某些人化公家资金为私人资金的一种方式，本质上与贪污、盗窃没有区别。投资者应该对此保持警惕，但往往防不胜防。

七、庄家

"庄"在汉语的释义中，古代多形容封建社会君主、贵族等所占有的成片土地，如皇庄、庄主；在近代多形容为某些种类的赌博和赌局，局中人轮流为主，如庄家、坐庄。庄家是从赌博中引进的概念，在股市上，庄家是指能影响某一股票行情的大户投资者（包括机构投资者），具备通吃通赔的资金量与散户赌博者称之为庄。

庄家和散户是一个相对的概念，庄家也是股东，通常是指持有大量流通股的股东。庄家坐庄某只股票，可以影响甚至控制它在二级市场的价格，通常占有50%以上的流通市值。有时庄家控制量不一定达到50%，一般30%即可控盘。

庄家是与散户为对手，且以营利为唯一目的的大赌徒。庄家一心梦想着在股市上通吃，外表看似公平，实际上非常狡猾和贪婪，往往不遵守基本的炒股规则，擅长使用阴谋诡计。有人称庄家是股市上的"魔术师"，也有人称之为"强盗、大骗子和魔鬼"，你怎么看？

点评：股市中的庄家与赌场中的庄家虽有所区别，但股市中的庄家基本上具备了赌场中庄家所有的特征。

八、利多和利空

利多和利空的区分有四条基本原则：

一是对股市供求关系的影响。资金相对盈余，股票相对稀缺时，股价上涨；反之，股价下跌。一切与资金扩容或资金供给增多的消息都是利多，一切关于股票扩容或资金供给减少的消息都是利空。

二是对炒作收益或交易难易程度的影响。如对股票红利或投资者的资本利得（股票差价）是否征税或税率的调整，股票交易费、税或股票交割期延长与缩短等。股票交易税或费率增加，将减少投资者的投资收益，这是利空；反之是利多。

三是对上市公司经营效益的影响。如上市公司经营环境的变化，包括经济形势的变化、国家是否处于战争状态、宏观经济的运行是否平稳等，这些因素的变化都影响上市公司原材料的供应或产品的销售、员工的工作情绪或状态，进而影响到上市公司的经营效益。另外，上市公司的内部因素发生改变时，如管理层变化、管理水平的改善或降低、技术设备水平的改善或落后、劳动生产率的提高或降低、新项目的投产或失败等，这些都是利多和利空的二元结构。

四是对股票投资价值的影响。一切能增加股票投资价值的正面因素都是利多因素；反之是利空。当其他领域的投资收益率上升时，如存款利率上调、债券利率上调、房地产投资收益提高等，对股市来说都是利空；反之是利多。

> 点评：投资者往往根据市场公开信息来预测股票未来走势和为投资决策提供基本依据。有时为了营造一种对自己有利的局面，无论是空头还是多头，都乐于制造或传播一些市场传言来影响股价。投资者务必睁大眼睛辨别市场传言的真伪（能否辨别真伪或许是关键），同时区分信息的性质到底是利多还是利空。

第十七课　投资港股需要注意的事项

一、个人投资者如何投资港股

个人投资者可通过沪港通和深港通来投资港股。

沪港通是指上海证券交易所和香港联合交易所允许两地投资者通过当地证券公司（或经纪商）买卖规定范围内的对方交易所上市的股票，是沪港股票市场交易互联互通机制。沪港通包括沪股通和港股通两部分。2014年11月10日证监会宣布沪港通下的股票交易于2014年11月17日开始。

深港通是指深交所和香港联合交易所允许两地投资者买卖规定范围内的对方交易所上市的股票。2016年9月30日，深交所正式发布《深港通业务实施办法》。2016年12月5日，深港通正式开通。

> 点评：沪港通与深港通的开通使内地与香港的联系更加紧密，但要注意，并不是所有港股都在可投资的范围当中。此外，投资者可以通过国内证券公司在香港设立子公司，直接开通港股账户。

二、从哪些渠道能获取港股信息

最为便捷的方法，投资者可以通过香港中文财经网站了解信息，也是获取信息的重要途径。但是，投资者不能盲目相信这些消息，因为有的文章是散户写的，往往带有散户分析股市的片面性。还有一些人写文章带有一定的倾向性，他们有可能是海外某些投资机构的"喉舌"。

现在，内地著名财经网站也有专门的港股频道，这也是了解香港股市信息的重要途径，甚至包括现在股市直播节目，也有港股相关信息。需要提醒的是，在了解港股信息时，在一定程度上也要了解美国股市的信息，因为美国股市对港股市场的走势影响非常明显。

> 点评：了解港股信息的渠道很多，但不要迷信媒体对港股的分析，要辩证地去看这些分析意见，也要有自己的分析，最好结合内地的报刊资料去看，这样更为客观一些。

三、如何开通沪港通与深港通

开通沪港通，要满足以下几个条件，前提要已开通沪A股东账户。

（1）需要20个交易日的日均资产不少于50万元。

（2）风险等级稳健型及以上，完成港股通业务知识问卷。

（3）资格审查，无严重不良记录等。

（4）在规定的办理时间。

开通深港通，要满足以下几个条件，前提要已开通深A股东账户。

（1）需要20个交易日的日均资产不少于50万元。

（2）风险等级稳健型及以上，完成港股通业务知识问卷。

（3）资格审查，无严重不良记录等。

（4）在规定的办理时间。

> 点评：对于普通投资者而言，投资港股市场的风险比国内市场高很多，毕竟港股市场是一个国际资金聚集的地方。未曾接触过之前，一切都是陌生的，市场的风险更大，而且还有汇率的风险。

四、港股通换汇的计算

日前港股通按"净额换汇、全额分摊"的原则，即交易日（以下简称"T日"）日终，由本公司以当日境内投资者通过港股通买卖港股全部应收应付资金的轧差金额向港股通结算银行换汇，并将换汇成本按当日所有买入卖出交易应收应付资金的总额分摊至每笔交易，形成投资者的买入结算汇兑比率和卖出结算汇兑比率。T+2日，本公司根据前述确定的换汇汇率，与港股通结算银行完成就T日换汇交易的资金交割。

由于港股通交易为港币计价、人民币结算，而境内券商对投资者实施前端控制，投资者交易前须事先全额缴纳相关资金，故港股通业务中需事先设定参考汇率，主要用于券商交易前端预冻结资金，而非用于实际结算。为避免当日汇率波动给市场带来的结算风险，其取值范围覆盖了历史上的最大单日波动范围，目前其取值为T-1日末离岸市场港币对人民币即时中间价的±3%。

实际的结算汇兑比率是根据日终净额实际换汇汇率并按买卖全额分摊原则确定的，结算汇兑比率一般都会优于前述参考汇率。即日终清算后，投资者的港股买入交易，按卖出结算汇兑比率所计算出的、实际需要支付的人民币，一般将少于证券公司日间按卖出参考价所计算出的金额。反之，日终清算后，投资者的港股卖出交易，按买入结算汇兑比率所计算出的、实际可以得到的人民币，一般将多于证券公司日间按买入参考价所计算出的金额。

当然，出于风险管理的需要，可能有证券公司会在参考报价的基础上再加减一定比例来控制客户资金，投资者应事先咨询指定交易证券公司了解详情。

> 点评：投资港股由于涉及汇率变动，要注意其对实际盈利产生的影响，极端情况下汇率大幅度波动可能造成投资收益的变化。

五、港股与 A 股的区别

（1）交易制度的区别。A 股现行的是 T + 1 交易制度，且有涨跌幅限制；港股在当天交易时段内可以自由买卖，交易次数及涨跌幅均无限制即 T + 0 交易制度。在股票买卖过程当中，A 股每手统一实行 100 股为一个交易单位，而港股的每手交易单位，主要是根据股票的价格来定，并没有统一的规定，大致设有 400 股、500 股、1000 股、2000 股、10000 股/手不等。这也是有些投资者经常遇到未能全仓买入或出现买入股数不准确而被取消交易的主要原因。

（2）交收制度及资金的存取区别。目前，A 股实行的是 T + 1 交收制度，在资金管理方面，由银行进行第三方托管；港股市场实行的是 T + 2 交收制度，在股票卖出后，向开户行提交提款申请后，需第 2 个工作日才能进行资金转取，资金托管实行第三方托管，常见的由汇丰银行、恒生银行、中国银行（香港）等，客户提取资金或股票转托管需要填写证券公司专用表格，并签字经核实才可转取。因此，投资者开户签字样式是很重要的，它是资金存取的法律依据。

（3）交易品种的区别。A 股市场现存的交易品种，主要的交易品种有股票、基金和债券；港股市场上的交易品种众多，除股票、股指期货、基金之外，还有高息票据、股票沽空、期权、股票挂钩票据等各种衍生工具，并可实行保证金账户（透支）买卖。

> 点评：其实，与交易制度、交收制度等技术细节的差别相比，投资理念的差别才是最大的差别。内地的大多数投资者仍旧崇尚的是政策和消息面主导股市，境外市场变化关注不多。投资港股，这是新的投资机会，也是对投资理念的挑战。

六、港股与 A 股的风险比较

任何投资都是有风险的，关于投资 A 股与港股究竟哪个市场风险更大，必须辩证地看待这个问题。有人单从"是否有涨跌幅限制"的角度判断投资港股存在巨大风险，显然是片面的。熟悉港股市场的人都知道，我们经常用蓝筹、红筹、国企股、细价股区分股票或者上市公司的实力，犹如国内股市用绩优股、ST股一样。大多数情况下，这些一、二线股票每天的波动幅度不会超过正负 3%，波动并不大，诸如 A 股市场经常出现的连续拉涨停或跌停的情况并不多见，只有极少数三线或细价股才会出现较大波动，但市场均会有风险提示的消息。

近年来，A 股市场正在逐步向国际市场接轨，投资者可以在 A 股市场拼杀，也可以尝试主动接受港股的挑战。但不管参与哪个市场，投资者都不可以盲目操作，切忌根据小道消息买卖股票。投资港股市场的初期，可以从"A + H"股票入手，毕竟熟悉一些，或者买卖一些大型的蓝筹股、红筹股、国企股，并且多浏览香港联交所网站公布的信息，或者不时参加一些有关于港股市场投资的交流会。

> 点评：港股市场属于国际化市场，海外基金以及市场游资介入较多，与全球经济及金融市场紧密相连，除本地因素之外，多数时候还需"眼观六路，耳听八方"，参考其他地区股市的变化。因此，投资者应该更为理性、更加注重对基本面的分析。

七、投资港股应注意的问题

除了要注意港股和 A 股的区别外，还需要注意以下问题：

（1）交易时间段。港股市场每个交易日的交易时段为：上午：9：30 ~ 12：00；下午：13：00 ~ 16：00。这与 A 股的交易时段有明显差异。此外，恒生指数期货的交易时段与股票市场不同，具体时间为：上午：9：15 ~ 12：00；下午：13：00 ~ 16：30，夜盘：17：15 ~ 23：45。值得注意的是，港股市场的节假日和休市时间与 A 股市场的也不尽相同。

港股市场除了与 A 股市场接轨，还与国际市场接轨。在"五一""十一"、端午节、中秋节和春节等重大假期，港股市场的休市时间比 A 股市场要短，而且每逢遇到西方的重要节假日，比如圣诞节、港股市场也会采取休市。此外，港股市场在圣诞节前一天、元旦前一天和农历新年前一天，如果不是周末，只有半日市交易。此外，由于外部环境的影响，比如说台风、飓风、暴雨等，港股市场会采取临时停市和开市或全天停市的决定。对于初入港股市场的内地投资者来说，可以登录港交所网站查询每年具体的休市时间。

（2）关注开盘。关注过港股市场的投资者应该都知道，港股市场开盘的跳空高开或跳空低开都很常见，缺口出现的次数明显比 A 股市场要多。主要原因是：港股市场会受到隔夜美国股市的影响。一般情况下，美国股市在前一个交易日收盘的涨跌情况，将决定港股市场在第二天开盘的走向，一些在中国香港上市的 H 股和红筹股，比如中国人寿、中国移动、中国石油、阿里巴巴等，它们在美国纽约交易所上市预托凭证的收盘价，基本上是在港股市场上市的这些股票的第二天的开盘价格。

（3）利率变化。中国人民银行是否加息会直接影响 A 股市场的走向，港股市场同样会受到中国人民银行利率变动的影响。不过，与内地不同的地方在于，香港利率的变动并不掌握在香港金管局（功能类似于中央银行）手中，而由各家银行自行决定，而且多半跟随美联储调整。在这种市场状况下，如果几家大的发钞银行如汇丰银行、中银香港、渣打银行决定调整存款利率时，香港其他的中小银行往往会跟随调整。

（4）有关高送配。与 A 股投资者喜欢上市公司高送配相比，香港本地的投资者更愿意买入一些高股息的股票。如果上市公司推出 10 股送 10 股的高送配方案，这在 A 股市场可能会迎来一波大幅炒作的大涨行情，而在港股市场则有可能迎来一波大跌走势。同样的一件事情引发了不同的态度和走势。究其原因，香港本地的投资者往往会担心由于高送股而摊薄每股利润，进而影响公司年底分红，或是大股东之间存在利益输送。

（5）涨跌幅无限制。港股市场没有涨跌 10% 停牌的制度，无论是新上市股票还是已上市的老股票，每天的涨跌幅都不受限制。一般情况下，一些大蓝筹的每天涨跌幅很少超过 3%，出现 10% 涨跌幅比较少见，或许一年下来也不会发生几次。

> 点评：港股市场的国际化程度较高，受美国股市的影响较大，近年来受到 A 股市场的影响也不小。其实，不仅是港股市场，亚太地区各国股市都会受到美国股市的影响，特别是早于港股市场 1 个多小时开盘的日本股市，很多时候都成为港股开盘涨跌的"风向标"。

八、投资港股须提防的误区

一种情况是以 A 股手法炒作港股。内地投资者进入港股市场，习惯使用投资 A 股的手法炒作港股。内地投资者投资港股的换手率非常高，出手也比较凶悍，有一些"狼性"特点，但对于国际市场存在的风险，防范却有所不足。A 股市场是单边市的代表，投资者在股价上涨时才能赚钱，而在中国香港市场有沽空机制，大户资金会通过股指期货或衍生工具操作，在股市下跌时也能赚钱，所以这样的市场一旦下跌，往往非常剧烈。

另一种情况是误认为细价股便宜而上涨空间大。港股市场的确有不少上市公司的股价低于 1 港元，甚至只有几分钱，这些就是所谓的"仙股"，即细价股。由于"仙股"的价格基数小，股价一旦上涨，涨幅的确惊人，因而吸引了不少投资者入市交易。其实，大户资金或机构投资者一般很少参与"仙股"投资，毕竟这些上市公司的股票流动性差，上市公司的质量令人堪忧，下跌的风险也非常大。如果持股数量多，即使是以低价抛售，也有可能无人接盘。

内地投资者进入港股市场，首先需要了解港股市场有哪些投资工具，了解港股市场的操作方式；其次要多参考基本面，技术面辅助，重点参与优质的蓝筹股，千万别走进投资误区。

点评：内地投资者做出投资港股市场的决定之前，必须认真掂量其中存在的风险。这些风险主要包括以下几个方面：汇率变化、市场的国际化、做空机制、无涨跌幅限制、估值差异、信息不对称、新股破发等。

第十八课　So easy！网上炒股真轻松！

一、网上证券交易操作程序

网上证券交易，是指投资者使用终端设备（电脑和手机）通过互联网和券商相连进行交易的方式。近年来，随着网络技术的不断进步和终端设备的不断迭代，使用电脑或手机连接互联网并完成证券交易，成为越来越多投资者的选择。相对于传统的交易方式，网上交易有诸多好处：成本低廉、突破地域限制、信息广泛、快捷等。而在交易方式上，与传统的交易方式相比，存在许多不同之处。

首先，需要在电子设备上下载并安装好行情交易软件，方可进行交易。在交易前，要对下列过程有充分了解：

登录账户。通过行情交易软件登录账户，如果出现网络繁忙或系统失灵，导致无法登录账户，应当及时向证券公司反映问题。防患于未然，应向证券公司问明发生类似的情况下，还可以通过哪些途径进行委托。

查询报价。网上报价都是实时报价，但有时因为网络拥挤，数据不能及时更新而产生时滞，那么屏幕显示的报价是历史报价。投资者在看报价时应当确认报价时间，否则会带来投资风险。

委托。网上委托和传统的现场委托与电话委托大不相同。投资者必须问明证券公司，网上委托有哪些注意事项或限制。

证券公司发出的通知。投资者应了解证券公司如何对委托的执行情况发出通知，以及如何确认委托的执行、取消或更改，以便及时了解信息。通常系统会自动发出通知更新委托的执行情况。投资者须区别委托确认及交易确认。委托确认只显示证券公司已收到委托，但委托仍未执行，交易确认指委托已执行。

撤单。投资者撤单时，必须确定原先发出的委托尚未执行。交易确认的传送有时会出现延误，以致出现委托无法撤回现象。遇到上述情况时，投资者应向证券公司查询，切勿盲目发出指令。

点评：委托执行后证券公司会把最新情况传送给客户，或向客户发出电子邮件确认交易，投资者应保留交易确认的书面或电子记录。对于证券公司发出的实物成交单据或电子成交单据，投资者须熟悉单据的一般格式，以及单据上必须列明的项目。

二、股票网上交易的优点

（1）网上交易不受地域限制、不受上班时间限制。只要你开通了股票账户和密码，下载并安装好行情交易软件，在交易时间内，无论何时何地，都可以委托交易。

（2）获取的信息广、相关的服务多。事实上，仅仅将网上交易理解为它是一种可利用的交易手段的话，未免太过于简单。投资者上网交易更多的是可以方便、及时、全面地获取各种证券投资信息，而且在获取信息的选择上更具主动性。

你可以随时查询想要了解的上市公司的相关资料，如果你是某证券公司的客户，只要点击一下，就可以免费或有偿获得证券公司所属证券研究所及其他咨询机构的股市分析与研究报告，还可以得到一些特殊的信息资讯服务，如证券公司提供的即时信息服务，使你在第一时间获得与市场有关的信息，及时对市场走势做出判断和投资决策。此外，浏览一些证券资讯网站，也可以查询到你所需要的各种信息和个股行情。

证券网站推出的企业与个人理财服务系统，能为你投资股市提供全方位的投资咨询服务。证券网站咨询系统提供公司证券分析师对大盘走势的基本看法，你还可以在网上与专家进行交流。这种互动性的交流不受时间、地域的限制，使你能够时时刻刻把握股市动态。

（3）费用相对合理。根据2002年5月1日起实行的浮动佣金制，开通网上交易的证券商，在收费上基本采取网上交易低于传统交易收费标准，以鼓励更多的投资者使用网上交易。不管什么交易方式，都要收取手续费、印花税和其他规定的交易费用，差异化较大是证券公司收取的那部分手续费。

综上所述，网上交易不仅提供了便利的交易条件（不受交通、地点和天气等限制），而且在获取信息方面也快捷便利、内容丰富，使投资者能够快速地根据获取到的信息而做出投资决策。网上交易所需要付出的成本和时间更趋合理，或许在不久的将来，零佣金都有可能。

点评：总之，网上交易与传统交易方式相比，优势明显。

三、你是否适合网上交易

网上交易又称为股票的无形市场交易。无形市场是相对于有形市场而言的，无形市场不设交易大厅作为交易运行的组织中心，投资者利用证券商与交易所的电脑联网系统，直接将买卖指令输入交易所的撮合系统进行交易。投资者委托买卖、成交回报以及资金的交割，均通过证券商与交易所的电脑联网系统实现。

在理论上讲，只要具备上网条件，就可以通过电脑或手机连接网络并进行网上交易。

网上交易虽然只作为交易的一种手段，并不是唯一的交易方式，但随着网络技术的成熟、终端设备的电脑和手机的普及，而且由于证券营业部交易大厅的逐渐减少，再到证券营业部交易大厅进行委托交易已不现实，所以，网上交易几乎已经成为投资者的"唯一"选择。

点评：为避免因网上交易方式不熟悉而造成损失，投资者必须主动学习并熟练网上交易。

第十九课　网上炒股，这些事儿一定注意！注意！注意！

一、股票网上交易应注意的问题

（1）网络的安全性。证券交易往往涉及巨额资金，一旦网络受到外部攻击而造成系统中断，或因网络犯罪而使投资者的信息泄露，可能会造成不可估量的损失。

（2）网络的速度和稳定性。网上交易被称为"流动的交易室"，正是因为网上交易具有便利性、操作的简易性以及快捷、稳定的传输速度。但黑客只要使用大量发送垃圾信息或植入木马病毒等方法，不仅会降低网络的传输速度和运行速度，而且严重的还会导致网上交易通道的瘫痪或关闭。因此，网络的速度和稳定性，是维护网上交易能否顺利完成的关键。

（3）交易成本。低成本是网上交易迅速发展的直接原因，如果上网费用过高，一般股民就要多加注意。

点评：网上交易已经越来越普及，一些上了年纪的投资者通过简单学习也能轻松掌握。

二、使用网上银行应注意的问题

只要股市行情火爆，股民数量就会直线式地噌噌上升。据券商的统计数据显示，在新开户的股民中，至少有九成人选择网上交易模式（电脑和手机）。网上炒股需要进行资金转账，这就离不开网上银行（包括手机银行）。投资者在使用网上银行时，黑客可能通过植入木马病毒等方式"攻陷"、偷盗股民的股票账户和密码、银行账户和密码。

不法分子针对股民作案主要有三种类型：一是发送电子邮件，以虚假信息引诱股民中圈套；二是植入木马程序或利用黑客技术窃取股民信息后实施盗窃；三是采取假冒的电子银行（网上银行和手机银行），骗取股民的银行账号和密码实施盗窃。

针对上述情况，投资者在申请好网上银行账号后，必须尽快更改初始密码，并且尽可能地不与银行卡密码相同。同时，要尽量避免在网吧使用网上银行，如果使用了公用电脑，须及时修改 IE 浏览器"自动设定"选项，取消系统对用户名、密码的默认状态，并及时、有效地清除上网记录，防止网上银行信息泄露。

应安装正版杀毒软件，及时更新、升级杀毒软件病毒库，经常查杀木马病毒，防止感染木马病毒。同时，投资者还要定期查询账户，一旦发现账户金额有出入，应立即与银行取得联系，了解相关情况，如发现银行账户被盗用，要及时报警。

> 点评：使用网上银行，最容易出现问题的是账户密码被盗。有很多投资者缺乏必要的网络安全常识，密码设置过于简单或者长期不更换，给不法分子有可乘之机。

三、网上炒股如何防病毒

网上炒股以其交易方便快捷、信息量大、紧跟行情、辅助分析系统强大等优点，成为投资者炒股的首选方式。然而，不及时升级杀毒软件，擅自关掉杀毒软件和防火墙监控，因为记不住银行密码而把密码存在电脑文档，这三种安全隐患已经成为网上炒股的"软肋"。与此同时，为了炒股方便，大量投资者都使用网上银行，这样直接增加了资金失窃的概率。

电脑遭到"病毒"感染以后，主要症状表现为电脑运行变慢、重要文件被删除、垃圾广告频繁弹窗、少部分"中毒"的股票账户和银证通账户出现登录或转账异常。黑客虽然不能从股票账户中直接提取现金，但可以将偷来的股票账户进行高买低卖。那么，投资者如何防"病毒"呢？

首先，电脑上应该安装正版杀毒软件，及时升级。电脑启动时，最好自动打开杀毒软件的实时监控和个人防火墙。一些投资者觉得杀毒软件和防火墙经常弹出提示信息比较麻烦，干脆将它们关闭，从而给黑客攻击提供了可乘之机。

其次，一定要在券商的官方网站下载正版的炒股软件。正版软件的安全特性高，可以大大地提高网上炒股的安全程度。

再次，股票账户和银行账户的密码最好不要储存在电脑文档，也不要使用生日、电话号码、门牌号等简单的密码，否则容易被黑客破解。

最后，尽量不要在网吧等公共场所登录股票账户和转账，如果在公共场所炒股，完成交易后记得退出交易系统，同时卸载炒股软件，以免给坏人留下可乘之机。

> 点评：在网上炒股时，看不见的网络"黑客"可能就在暗中偷窥你的账户和密码，所以网上炒股一定要绷紧安全这根弦。

四、规避交易堵单带来的损失

"我买的股票正在跌，想早点出手抛掉，可是网上交易却不能正常委托，一下子使我损失了3000元。"这是一句抱怨网上交易不能正常委托的牢骚话。

中国股市经历30年发展，股民数量接近2亿。在牛市时，投资者热情高涨，"僵尸户"活了，新入市股民剧增，使交易信息在某一时间段集中，导致证券交易系统网络阻塞的现象偶有发生，极大地损害了股民利益。那么，如何有效预防由于集中交易的网络堵塞？如何减少股民财产的意外损失？

网上交易最快完成成交的是市价委托，就是在下单买卖的时候，只填写股票代码和数量，不填写成交价，那么交易系统将会按照委托单到达之时的股票即时价格完成交易，也就是"随行就市"的价格成交。市价委托可以避免由于堵单而带来的损失，但一般需要付出比限价委托略高或略低的成交成本。市价委托虽然不能彻底避免堵单情况，但至少可以降低交易失败而蕴藏的风险。

比如，某只股票当前价格为20元，按照20元的限价进行委托，可能全部成交，可能部分成交，可能一手也没有买到；如果按照市价进行委托，肯定可以成交，只是市价委托的最终成交价往往比20元高出一两分钱。一名成熟的投资者，不会在乎买入价格高一两分钱，只要不错过这一次交易机会，付出多一些成交成本还是值得的。

> 点评：随着网络技术的进步以及行情交易软件的成熟，堵单时间很少发生，但不代表没有发生、不会发生。

第二十课 随时随地畅游股海！——手机炒股的魅力

一、用手机炒股

手机炒股不受时空限制，适合人群比较广泛。上班也好，旅游也罢，一个手机走天下，随时随地满足查询行情和委托交易的需求。手机炒股较之电脑炒股更为安全和令人放心，原因是手机的私人属性。

一般来说，只要是能上网的智能手机，就可以用来炒股。下载开户券商所提供的专用 APP，手机登录通过认证或验证，即可查询股市走势，随时了解股票账户的动态。

大屏幕的智能手机显然在满足炒股这方面占有优势，清晰的高清屏幕，可以让人清楚地查看股票和大盘走势。

> 点评：用手机炒股务必注意：不要让人随便翻看您的手机，不要点击来历不明的网站链接和垃圾短信，经常修改股票账户密码，定期给手机清理和杀毒。

二、用手机炒股的优势

相对于传统的现场炒股而言，电脑炒股和手机炒股显得更加方便，而手机炒股不受时间和地域限制。通过下载证券公司的手机炒股软件，投资者通过手机炒股软件登录股票账户，不仅可以完成大部分业务办理，也可以看行情、委托下单。

使用手机上的炒股软件进行交易，不是年轻人的专利，而是全体股民都应该学会的交易方式。手机炒股或许对于老年人来说较为吃力，看行情和下单都不够灵活，但不可否认的是，手机炒股确实方便随身，获取资讯也很及时。

在手机的自选股票栏目中，数据是即时的，比用电脑上网看要方便，但字体往往较小，老年人不容易看清楚。券商都推出自己的手机交易 APP，想下载就下载。

> 点评：手机炒股业务，主要是凭借移动通信网络，通过空中加密传输，能最大限度地保护用户数据以及传输的安全。使用手机炒股十分便利，同时不受时间和地域限制。

第二十一课 用好你的炒股"百宝箱"!
——初识炒股软件

一、炒股软件菜单的内容

炒股软件通常包括以下菜单项：

（1）系统：数据、通信。

（2）功能：定制版面、选股器。

（3）报价：市场类型与板块的选择。

（4）扩展市场行情：期权、国外行情。

（5）分析：实时行情和技术分析选择。

（6）资讯：行情服务器发送的资讯。

（7）工具：设置、工具、辅助功能。

（8）帮助：帮助功能。

二、重要的信息窗口

（一）大盘信息窗口

图 1-1 大盘信息

（二）个股信息窗口

图 1-2　个股信息

（三）指数信息栏（软件最底端）

图 1-3　指数信息

以通达信软件为例，在咨询栏的子菜单——基本资料（F10）中可以看到如图 1-4 所示信息。

最新提示	新股信息	公告速览	业绩预告

图 1-4　基本资料

三、什么样的炒股软件最好

股市一片火爆，各商家纷纷推出或加大力度推广炒股软件。很多炒股软件已经成为投资者炒股的必备工具，那么，如何选择优秀的炒股软件？

（1）评股功能是否强大。优秀的炒股软件能够提供个股的最新投资评级，比如选择某只股票时，点开投资要点，就会有相应的图像显示和文字说明，告诉你有哪些机构、多少机构对这只股票做出过等级评价和理由，这对投资者在基本面选股方面有很大的帮助。

同时，在投资要点中还有上市公司的最新公告以及财经要闻等。有的软件还会出现按投资价值排名的股票，中长线排名靠前的个股为机构大力推介的股票，具备持续走牛的潜力，而短线排名居前的个股是投资机构新近关注的品种，短线看涨。

（2）是否具有重要事项提醒功能。重要事项提醒是对未来重大事情的提示。有的软件会及时提醒可转债的转股时间和价格、业绩预告的时间、股东大会的时间、股改情况等重要信息。

（3）是否能链接专业网站。一般来说，炒股软件都具有调出个股详细资料的功能。优秀的炒股软件还能直接链接相关的专业网站，个股的信息十分详细地分类显示。除了基本的公司概况、财务数据、发行与分配、股本股东、主力持仓，还有各家机构的评级情况以及对于该公司的未来业绩预测，在行业中的排名等。

更加全面、专业的信息都可以找到。这类炒股软件最强大的功能是资料，因为其专业的背景以及多年的经验使其有大量的资料，为投资者提供相对充分的信息。

随着计算机的普及，市场上推出的炒股软件层出不穷，有些优秀的炒股软件为投资者提供十分人性化和实用性的功能，其中的价格提示和止损提示，能有效地帮助投资者控制风险。投资者不仅可以随时添加自己感兴趣的股票，还可以设置特定的条件进行选股，省时省力。

投资收益的幅度，一方面取决于是否有牛市环境，另一方面取决于投资者是否有正确的投资选择和娴熟的操作技巧。只有掌握一定的投资知识和技术技巧，才能避免"有投无回"。充分利用优秀的炒股软件，刷选出一些有价值的强势股，选择相对较好的买卖时点；从基本面入手选择符合价值型和成长型股票，筛选出未来可能成为大牛股的股票。

没有最好，只有更好。哪一款炒股软件最好？仁者见仁智者见智，青菜萝卜各有所爱。不论是什么类型的炒股软件，价值投资始终是股票投资的主旋律，尤其是在震荡市道中，以价值投资为基础，用好用活炒股软件工具，才能把投资风险降低到最小程度。

> 点评：炒股软件的功能当然是越多越好，但有时对炒股软件的功能不能期望过高。有些软件的功能看似很全面，实际用途却不大。

第二章　打开投资"致富门"

千里之行，始于足下。

涉足股海，有的人除了脑中塞满杂乱无章的信息之外，心中始终无主，要么热衷于道听途说，要么跟着所谓的"热门"折腾；有的人经历过学练悟以后，心得颇丰，理念明确。

或许刚开始投资时，每一位投资者的盈亏率相差不大，但一两年过后，差距显而易见。有的人亏损累累，即使小有收获，随时都有可能飞掉；有的人逐渐掌握技术规律、进退有度，或许还谈不上实现财务自由，但身价日渐丰厚。

让梦想起飞吧！敢想敢做就会成功。

第二十二课　新来的，这些要铭记于心！——入市指南

一、新手入市前应该做好的准备

进入股市之前，基本要做好这三个方面：

其一，知识储备。入市之前，必须学习一些股票交易的基础知识和技术方法。

其二，资金储备。没有资金，一切无从谈起，巧妇难为无米之炊。

其三，时间准备。需要合理安排自己的时间。

> 点评：工欲善其事，必先利其器。有备无患，方能成功。

二、新手入市如何磨炼心态

一般情况下，新手开户后，都按捺不住自己内心的激动，迫不及待地买入股票。既不问当下股价是否偏高，也不问大盘是否处于高风险区域，只想求得（享受、满足）赶紧买入股票的快感。

股票到手以后，心里想着股价赶紧涨，最好天天涨，若股价出现半死不活，或不涨反跌，随之方寸大乱，寝食不安。由于沉不住气，又急着卖出，转身后又去追高那些天天见涨的所谓的"热门股"。

主力资金为了顺利炒作某只股票，需要吃到更多的控盘筹码，常常采取砸盘

的手段驱赶那些持股信心不足、想搭"顺风车"的浮筹。当投资者杀跌退出时，主力资金就在暗中吸纳。当股价重拾升势时，投资者反而不敢追着买入，吃过一次苦头后再也不想买它了，然而主力资金玩命地推高股价。

> 点评：投资者为何总在主力资金的不择手段之下败退？原因很简单，技艺不精，缺乏耐心。

三、新手如何培养自主决断能力

自主判断和自主决断能力都很重要。不能总是跟在别人后面人云亦云。自己没有主心骨，永远也不可能成为股市赢家。

刚刚入市的投资者，首先应该学会冷静分析行情的技术和能力。远离那些喜欢追涨杀跌的人，向有经验和技巧的朋友学习，逐步在实战中调整自己的心态。投资者要努力培养一个赢家的心理素质，头脑冷静，不轻信市场传言，不轻举妄动，克服急躁和贪婪的心态，养成独立自主的交易习惯。

要敢于自我作主和承担风险。初入股市必须清醒地认识到自己承受风险的能力。风险承受能力包括个人财力和心理承受力。如果个人财力有限，就要采取稳妥的投资策略，先求保本再求增值。如果个人心理承受力较差，最好还是远离股市。

认真的学习、科学的训练以及用心的感悟，才有可能达到信手拈来的得道境界，而这也是培养自主判断和自主决断能力的必经过程。

> 点评：进入股市后，投资者应该时刻提醒自己，自己是否有主见，如果没有，就必须加强培养。

四、新手如何克服恐惧心理

新入市的投资者往往都是无畏无知者，而在多次失利过后，又会显现出恐惧心理，一则恐惧源于股价的波动，二则恐惧源于资金的损失。随着交易次数的增多，投资时反而变得犹犹豫豫，放不开手脚，结果是越怕输就越输，弄得十分狼狈。新手要在股市中克服恐惧心理、放开手脚，就应该做到：

（1）大胆实践，学会总结。该买进时就买进，该卖出时就卖出。不管最终结果是赢还是输，都要学会总结。

（2）探寻规律，适可而止。投资者总想穷尽股市的规律，把风险降为零，但这是不可能的。股市中有些规律，靠理性也未必能够总结出来，更多的是靠投资者经历过大量实践后的直觉迸发。

（3）面对图形，灵活应对。技术图形并非一模一样，存在千变万化。在股市中，蜡烛图（K线图）用得最多。

> 点评：常在河边走，没有不湿鞋，常在股市转，没有人能够做到把把都赢。炒股有赢也有输，赢了不骄，输了不馁，这才是在股市搏击的精神实质。

五、投资者常见的心理误区

一般而言，投资者在买卖股票时存在的心理误区有六种：

（1）投机心理。投机本身没有错误，而把投机当作目的才是一种错误，投机应该是实现交易的一种技术手段。

（2）暴富心理。炒股的人总是期待一夜暴富，希望自己买入的股票天天暴拉，在心态上，表现出一种急功近利的畸形，而操作又总是盲目的。

（3）盲从心理。缺乏主见的投资者，往往随波逐流，见涨就追，见跌就杀。眼里只看到一片形势大好，忘记了风险，从众的盲从心理导致结果事与愿违。

（4）犹豫心理。在买卖之际，应有当机立断的勇气和抉择。技术判断做出后，应立即行动，勿迟疑不定，交易成败的关键就在这一刹那。追求高频交易的投资者，更要迅速地做出抉择。

（5）恐惧心理。投资者总是担心自己会成为市场的牺牲品，时常为大盘或股价的短期波动感到担忧。机会来时踌躇不前，风险来时漠视处之。

（6）贪婪心理。存在贪婪心态的投资者，其心理价位都特别高，股价上涨好像永远都满足不了投资者的"胃口"。只要进入交易环节，投资者很难做到见好就收，心理价位总在贪得无厌的变态心理下逐渐抬高。结果呢？很少得到自己奢望的回报。

> 点评：以上这些心理误区都是常见的，投资者往往把潜在的风险变成事实的风险，使自己坠入股市陷阱之中，给自己的投资行为造成巨大损失。

六、股票交易很复杂吗

为什么投资者会觉得股票交易很复杂？

（1）看不懂股票市场的运行。

（2）投资者不相信交易是简单的，不相信盈利是轻松的。

（3）投资者相信股票市场中会有一个永不亏损的秘籍，也相信自己一定会找到它！

其实股票交易真的很简单。交易者只需要做到以下几点：

（1）读懂股票市场的语言，获得市场运行的真实信息。

（2）学习一套已被市场验证且可稳定盈利的技术系统，坚决执行。

（3）摆正心态，接受策略中允许的亏损。

> 点评：投资者往往越想越复杂，先清空头脑很重要。

七、选择最佳的入市时机

要想选择最佳的入市时机，可以通过以下方法和途径：

（1）了解上市公司的营收报表，包括年报、中报和季报。多数时候，营收报告的发布和股价的中短期走势呈现负相关，而营收报告与股价的长期走势呈现正相关。

（2）研究上市公司分红的情况，包括送股和转增股的情况。实施大比例的分红和高送转，往往会给公司股价带来炒作。

（3）关注热点板块切换。大盘的每一轮上涨，都是不同的热点板块、不断切换的合力结果。只有一个或少量板块形成热点炒作，大盘很难走牛，或者说只有阶段性行情。

（4）认清股市消息。利好消息兑现之前，股价已经实现一定涨幅，说明股价已对这种利好预期提前做出了反应，待利好消息真正兑现时，反而是一个减仓或卖出的时机。

（5）参考基金操作。季度、半年和年度的最后几周时间，基金经理可能会对最近表现优异的股票加仓，以让基金净值看起来更漂亮一些，整体排名靠前一些。这种机会可以适当利用。

> 点评：市场（股价）波动有周期性，涨多了就会跌，跌多了就会涨，所有股票市场都是这样。投资者应当结合自身的条件，学习并总结出一套能够稳定获利的交易系统。

八、买股票之前要想清楚的问题

（1）买入这只股票的理由是什么？
（2）买入这只股票是短线、中线还是长线？
（3）买入这只股票预期它升多高就出手？
（4）买入这只股票如不升反跌，跌多少准备认赔出局？

> 点评：只有对这些问题想清楚了，弄明白了，经过全面估计后，才能够决定自己投入资金的数额，做好充分准备，这样投资股票就不会显得盲目，即使遇到复杂问题，也能坦然面对，冷静处理。

九、买了股票后要重点关注的信息

有经验的股民都懂得，买了股票后，要经常了解有关股市行情信息。

（1）随时掌握国家有关政策以及对股市整体和个股的影响。国家政策对股市和个股的影响是显而易见的，如近年来政府陆续出台关于减轻上市公司税赋、剥离社会负担、提供优惠贷款、进行资产重组置换等新措施，反映了政府对股市发展的支持、重视态度，这些都与股市的发展密切相关。

（2）要随时了解上市公司的营运业绩。上市公司的业绩应该是股民投资与否的主要衡量标准，国家政策也鼓励股民投资于那些效益好的上市公司，使资金产生更大的增值作用。有些投资者完全持投机心理，并不在意上市公司效益情况，这种做法是不对的。

（3）及时掌握上市公司公告书和经常性的澄清公告。上市公告书是全面介绍上市公司基本状况及营运情况的材料，是股民选购该股票的必读资料，不熟悉企业性质、技术特点、资金情况、配股分红等内容就盲目炒股，只能是短期投机行为，有时赚了钱可能还不一定知道是如何赚的，赔了本可能更是糊涂。为了通告情况或澄清某些传闻，上市公司经常会发布一些澄清公告，这些公告对于正确引导股民投资取舍有重要作用，投资者必须经常了解这些内容。

> 点评：练武的人每天都要练上几招，风雨无阻；唱戏的人每天早上调调嗓子，走走台场；否则功夫就会生疏、技艺就会荒废。投资于股票的股民，不能够股票一买便束之高阁，任其涨跌，应该及时关注其行情变化。

第二十三课　你我都有当预言家的梦！——预测股市

一、股票市场的运行有规律可循吗

股票市场是因为股票交易而存在的，而股票交易的体现是买卖双方按照一定的价格买入卖出股票。这一系列成交的价格将体现出市场价格的运行特性。

市场的规律：

波浪式前进，螺旋式上升。这就是市场的运行规律，也是所有事物的发展规律。

抓住市场的运行规律，我们就可以做到踏准市场的节拍，与市场共舞。我们的交易就会变得轻松自在，盈利就水到渠成了。

> 点评：能够把握市场的运行规律，就等于掌握了市场的脉搏，这样的投资才会有持续稳定的回报。

二、破解股票市场的语言

股票市场确实有规律可循，股票市场的语言也是可以被解读的。

股票市场的本质：是所有投资者买卖行为的综合体现，而这些信息就体现为一根根K线图。通过K线图以及K线组合形成的结构，投资者可以解读市场的语言。K线图本身就是市场的密码，只要掌握了这个密码的秘密，我们就能看懂市场的语言，就可以及时准确地获得市场的真实信息，为我们的实战服务。

> 点评：读懂市场，跟随市场，就有可能给我们带来丰厚的回报。

三、市场能被精确和唯一地解读吗

答案是可以。如何解读：通过K线图。K线图包含了市场所有信息和秘密，也包含了我们交易所需要的全部支持信息。不同的K线组合构成不同意义的市场结构，这些市场结构就可以告诉我们市场当前的真实状况。由于市场结构的准确性和唯一性，就使得我们获得的这些信息是唯一的、真实的。据此，我们可以制定一致性的投资策略和执行措施。

> 点评：市场的精确和唯一的解读，是判断技术交易策略是否有效的重要方面。

四、掌握炒股基本技能

首先，掌握基本技能，必须对股市有一个初步的了解。可以阅读一些基础性书籍，掌握一些基本性的专业术语，逐渐做到能看懂电视以及网上的股市信息。随着网络技术的普及，现在基本上都是使用电脑或手机查阅资料。

其次，炒股者要学会看行情、分析走势。一般来说，股市投资自下而上分三个层次：技术分析、博弈分析和价值分析。

单独掌握任何一层的技巧都能增加投资的胜算。以价值分析为主，重点在于投资品种的优化，以技术分析、博弈分析为辅，重点在于买卖时机的选择，这是比较理想的投资方法。价值分析可以通过投资大师们提供的参考书进行学习，而技术分析和博弈分析，投资者可以在交易过程中慢慢揣摩，但这个速度比较慢，自己也未必能够看得懂、悟得透，所以也可以参加一些专业的培训课程加以掌握。

> 点评：掌握技能无非两条路，一靠学习，二靠实践。学习靠书本，实践靠操练。

第二十四课　跨出这一步，走上投资路！
——开通股票账户

一、开户

投资者需要开通两个账户：股票账户和银行账户。办理这两个账户的过程就叫作开户。

开户的主要作用在于确定投资者信用，表明该投资者有能力支付买股票的价款或佣金。投资者开设股票账户，是指委托证券公司（代理人）代为买卖股票时，与证券公司签订委托买卖股票的契约，确立双方为委托与受托的关系。

银行账户（资金账户）只能在银行开通，需要绑定股票账户（俗称"三方存管"）。资金账户用于投资者证券交易的资金清算，记录资金的币种、余额和变动情况。

> 点评：开户是投资者走进股市的第一步。股票账户视为投资者进入股票交易市场的通行证，只有拥有它，才能入市买卖股票。

二、办理开户手续

个人开立股票账户时，投资者必须持有效的身份证件到证券交易所指定的证券登记机构或会员证券公司办理名册登记并开立股票账户。个人在开立股票账户时，应载明登记日期和个人的姓名、性别、身份证号码、家庭地址、职业、学历、工作单位、联系电话等事项，并签字或盖章。在允许代办的情况下，代办人也要提供身份证复印件。

个人开立银行账户，需要提供开户本人的身份证，银行账户绑定股票账户，可在银行网点或网上银行完成。如他人代办，还要提供委托人签署的授权委托书以及代办人的身份证复印件。股票账户的余额按活期存款利率定期付息，开市时间内可随时提取到银行账户。买入股票前，必须把银行账户内的资金先转入股票账户（输入密码）。卖出股票后的资金，第二天（T＋1）才能从股票账户转出银行账户。

> 点评：个人开立股票账户和银行账户都要持本人身份证原件。一张身份证目前能够在三个不同的证券公司分别开通三个股票账户。

三、开立 B 股账户

根据中国证监会的有关规定，B 股的投资者限于：

（1）外国的自然人、法人和其他组织。

（2）中国台、港、澳地区的自然人、法人和其他组织。

（3）定居海外的中国公民。

（4）国家规定的其他 B 股投资人。

（5）中国境内居民。

符合上述条件的投资者若想参与 B 股交易，首先选择一家开通 B 股的证券公司为其指定结算会员，并在该证券公司处开设外汇资金账户，同时通过该证券公司向证券登记结算公司申请办理开户名册登记。投资者一经开户，日后股票交易的清算交收、分红派息、配股缴款及有关查询等均通过该证券公司代理。

> 点评：B 股市场逐渐边缘化，有意愿参与的个人投资者越来越少。境内个人投资者办理 B 股开户必须由本人亲自办理，不得由他人代办，境内法人不允许办理 B 股开户。境外个人投资者可委托他人代办，每个投资者只能开立一个 B 股账户。

四、B 股清算交收的规定

深市 B 股和沪市 B 股的清算交收程序不同。

沪市：B 股的清算在成交后的第三日完成，但投资者可以在成交当天反向卖出已买入但未交收的股票，这就是所谓"T＋0 回转交易、T＋3 清算交收"规则。

不过，由于目前 B 股交易实行的是有形席位交易方式，证券公司无法得到交易所的即时成交回报，因而 T＋0 的回转交易难以执行；出于活跃交易的目的，卖出股票所得款项，各证券公司一般规定委托次日交割确认成交后即可再行买入，但资金的划转仍须在 T＋4 日方可实现。

深市：

（1）当日所有 B 股交易记录在当日收市后传送至本所的 B 股结算系统，并转化为一类指令。

（2）本所在 T＋1 日执行一类指令对盘，即核对成交，并在 T＋1 日上午 12 点前将内容不符的一类指令通知结算会员。结算会员应在 T＋2 日中午 2 点前反馈并更正指令。

（3）本所在 T＋2 日执行二类指令配对，即根据指令发送双方的内容完成指令配对，并在 T＋2 日上午 12 点前将配对不符的二类指令通知结算会员，结算会员应当在 T＋2 日下午 2 点前反馈并更正指令。

（4）本所在 T＋2 日下午 3 点后执行资金试交收，列出结算会员 T＋3 日应交收的资金净额。资金试交收完成后的所有交收数据不得变更。

（5）本所在 T + 3 日上午完成股份交收，即记加或记减投资者股份账户和结算会员的股份总账户。

> 点评：了解深市 B 股和沪市 B 股的清算交收程序。

五、B 股分红和配股

（1）送股和转增股本。送股后转增股本是登记公司在股权登记日（最后交易日后的第三个工作日）按照上市公司的方案将股票自动记入投资者的股票账户。

（2）派发分红。上市公司与登记公司签订代理发放协议并在距股权登记日三个工作日前将分红款汇入登记公司的指定账户。登记公司确认收到分红款后通知上市公司，并将领息股东名单提供给指定结算会员（券商）。待证券公司书面确认后，从登记公司领取分红并转入客户的资金账户。

（3）配股。

1）配股权证。登记公司在配股权证登记日（最后交易日的第三个工作日）将权证自动记入投资者的 B 股账户。在之后的权证交易期间，配股权证可以通过交易方式转让。

2）配股。权证交易期结束后，登记公司将投资者持有配股权证的数据提供给上市公司及配股的证券公司。由证券公司通知投资者在规定期限内将配股资金汇入指定的银行账户。银行将实际到账的明细提供给证券公司，证券公司据此确认实际配股结果，并制成电子文件交给登记公司，由登记公司将股票记入投资者的 B 股账户。

> 点评：B 股与 A 股在分配上是同股同权，但在具体操作上有所不同。

六、投资者可以开通的股票账户数目

2015 年 4 月 13 日之前，个人投资者只能在一家证券公司开通 1 个股票账户。

自 2015 年 4 月 13 日起，个人投资者可以在 20 家不同的证券公司开通 20 个股票账户。

自 2016 年 10 月 14 日起，废除了股票账户一人 20 户，个人投资者最多只能在 3 家不同的证券公司开通 3 个股票账户和封闭式基金账户，而信用账户和 B 股账户只能在其中一家证券公司开通 1 个。已开立 3 户以上（不含 3 户）的，符合实名制开立及使用管理要求，且确有实际使用需要，投资者本人可以继续使用。对于长期不使用的 3 户以上的多开账户，依照规定纳入休眠账户管理。

点评:"一人一户"的政策解禁,满足投资者不同的投资需求,指定交易也不再唯一。

七、股票普通账户和信用账户的区别

普通账户和信用账户都可以进行交易,但也有区别:

(1)准入门槛不同。自然人只要达到法定年龄都可以开通普通账户,资金量不限;开通了普通账户在半年时间的基础上,才能开通信用账户(也叫两融账户或融资融券账户),而且在开通信用账户之前,普通账户在连续20个交易日的日均资产至少达到50万元。

(2)交易规则不同。普通账户只能单边做多,不能做空;信用账户不仅可以进行多和空的双边交易,而且信用账户既可以使用自己的钱交易,也可以借券商的钱加大杠杆交易,即保证金交易,融券卖出属于做空。

(3)交易标的不同。一般情况下,普通账户可以做A股市场中的所有股票;信用账户也可以做A股市场中的所有股票,但融资融券只能选择框定范围内的股票,能融资融券的股票都带有字母"R"标志。

(4)两者与证券公司的关系有差异。普通账户的投资者和证券公司属于委托买卖关系,信用账户除了与证券公司存在委托买卖关系,还有借贷关系。

点评:根据要求,个人投资者可以在3家不同的证券公司开通3个普通账户,而信用账户只能指定其中1家证券公司开户,即只能开通1个信用账户。

八、"三方存管"业务

所谓的"三方存管",即券商管证券,银行管资金,它的全称是"客户交易结算资金第三方存管"。

在过去,投资者的交易结算资金是由给你开户的证券公司统一存管,发生过不少挪用客户资金的情形。后来,证监会规定,客户的交易结算资金统一交由第三方存管机构存管,即具备第三方存管资格的商业银行。

投资者开通股票账户以后,不能立刻委托交易,需要把股票账户绑定银行账户,然后将银行账户内的资金划到股票账户,才能委托交易,这就是所谓的"三方存管"业务,即银证业务。

一般情况下,1个股票账户只能绑定1个银行账户作为"三方存管"的主账户,同时可以绑定多个银行账户作为子账户。主账户和子账户的区别:主银行账户可以实现入金和出金,而子银行账户通常只能入金,不能出金。

在银证业务中,投资者需要记住两个密码:第一个是由银行转证券时的银行

密码，第二个是由证券转银行时的资金密码。

银证转账（出入金）有两种方式：

第一种方式，登录股票账户，点击银证业务下的银证转账一栏，即可把银行账户内的资金划到股票账户，或把股票账户内的资金划到银行账户。大多数投资者都是通过此方式实现出入金。

第二种方式，登录股票账户绑定的银行的网上银行，找到银证转账一栏，即可把银行账户内的资金划到股票账户，或从股票账户内划出资金。采取此方式出入金的投资者相对较少，毕竟投资者习惯了登录股票账户查询行情和买卖股票，出入金顺手就完成了。

> 点评：券商管证券，银行管资金。"三方存管"业务的开通，把股票账户和资金账户严格分离管理，避免资金被别人挪用，也便于国家对违规资金进入证券市场的监管。

第二十五课　股票交易的流程

一、股票交易步骤

一般来说，买卖股票有以下几个步骤：

第一步，开户。亲自到证券公司营业部现场办理开户手续，或在券商 APP 上办理开户手续，就是与证券商签订"委托买卖证券受托契约"。

第二步，委托买卖。委托买卖有多种方式。亲自到证券公司营业部现场填单委托、电话委托下单、电脑下单和手机下单等方式，其中现场填单委托和电话委托下单的方式已经很少使用，现在几乎都是采用电脑下单和手机下单两种委托方式。

第三步，交割。委托买入或卖出股票后，还必须到券商处领取股票和交钱（若是卖出，则交出股票收回钱），这个手续就是交割。这一系列的行为都是通过网络进行的，且已做到实时的主动完成。

第四步，过户。当买入某只股票时，必须到该股票发行公司办理登记过户手续，才能成为股票发行公司的股东，只有完成了过户，才能享受到持有股票的所有权。这些程序都需通过网络进行，且已做到实时的自动完成。

> 点评：网络手段已经取代人工或现场办公，了解了股票交易的过程，也就明白了买卖股票的过程。

二、股票交易流程

第一步，开设账户。包括开设股票账户和银行账户。

第二步，办理委托。包括柜台委托和非柜台委托两种形式。

第三步，委托受理。券商受理投资者的委托后，将其输入电脑。

第四步，撮合成交。根据交易所的交易规则，决定是否成交。

第五步，清算与交割。对买卖股票应付金额进行结算。

第六步，过户。变更股票的所有权。

> 点评：股票交易的基本流程非常简单，其执行过程由计算机系统完成。

三、股票交易的费用

截至 2020 年 8 月 31 日，股票交易费用由五个部分构成：

（1）印花税：我国股票交易印花税按 1‰的税率征收，单向征收（卖出）。场内基金、债券等交易品种，暂不征收印花税。印花税由券商代扣后由交易所统一代缴。

（2）证券交易监管费：证管费约为成交金额的 0.2‰，实际上还有尾数，一般省略为 0.2‰。

（3）证券交易经手费：A 股，按成交额双边 0.087‰收取；B 股，按成交额双边的 0.0001% 收取；基金，按成交额双边 0.00975% 收取。

（4）过户费：仅买卖上海交易所发行的股票收取过户费，此费用按成交金额的 0.02‰收取，不足 1 元一律按 1 元收取。

（5）证券交易手续费：手续费是弹性的，由证券公司决定，目前大部分券商按成交金额的 0.2‰~0.3‰收取，单笔交易佣金不足 5 元按 5 元收取。正常情况下，证券公司对资金量大、交易量大的客户给予降低佣金率的优惠，因此，资金量大、交易频繁的投资者，可以和证券公司协商。

> 点评：调整印花税是国家进行宏观经济调控的手段之一，直接影响到股票交易的成本，需要投资者引起注意。

四、交易方式的区别

可供投资者选择的交易方式有多种形式。网络未普及之前，现场委托和电话委托是主流的股票交易方式；网络普及以后，网上交易（包括手机交易）成为主流的股票交易方式。

根据数据显示，目前通过网络进行委托买卖的成交金额占总成交金额的九成以上。原因很简单，网上交易相比现场和电话委托交易更自由、更快捷、更方便，而且收费最低。

点评：现场委托费用最高，电话委托次之，网上交易费用最低。

五、哪种交易方式最好

正如上面所提到的，有多种交易方式可供投资者选择，网上交易、电话委托和现场委托等。

现场委托也叫刷卡委托交易业务，是指证券公司为投资者在营业部现场的机器上刷卡买卖股票的一种方式。这在电脑和手机未普及的年代，现场委托是最主流的交易方式，其次是电话委托。所以在过去，证券营业部需要较大的营业空间，设有交易大厅、大户室（VIP 交易室）等。与此同时，交易大厅配有数量不等的计算机终端，供投资者在现场查询股票和委托交易。

点评：随着网络技术和终端设备的进步，电脑交易和手机交易已经成为最主流的股票交易方式。证券营业部的交易大厅及其功能逐渐消失，目前只有少量证券营业部保留交易大厅和 VIP 交易室。

第二十六课　股票交易的基本交易规则

一、股票交易的基本规则

"公平、公正、公开"是证券市场最基本的行为准则。体现在交易市场上，证券交易所的电脑交易系统按照"价格优先"和"时间优先"原则对买卖委托进行撮合，确保"三公"准则得以具体体现。

撮合成交的顺序为：较高买进委托优于较低买进委托；较低卖出委托优于较高卖出委托；同价位委托，按委托时间优先成交。不论投资者是谁、大户小户，一律按价格和时间顺序撮合成交。

点评：电脑交易系统的广泛应用，"三公"原则在股票交易过程中得以充分体现。

二、股票交易如何撮合成交

证券经营机构受理投资者的买卖委托后，应即刻将信息按时间先后顺序传送到交易所电脑主机，公开申报竞价。股票申报竞价时，可依有关规定采用集合竞价或连续竞价方式进行，交易所的撮合大机将按"价格优先，时间优先"的原则自动撮合成交。

目前，沪、深证券交易所均实施开放式集合竞价和连续竞价方式。沪、深开放式集合竞价时间均为9：15~9：25、14：57~15：00，早盘时段的集合竞价主要产生开盘价，收盘前的集合竞价产生收盘价。其余时间段属于连续竞价时间。

> 点评：电脑撮合成交可最大程度地减少人为干预的因素。

三、股票交易如何进行清算、交割与过户

清算是指证券买卖双方在证券交易所进行的证券买卖成交之后，通过证券交易所将证券商之间证券买卖的数量和金额分别予以抵消，计算应收、应付证券和应付股金的差额的一种程序。

交割是指投资者与受托证券商就成交的买卖办理资金与股份清算业务的手续，沪、深两地交易均根据集中清算净额交收的原则办理。

清算与交割以后，就要办理股票过户。所谓过户是指办理清算交割后，将原卖出证券的户名变更为买入证券的户名。对于记名证券来讲，只有办妥过户后，整个交易过程才算完成，才能表明买入股票的投资者拥有完整的股票所有权。在沪、深交易所上市的所有股票，均不需要投资者到现场办理过户手续，由计算机系统自动完成。

> 点评：只有办理了过户手续，才算完成一笔股票的交易过程。

四、沪、深交易所有哪些基本交易规则

根据规定，上交所和深交所有下列基本交易规则：

（1）交易原则：价格优先、时间优先。

（2）成交顺序：较高价格买进委托优先于较低价格买进委托；较低价格卖出委托优先于较高价格卖出委托；相同价位委托，按委托的时间顺序优先成交。

（3）报价单位：A股、B股以股东为报价单位，基金以基金单位为报价单位，债券以100元面额为报价单位；国债回购以资金年收益率为报价单位。

（4）价格变化档位：深市A股为0.01元；深市B股为0.01港元，国债回购为0.01%；沪市A股为0.01元，B股为0.002美元；沪深两市的基金、债券均为0.001元。

（5）委托买卖单位与零股交易：A股、B股、基金的委托买单位为"股"（基金按"基金单位"），但为了提高交易系统的效率，需以100股（沪市B股为1000股）或基金整数倍进行委托买卖。

（6）科创板的单笔买入不小于200股，超过200股可以以1股为单位递增，

如 201 股、305 股等。申报卖出时，单笔数量不小于 200 股，超过 200 股的可以以 1 股为单位递增，但在余额不足 200 股时，应当一次性申报卖出，如 199 股就要一次性申报卖出。

> 点评：投资者必须记住这些交易规则。随着注册制的分步实施，或许在不久的将来，创业板和两市主板都会逐渐实行类似于科创板的委托买卖单位和零股交易制度。

五、看懂沪、深交易所的证券代码

所有在证券交易所上市交易的各类证券产品，均对应一个 6 位数的证券代码。

上海 A 股以 60 开头；科创板以 68 开头；沪 B 以 90 开头；封基以 50 开头；上证基金通、ETF 以 51 开头。

深圳 A 股以 00 开头；创业板以 30 开头；深 B 以 20 开头；封基以 18 开头；LOF 以 16 开头；ETF 以 15 开头。

普通三板 A 股以 40 开头；三板 B 股以 42 开头；新三板以 43 和 83 开头。

此外，在股票申购、债券申购、配股缴款等情况下，又会产生与上市交易不同的特定的申购代码、配股代码等，均为 6 位数字代码。

在上海证券交易所上市的证券，根据上交所"证券编码实施方案"，采用 6 位数编制方法，前 3 位数为区别证券品种，如：

001×××（国债现货）；201×××（国债回购）；110×××120×××（企业债券）；129××100×××（可转换债券）；310×××（国债期货）；600×××（A 股）；500×××550×××（基金）；700×××（配股）；710×××（转配股）；701×××（转配股再配股）；711×××（转配股再转配股）；720×××（红利）；730×××（新股申购）；735×××（新基金申购）；900×××（B 股）；737×××（新股配售）。

在深圳证券交易所上市的证券，根据深交所证券编码实施采取 6 位数编制方法，首位证券品种区别代码：

0××××（A 股）；1×××××（企业债券、国债回购、国债现货）；2×××××（B 股及 B 股权证）；3×××××（转配股权证）；4×××××（基金）；5×××××（可转换债券）；6×××××（国债期货）；7×××××（期权）；8×××××（配股权证）；9×××××（新股配售）。

> 点评：证券代码既方便投资者查看行情，又是证券交易中的必填要素。

六、股票电子交易系统

股票电子交易系统由交易系统、清算交割系统和证券商业务系统共三个子系统组成。投资者要通过电子交易系统进行股票交易，必须先在系统内的券商处开立股票账户，委托券商为你交易。最早期，委托交易需要投资者本人手写委托单，券商工作人员接单后将指令输入计算机，按照"价格优先""时间优先"的原则进行自动撮合，及时将结果返回券商，并自动办理交割和清算业务。

> 点评：网络交易普及后，投资者不需要手写委托单，而是在电脑或手机上填写和下单。

七、办理非交易过户

所谓过户就是办理清算和交割手续后，将原卖出证券的户名变更为买入证券的户名。对于记名证券来讲，只有办妥过户以后，才拥有完整的股票所有权，整个交易过程才算完成。

沪市实行的是法人证券集中托管。实行法人证券集中托管后，投资者可前往指定交易的证券交易营业部办理非交易过户手续。

深市过户略有不同。深圳本地的可到深交所登记部柜台、工商、招商等银行开户网点办理。委托他人代办，最好采取公证委托。更换账户卡号后，原股东账户卡下登记的股份将转移至新账户。

> 点评：新入市的投资者需要注意的是，上海和深圳证券交易所在办理非交易过户的做法上，并不完全相同。

八、办理转托管

转托管，又称证券转托管，是专门针对深交所上市证券托管转移的一项业务，是指投资者将其托管在某一证券商那里的证券转到另一个证券商处托管，是投资者的一种自愿行为。

投资者在哪个券商处买进股票，只能在该券商处卖出股票，投资者如需将股票转移到其他券商处再委托卖出，就要到原托管券商处办理转托管手续。在办理转托管手续时，可以将所有的证券一次性全部转出，也可以只转其中部分证券或同一券种中的部分证券。现行的转托管业务是通过深交所的交易系统进行办理。转托管业务办理的一般程序如下：

投资者向转出券商提出转托管申请，填写"转托管申请书"。转出券商收到申请书后，认真核对投资者的身份证及申请书内容是否正确，核对无误后，在交易时间内，通过交易系统向深交所报盘转托管。

每个交易日收市后，深圳证券结算公司将处理后的转托管数据通过结算系统发给券商，券商根据所接收的转托管数据及时修订相应的股份明细账。转托管证券 T+1 日到账，到账后即可在转入证券商处委托卖出。转出券商向投资者收取 30 元人民币的转托管费。

> 点评：转托管成功后，原转出券商处的账户如不销户，仍可继续使用，但还是执行在哪儿买、在哪儿卖的规定。

九、遇"不可抗力"因素是否承担责任

我国的股票交易系统电子化程度很高，所谓的"不可抗力"包括交易所的电脑主机或券商的电脑终端运行不正常、通信系统的中断，电脑主机系统运转失灵、电子干扰造成的通信系统紊乱等。根据我国法律规定，交易所或券商遇到"不可抗力"而不能履行合约或合同造成他人损失时，交易所或券商不担责。

> 点评：在这样的情况下，交易所或券商受到免责条例保护，可不"负责"，但交易所或券商有责任向投资者及时做出解释。

第二十七课　选择优秀的证券公司

一、买卖股票为什么要通过证券公司

股票的交易程序包括开户、委托买卖、成交、清算及交割、过户等几个过程。一般性的投资者是不能直接进入证券交易所的场内交易，而要委托证券商或经纪人代为进行。投资者的委托买卖是证券交易所交易的基本方式，是指投资者委托证券商或经纪人代理客户（投资者）在场内进行股票买卖交易的活动。

> 点评：证券交易所只对会员证券商开放，所有的股票买卖都发生在证券商之间，所以，投资者参与股票交易必须选定证券商，让其驻场交易员代为进行。

二、选择优秀的证券公司

想要买卖股票，首先需要寻找一家信誉可靠，同时又能提供优良服务的证券公司作为代理人。投资者选择证券公司需要考虑以下几个方面：

（1）必须是信誉可靠。这对于投资者来说是头等重要的事情。

（2）证券公司应取得证券交易所的会员席位。因为只有取得了证券交易所

会员席位的证券公司，才能派员进入证券交易所内进行股票买卖。

（3）投资者在选择证券公司时，还要考虑证券公司的业务状况是否良好，工作人员的办事效率是否高效，交易设施是否完备、先进，各项收费是否合理等多方面。

> 点评：在变化无常的证券市场上从事股票交易，选择一个信誉可靠的证券公司作为代理人，毫无疑问这对于保证其资产的安全十分重要。

三、如何查询自己购买的股票（基金）

所有进入股票账户集中买卖、通过结算系统清算交收的股票和基金，都实行非实物化的结算交收制度。根据这一结算交收制度，投资者将股票托管在全国各地交易所会员的证券营业部，券商保留和管理其所属投资者的股票明细资料，深圳及上海证券结算公司集中管理股份。

> 点评：实行电子化交易，投资者可以通过电脑或手机软件登录股票账户，直接查询到自己购买到的股票和基金。

四、股票账号和密码忘记了怎么办

股票账户有两个：上海账户和深圳账户。此外，个人投资者可以开通1个融资融券账户（也叫两融账户或信用账号）和B股账户。如果忘记了股票账户和密码，可以通过以下方法查询、找回和重置密码。

第一种方法，下载券商APP，在登录界面选择忘记账户，按照提示信息准确填入并上传后，就能查询到自己的股票账号或重置密码。

第二种方法，拨打证券公司的官方电话，让客服帮你查询自己名下的股票账户，在正常情况下，查询之前需要提供个人的详细信息或验证码以进行验证。

第三种方法，带上自己的身份证到证券营业部现场办理。

> 点评：通过以上方法，都能查询、找回股票账号和重置密码。

五、股票交易中发生"异常情况"如何处理

异常情况是指导致交易所集中交易市场或挂牌股票无法正常交易的情况，交易所异常情况处理办法有如下规定：

技术性异常情况是指交易所电脑交易系统发生技术故障，导致集中交易无法正常进行，或者通信网络发生技术故障，导致集中交易无法正常进行；自然性异常情况是指出现"不可抗力"事件如地震、火灾、天气异常、电力中断、设备

失灵等事件，造成 15% 以上证券公司或营业部或交易席位不能正常交易。

一旦发生上述异常情况，证券交易所有权采取以下措施：

（1）临时停市（临时停止集中交易的行为）。

（2）向交易所会员和新闻媒介及时公告临时停市的决定及原因，同时报给有关主管部门。

（3）导致临时停市的异常情况在消除后即恢复交易，但收市时间不作顺延。

（4）临时停市前符合交易所业务规则的交易有效。

> 点评：异常情况常见于一些难以预测的突发事件，投资者要做好心理准备。

六、如何解决交易中的疑难问题

（1）咨询证券公司及其营业部和经纪人。许多证券公司（总部）都成立了客户服务中心，设有专职人员专门解答投资者的疑问。

（2）求助于网络等媒体。专业的财经网站，一般都设有专版为股民解答疑难。

（3）咨询交易所的投资者热线。交易所服务专线专为投资者、证券公司和上市公司服务。

> 点评：遇到疑难问题应该多方咨询，但最后拿主意的还是你自己。

第二十八课　股市中如何"中彩票"？
——新股申购要点

一、新股网上竞价发行程序

（1）新股竞价发行，须由主承销商持中国证监会的批复文件向证券交易所提出申请，经审核后组织实施。

（2）除法律、法规明确禁止买卖股票者外，凡持有证券交易所股票账户的个人或者机构投资者，均可参与新股竞买。

（3）投资者在规定的竞价发行日的营业时间办理新股竞价申购的委托买入，其办法类似普通的股票委托买入办法。

（4）新股竞价发行申报时，主承销商作为唯一的卖方，其申报数为新股实际发行数，卖出价格为发行底价。

（5）新股竞价发行的成交（认购确定）原则为集合竞价方式。

（6）电脑撮合成交产生实际发行价格后，即可通过行情传输系统向社会公布，并即时向各证券营业部发送成交（认购）的回报数据。

（7）新股竞价发行结束后的资金交收，纳入日常清算交割系统，由交易所证券登记结算机构将认购款项从各证券公司的清算账户中划入主承销商的清算账户；同时，各证券营业部根据成交回报打印"成交过户交割凭单"同投资者（认购者）办理交割手续。

（8）竞价发行完成后的新股股权登记由电脑在竞价结束后自动完成，并由交易所证券登记结算机构交与主承销商和发行人。

（9）采用新股竞价发行，投资人仅按规定交付委托手续费，不必支付佣金、过户费、印花税等其他的任何费用。

（10）参与新股竞价发行的证券营业部，可按实际成交（认购额）的 3.5‰ 的比例向主承销商收取承销手续费，由交易所证券登记结算机构每日负责拨付。

> 点评：投资者须注意的是，目前网上定价发行的具体处理原则是，有效申购总量等于该次股票发行量时，投资者按其有效申购量认购股票。当有效申购总量大于该次股票发行量时，由沪、深交易所主机自动按每 1000 股/500 股确定一个申报号，连序排号，然后通过摇号抽签的方式确定投资者的中签数量。上海交易所上市的新股按 1000 股配一个签号，深圳交易所上市的新股按 500 股配一个签号。

二、新股网上申购的具体程序

申购新股的具体程序如下：

（1）申购当日（T+0 日），投资者申购，并由证券交易所反馈受理。

（2）申购时无须缴付资金，在申购日后的第三天，也就是 T+2 日确认中签后，股票账户内确保在 16：00 之前留有足够的中签资金，系统将自动从中签的股票账户内划扣中签款。

> 点评：申购新股就像买卖股票一样，且执行中签后再缴付资金的申购制度。

三、新股上市首日的规定

目前主板新股上市首日涨跌幅限制是在 2014 年 1 月 1 日后施行，新股上市首日的最高涨幅为发行价的 44%，跌幅限制为发行价的 36%。从第 2 个交易日开始，涨跌停板为 10%。

深交所新股上市首日的收盘不是集合竞价而是集合定价，以 14：57 的成交价作为定价，根据时间来对于申报进行一次性的集中交易。首日涨幅达 32% 时，停牌 30 分钟；涨幅达 44% 时，停牌至当日收盘。

科创板和创业板新股上市前 5 个交易日，不设涨跌幅限制，从第 6 天交易日，设定为 20% 的涨跌停板，即天地板 40%。

> 点评：新股上市首日出现破发比较罕见，往往是受到当时大盘环境、上市价格以及投资者对于该股的预期来决定。

四、如何看懂招股说明书与配股说明书

招（募）股说明书、配股说明书是投资者获得公司信息的有效途径之一，也是对公司股票进行价值判断的主要依据。重点关注以下内容：

（1）发行概况。包括发行人、股票种类、发行数量、价格、方式、对象、费用、募集资金、参与本次发行的所有当事人或机构，包括承销商、推荐人等，这些机构将对应承担与发行相关的义务和责任。

（2）风险因素。投资者应该仔细阅读说明书披露的发行人的风险因素，具体包括发行人在业务、市场营销、技术、财务、募股资金投向及发展前景等方面存在的困难和障碍。如果风险提示得不够详细，投资者务必小心谨慎。

（3）募集资金的使用。募集资金的用途是投资者对发行人未来发展的价值判断之一，如果说明书没有详尽地解释募集资金的具体用途，不要轻易地做出投资决定。

（4）经营业绩。根据专业人员的审计报告和审查结论，观察发行人过去 3 年的经营情况，包括最近 3 年销售总额和利润总额、公司业务收入的主要构成、发行人近期完成的主要工作、产品或服务的市场情况、筹资与投资方面等，以此判断公司经营的稳定性。

（5）股利分配政策。股利分配政策反映公司是收益型还是成长型。如果是收益型公司，应该有一个很好的股利分配历史；如果是成长型公司，可能没有发放股利的历史记录，或发放股利的历史记录较少。有些公司由于受到债权人的限制，很少分配股利。

（6）财务资料。发行人的财务资料披露了发行人资产负债表中主要项目的重要事项、经营业绩和现金流量等情况。

（7）关联交易。各式各样的关联交易可能会将募集到的资金以及公司收益转移出去，因此要对有问题或有疑问的贷款、担保、用于个人收益的商业资产、没有竞争力的销售和购买行为，保持高度警惕。

（8）诉讼或仲裁。诉讼或仲裁事项汇总了公司正在进行的重要诉讼活动。这些诉讼将导致投资存在很多不可控的因素，投资者必须重视。

（9）管理层。包括年龄、地位、资历，以及对管理者的报酬计划、期权计划、股票认购权利、其他奖励等信息。值得注意的是，过度的报酬制度将会削弱或摊低公司利润，对股价有很大的影响。

（10）股本及股本结构。股本项目描述了股票的类别、拥有的权利、哪些股票可以流通、哪些拥有决策权、哪些是优先股和普通股、主要股东是谁等信息。这些信息告诉投资者可以被出售的股票总量，它们的增减可能对股票价格产生有利或不利的影响。

> 点评：招股说明书和配股说明书是投资者申购新股（或参与配股）前用以考察上市公司最直接的信息来源。在对待说明书的态度上，投资者必须保持独立的思考。既要心存怀疑，又要相信自己的判断。投资者应尽可能多地提出与发行或配股相关的问题，如果得不到这些问题的合理答案，就不要轻易地做出投资决定。

第二十九课 比独孤九剑更厉害的是涨停、跌停和停牌！

一、涨停板和跌停板

涨停板和跌停板是指设定了单日涨跌幅的价格限制，升至当日价格上限称为涨停板，跌至当日价格下限称为跌停板。一直以来，限定股价最多只能较上一个交易日的收盘价上涨或下跌10%，即天地板20%。在注册制下的科创板和创业板，新股在上市的前5个交易日不设涨跌幅限制，从第6个交易日开始，这两个板块的所有个股较上一个交易日的收盘价上涨或下跌20%，即天地板40%。预计在不久的将来，20%的涨跌停板制度，将会逐渐扩大至两市主板。

> 点评：A股市场和国外市场的涨跌停板制度有以下区别，A股市场的股价到达涨跌停板时，在涨跌停板的价格可以挂单和交易，在涨跌停板之内的挂单始终有限，直至当日收盘为止；国外市场规定股价到达涨跌停板时，不能交易。

二、为什么要设定涨停板和跌停板

涨跌限制起源于涨跌停板，而"涨停板"或"跌停板"，其说法起源于过去国外交易所在拍卖时，以木槌敲击桌面来表示成交或停止买卖，此法运用到股市中，就是给股票价格上涨或下跌设立了涨跌幅限制。不过，A股市场在涨幅限价或跌幅限价上并不会停止买卖，交易依然可以进行，只是价格不变而已。

从 1996 年 12 月 16 日起，沪、深交易所对所有上市的股票和基金交易实行涨跌幅限制 10%，此后，沪、深交易所还对挂牌上市特别处理的股票（ST 股票）实行涨跌幅限制 5% 的规定，对 PT 处理（带*ST 股票）的股票同样实行涨跌 5% 限制。

监管层设立涨跌停板制度，主要是为了避免股价过大的波动和过分的投机行为，旨在保护广大投资者，维护市场稳定。

> 点评：设立涨跌停板制度，虽然在一定程度上避免了股价过大的波动和过分的投机行为，但同时也抑制了股价的合理波动及其跨度，降低了股票交易的活跃度。

三、停牌

停牌是指暂时停止股票买卖。上市公司因某些消息或正在进行的某项活动，容易导致股价发生剧烈波动（大幅上涨或大幅下跌），所以在发布公告前需要停牌。股票行情表中会出现"停牌"字样，股票一栏空白，表明该股票买卖停止。

根据《证券法》规定，因突发性事件而影响到证券交易的正常进行时，证券交易所可以采取技术性停牌的措施；因不可抗力的突发性事件或者为了维护证券交易的正常秩序，证券交易所可以采取临时停市的措施。

股票停牌有三个方面的原因：

一是上市公司有重要信息公布，如公布年报、中期业绩报告，召开股东大会、召开董事会、增资扩股会议、公布分配方案、实施重大资产重组、重大收购兼并、股权分置改革、投资以及股权变动等。

二是监管部门认为上市公司需要就有关于对公司存在重大影响的事项或问题进行澄清和公告时。

三是上市公司涉嫌违规需要开展调查。

> 点评：对上市公司的股票实施停牌，是证券交易所为了维护广大投资者的利益和市场信息披露公平、公正以及对上市公司行为进行监管和约束而采取的必要措施。至于停牌时间的长短，要视具体情况而定。

第三十课　如何卖得神速 or 如何卖得开心？
——市价委托与限价委托

一、市价委托

市价委托只指定交易数量而不给出具体的交易价格，但要求按该委托进入交易撮合系统时以市场上最好的价格进行交易。市价委托的好处在于，委托价格紧跟市场价格变化，随行就市，成交迅速且成交率高。换句话说，市价委托就是按照场内挂出的买入或卖出价格进行交易，不限制成交价格，确保即时完成交易。市价委托极具追涨和杀跌价值，交易速度最快。

市价委托的类型有两种：最优五档即时成交剩余撤销，最优五档即时成交剩余转为限价。

市价委托的缺点：实际成交价不由投资者控制，与投资者预期价格略有差距。在股价暴涨暴跌时，可能会出现买高卖低现象，投资者有资金损失的风险（潜在）。

市价委托的优点：股价上涨或下跌速度较快时，市价委托能够快速地完成交易。

> 点评：市价委托只适用于开盘后的委托买卖，不适用于开盘前和收盘前的集合竞价时段，并且适用于有涨跌停价限制的股票。

二、限价委托

限价委托是指要求以限定或低于限定价格买进，以限定或高于限定价格卖出。例如：买入 1 万股，现价 18.8 元，表明你的最高意愿购买价格为 18.8 元，你可能以 18.8 元或低于这个价格（18.7 元、18.6 元等）成交，但在下单之后，市场价格若高于 18.8 元或在这个价格只有少量筹码，那么限价委托的单子可能只是完成部分成交，甚至没有成交。

投资者发出限价委托的买卖指令时，不仅提出了买卖数量，而且对买卖的价格也做出了限定。即在买入股票时，限定了一个最高价，只允许按其规定的最高价或低于这个最高价的价格成交；在卖出股票时，限定了一个最低价，只允许按其限价委托的最低价或高于这个最低价的价格成交。

限价委托的最大特点是买卖可以按照投资者希望的价格或者更好的价格成交，有利于投资者实现预期的投资计划，谋求最大的利益。

限价委托的缺点：由于限价和市价之间往往存在一定的价格距离，必须等限价和市价一致时才能完成交易，那么投资者选择限价委托，就有可能因此错失投资良机或遭受损失。

> 点评：计算机系统自动撮合成交，按照"价格优先""时间优先"的原则撮合，如果是同时间委托，市价委托优先于限价委托。

三、委托交易

打开委托系统即可看到图 2-1 界面。

基金
理财
沪港通
深港通
买入
卖出
市价买入
市价卖出
对买对卖
撤单
新股申购
查询
网络投票
全国股转交易
银证业务
场内基金
基金分拆合并
预受要约
其它业务
自定义组合通
其它委托
修改密码
股东列表
股东代码
证券代码
买入价格
元
可用资金
最大可买
全部
股
1/2
1/3
1/4
1/5
买入数量
股
买入下单
证券代码
证券名称
证券数量
可卖数量
当前价
最新市值
浮动盈亏
参考盈亏比例(%)
持仓均价
成本价
保本价

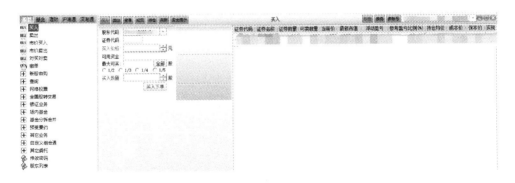

图 2－1　委托交易

（1）委托买入。

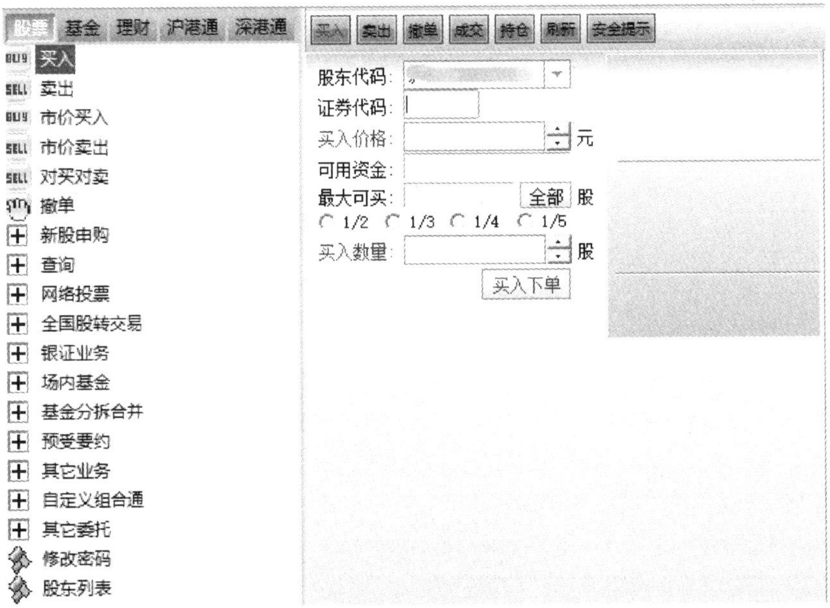

股票
基金
理财
沪港通
深港通
买入
卖出
撤单
成交
持仓
刷新
安全提示
BUY
买入
SELL
卖出
BUY
市价买入
SELL
市价卖出
SELL
对买对卖
撤单
新股申购
查询
网络投票
全国股转交易
银证业务
场内基金
基金分拆合并
预受要约
其它业务
自定义组合通
其它委托
修改密码
股东列表
股东代码:
证券代码:
买入价格:
元
可用资金:
最大可买:
全部
股
1/2
1/3
1/4
1/5
买入数量:
股
买入下单

（a）

图 2－2　委托买入

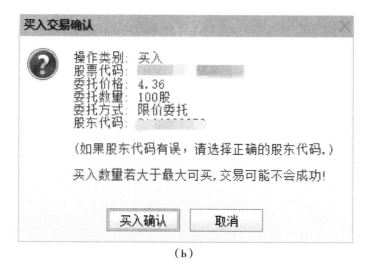

（b）

图 2 - 2　委托买入（续）

（2）委托卖出。

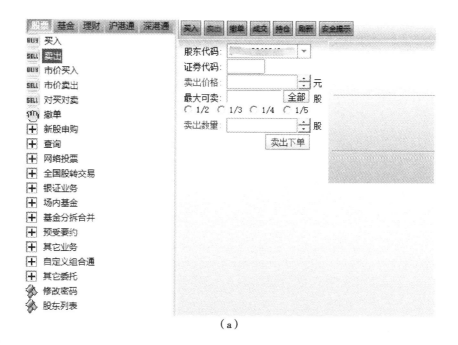

（a）

图 2 - 3　委托卖出

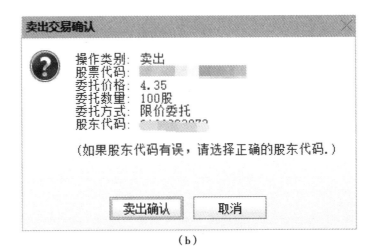

（b）

图 2-3 委托卖出（续）

第三章　踏上投资"致富路"

股价走势千变万化，影响股市走势的因素也非常多，有的不可抗拒，有的不可捉摸，但终是可以预测的。可以预测也就可以预防，可以趋害为利，化险为夷。记得有一句股市名言讲的是：不论股票是涨还是跌，只要看准了机会，顺势而动，都是可以赚钱的。那么，如何才能做到看准机会？技术分析是重要的一环。

第三十一课　车技过硬才能进退自如！
——初识技术分析

一、股市分析的两大流派

目前，对股票进行理性分析主要有两大流派，一派是技术面分析派，一派是基本面分析派。两派各有长短。

技术分析派是借助于价格本身进行分析，通过图表、图形，能够清楚地看清价格的未来走势。它具有弹性，依个人判断而异，且时间短，可马上操作。

基本分析派允许人用充足的时间仔细地分析市场的动向，得出的分析结果也有待时间检验。这种方法的长处在于有充分的时间考虑，缺陷是需要的时间过长。基本面分析包括国内外政治、经济、金融情况，上市公司的行业整治形势、公司的经营业绩及未来展望、政府对股市采取的政策措施及股市大势等因素。

> 点评：尺有所短，寸有所长。两大流派，各有特色。

二、正确看待技术分析法

技术分析的手段有很多，如 K 线图、移动平均线、阻力线与支撑线、CBV 线、圈叉图等，这些都是经股市专家近百年来的验证、实践后才成熟起来的技术方法，也是分析投资者心理、进行理性判断的技术利器。股市技术分析的价值，总有人为之怀疑，却又总是挥之不去。

一些投资者认为股票价格其实是"空中楼阁"，没有什么真正的根基。只要投资者追捧，心理因素的作用就会把任何一只股票的价格"送上天"；反之，所谓内在价值高的股票也经常不被人看好，处境不好。

一些投资者偏信某种技术方法，比如对图表过度崇拜。据说在美国有些图表分析家为了不受外界任何因素的干扰，索性用木板将门窗钉死，只从广播里听取有关信息，绘制图表进行分析，但结果不尽如人意。这种死吊在一棵树上的做法，岂不令人笑掉大牙？

> 点评：技术分析并不是从图到图的"线仙"，也不是玄而又玄的纯粹"心理游戏"，而是有一系列科学依据的股市分析方法。

三、技术分析的优势

技术分析的优势是显而易见的。

第一，简单、方便。比如K线图，任何人三分钟就可学会，拿把尺子、拿支铅笔就可制作，进而试行分析。通过电脑的炒股软件观察K线图，不仅随时可以知道某种股票和股市的月K线图、周K线图、日K线图，还可看到各种大小分时的K线图。主力因为独占某些内在信息且有资金优势，占尽了天时地利与人和，但技术分析可以成为人人都能做到的。

第二，摒弃主观的臆断。基本面分析常因为定性分析过多、定量分析不足而导致判断失灵，受小道消息影响而莫衷一是，而技术分析尽管有时也不免存在着多种看法，但相对而言已经客观多了。正确地运用可以保障已有的利润、减少可能的损失，这是技术分析的一大功能。

> 点评：股市即人生，只是更大喜大悲，更剑拔弩张。要顺势而为，及时收手，有必要掌握一些基本的技术分析方法。

四、技术分析的"盲点"

俗话说，有利就有弊，技术分析也有自身的"盲点"。

最可能的就是所谓的"骗线""走势陷阱"之类。少数"做手"或参与市场炒作的上市公司，熟悉各种技术分析和套路，就投其所好，哄抬市价，或抛售压价，制造出一种将大涨、大跌的迹象，以此挑动"技术派"紧跟，然后突然猛抛、猛吃，将投资者套牢、轧空，使投资者"一遭被蛇咬，十年怕井绳"，对曲线、趋势等技术方法避之远远。

由于技术分析意在推演出股市运动趋势，发现反转迹象，因此必然提前做出结论，但不能明确指出最高价、最低价将在何时出现。如果投资者不习惯在趋势反转前及时行动，一味地追求最高或最低，技术分析也无能为力。

技术分析在实际运用中非常难把握。同是一条曲线，不同的投资者对趋势的判断可能大相径庭，甚至理论自身也无明确的结论，所以图表分析被戏称为"艺术"工作。

> 点评：上述"盲点"如欺骗、作伪等，不仅在技术分析中有，基本分析也会碰到。不可否认的是，被投资者广泛采用的K线图、移动平均线和成交量分析等方法，已大大减少了投资中的失误。

五、避免技术分析"盲点"的误导

到目前为止，世界上还没有发明出一套百分之百准确无误的股市预测系统。尽管技术分析有无法避免的缺点，如无法判断股价的最高点与最低点，但其他方法也不能，因此，应当抛弃过于依赖最高点与最低点的奢望，把重点放在分析、判断趋势上。在多头市场中，坚持持股直到技术指标出现抛售信号；反之在空头市场中及时吃进。顺势而为，才能使投资轻松自如。

既然做出了技术分析，就要相信它的预判和结果。当然，首先要理解它，肯定它，在实际运用中又不断地总结经验，灵活与坚定适时而为，力求达到进退自如、"随心所欲不逾矩"的境界。

超越技术，不死守一点、两点教条，站在宏观分析的大局上观照它，利用日积月累的技术体验去融汇它，当你进入技术分析的世界，又能放眼技术之外，用之而不为之所困，技术分析才能真正地发挥奇效。

> 点评：世上没有免费午餐。股市也不是人到就能领钱的慈善机构，不劳而获永远是痴人说梦，努力耕耘才能有所收获。在变化多端的股市中搏击，不可能靠机械的三两条公式、所谓的秘诀就能应付自如。熟练掌握技术分析，同时注重基本分析，综观大局，才有可能立于不败之地。

六、对别人的技术分析做出判断

技术分析是股市专家们研究出来的评析股市涨跌的方法，有各种图表、公式、曲线等，用以分析短期、中期的股价变化，准确率较高。技术分析看似复杂异常，实际不然，只要肯下功夫学习一番，也能在短时间内学会一些基本的技术方法。因此，对于大多数投资者来说，多多少少都懂得一些技术分析的理论，也掌握一些基本的分析方法。

但是，不管别人怎么分析，归根结底必须由自己拿定主意。买卖股票赚钱与否，在很大程度上视个性而定。

不少新股民没有自己的独立思考，在决定买入或抛出股票的时候，总是迟疑不决、优柔寡断，喜欢听别人的技术分析，然后采取行动。其实，在人堆里，人们的看法自觉或不自觉地受到自身利益的影响。刚买进某股，就会说某股好得不得了，否则他也不会买进；转眼刚卖出某股，就会把它贬得一文不值。行情走势瞬息万变，小道消息层出不穷，听完东家打听西家，最终往往不知所措，进退失据。

有些技术不精、个性也不够坚定的投资者，哪怕做出了决定，到了该交易的时候，总会受到所谓"技术专家"分析结果的影响，要卖时又舍不得，甚至转而加仓买进，要买时又迟疑不决，眼睁睁地错失介入良机。有人把股市中以技术分析为主的人称为"提灯笼者"，可能是指"为别人照路"之意。占股市人数绝大多数的散户投资者，不乏随波逐流、人云亦云者，买入或卖出的行为，往往是受到一些似是而非的分析结论的影响。

点评：对于那些总认为炒股有什么灵丹妙药的投资者来说，这是一个很好的警示。投资者总是对自己做出的技术分析抱有不切实际的幻想，而别人的分析总没有自己的判断更靠谱。

第三十二课　股市技术分析的神兵利器——K线分析

一、K线图

股市是买卖双方争斗的战场。股价变动是政治、经济、心理等因素影响下的战斗结果，其背后的双方力量消长决定着未来的股价走势。预测买卖方的力量对比状况，选择合适的阵营，是投资者的必需。

反映股市变动的图表制作方法有很多，每种都有自己的独到之处与不足，其中，K线图是世界上最古老、最权威的且流行最广的方法。K线图是对股市价格波动每日、每周、每月的状况进行图示的方法。经过近百年的发展，已经深得投资者信赖，几乎成为技术分析的代名词。

K线图最早应用于古代日本的米市，表示价格每天的涨跌行情与走势。后来引入股市，发现准确性相当高，因此畅行不衰，追随者越来越多，成为股票技术分析最基本的工具。

K线图立体感强，直观、生动，可以有效地反映股市短期、中期到长期的趋势，全面显示其涨跌特点和多空力量的强弱变化，是股市投资者的必修课目。

点评：K线有路勤为径，股海无涯苦作舟。

二、K线如何反映市场变化

股市每天都在波动，它的动态变化可以用许多指标来衡量，如成交量、成交额、转手率、市盈率、支撑位、阻力位等,但最重要的是开盘价、收盘价、最高价、最低价。

K线图简单明了,能圆满地反映出上述指标。

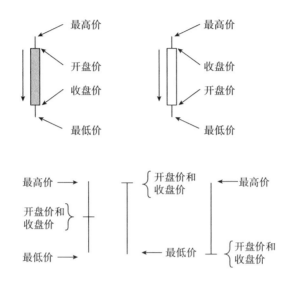

图 3 - 1　K 线图

点评:不同的 K 线图代表着不同的意义。要深入了解其中含义,确非易事。

三、通过 K 线图判断多头还是空头

多头市场的重心在买方。

空头市场正好相反,重心在卖方。

K 线图上,阴阳线出现的次数和自身大小,反映多空双方的战果。

(1) 双方组织力量。大户—散户。

(2) 双方争斗力量。成交量。

(3) 价位吸引力量。低价位、高价位。

点评:根据 K 线图的显示,准确判断大势是趋多还是趋空,将使投资者立于不败之地。

四、如何通过 K 线判断多空争斗规律

股市如同拳击,必须攻守兼备,一只拳负责防守,另一只拳负责进攻。如果

贸然采取双拳出击而未能迅速地取得战果，可能暴露了弱点而被对方偷袭成功。在研判局势时，须注意不同价位的盘局对双方的不同含义。盘整时间越长，对攻击方越不利。

争斗中，多空双方都想一招制敌，快速地结束战斗，然而也必须做好受挫的准备。

在空方的大举进攻之下，股价下跌，到达低谷受支撑而上升，如果涨回至下跌开始价位或以上，称为"回升"，如果只能涨到原价位一半以下，称为"反弹"。多方进攻时，股价先涨后跌称为"回跌"或"回档"。如果涨势极少回跌、回档，说明买方力量极其强盛。如果回档至一半甚至继续回跌，说明卖方卷土重来，新的决战在酝酿之中。跌势中的反弹、回升的现实意义类似。

在股市涨跌的过程中，买卖双方的斗争和表现形成了一些不变的规律：

多方市场：上升、回档、上升。

空方市场：下跌、反弹、下跌。

多方市场转空方市场：上升、回档、上升、回档、盘局、下跌、反弹、下跌。

空方市场转多方市场：下跌、反弹、下跌、反弹、盘局、上升、回档、上升。

点评：多空对攻的结果取决于双方的力量水平，投资者在确定加入何方阵营之前，需要慎之又慎地详作比较，然后提前一步行动，原则是"弃弱就强"。

五、通过 K 线图判断股票的买卖时机

（1）股价从低位反弹，接近前次下跌盘档价位附近，卖方压力增大，反弹受挫，在股价即将进入盘旋整理的时候卖出。

（2）股价突破盘档，接连出现阳线并有量能稳步放大配合，可买进。

（3）阳线出现的次数越来越少，阴线出现次数增加并时有大阴线出现，表明多方力量不足而空方渐盛，宜卖出。

（4）股价上涨但成交量不配合，表明继续上涨的力量不足，可能下跌，宜卖出。

（5）股价虽未上涨但成交量稳步放大，说明此股活跃，前景可期，一旦上涨将可能成为热门，宜买进。

（6）冷门股一旦爆涨，应在第一个涨停板附近考虑购进，否则可能形成连续涨停板，失去进手的好机会。

点评：除了K线图判断法，从K线图的线势形态中的颈线突破点，也能够找到决定买卖的依据和时机。

第三十三课　运用K线时的注意事项

一、辩证看待K线图的作用

K线在指导投资行为中的威力大小，只要从使用它的投资者就可以看出。

在美国、中国台湾、伦敦以及在上海，在出租车内、台灯前以及在办公室里，在证券公司门口，无数投资者在天天画K线，读K线，绞尽脑汁分析它的含义，大胆假设它的走向，对之如醉如痴，佩服得五体投地。

它当然不是股市投资的万应灵丹，不是有求必应的观音加财神，但K线对于股市奥妙的揭示，确实太引人入胜了。

投资股市如同打麻将，上桌的四个人不可能全都赢得志得意满，胜者总有高出负者的方面，或才智，或运气，或资本，或心理，不管双方是否意识到，必具其一。投资的胜利者通常也是K线的大师，他们把理性的思考和感性的体验写出来，就是今天读到的K线知识。

股市是形势变化最迅速、最剧烈的场所，也是"玄妙论""不可知论"盛行的场所。它存在规律，但它的规律像泥鳅，使尽全力也许只能碰到、抓到一点点。

点评：当今世界，还没有一套让所有人都发财的秘诀。K线作为股市规律的最权威的反映，其中奥妙只有在实战中才能最后体味。

二、不被K线图所迷惑

在选股的时候，可以特别留意相关个股的最大向下空间，对照可能的最大向上空间，以此判断个股的介入风险。向下空间越小的个股，再配合其基本面，估算出其向上的空间，这样能够做到风险较小地介入，从而取得较大而稳定的收益。

点评：学会计算整个市场和个股的投资者平均成本，定好合适的介入区间。

第三十四课　K 线形态

一、头肩顶

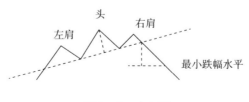

图 3 - 2　头肩顶

头肩顶图形呈现出三个明显高峰，一般左右两肩的价格高点相近，中间的头部价格最高。

从左肩和头部之间的底部到头部和右肩之间的底部连出一条延长线，即为颈线。从右肩顶下跌突破颈线的幅度必须在市价的 3% 以上，就算股价有回升也不得再超出颈线，否则头肩顶不成立。

这是一种杀伤力极大的走势，其多空双方斗争状况大致如下：

利多消息鼓动股市猛升，成交量大增，然后短暂回落，形成左肩。

没能在第一次升势中获利的投资者在调整期间买进，股价再度蹿升并突破左肩高度，创造新的高点，然后持股者心理产生恐慌，相继抛售，使股价又回落到左肩高点以下，形成头部。第三次上升，成交量已大不如前，涨势疲弱，未涨至头顶即反转向下，突破颈线后一路下跌，形成右肩并最终完成头肩顶。

> 点评：确定的头肩顶形态存在一个下跌的最小幅度。从头部向颈线画出一条垂线，然后从右肩突破颈线处向下量出同样的长度，到达的水平即为下跌至少要到达的地方。

二、头肩底

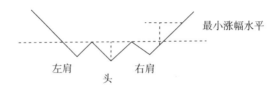

图 3 - 3　头肩底

头肩底形态与头肩顶形态恰好相反。

从左肩到头部到右肩，每次反弹的成交量呈逐渐递增状态。右肩突破颈线处是准确的突破信号（买进信号），尽管股价已经上涨，也已离开底部和最低点，但仍然有相当高的反弹幅度。

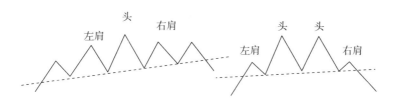

图 3-4　复合头肩顶

复合头肩顶形态可分为多肩和多头两种，它们都是头肩顶形态的变异。如果翻转过来，头肩底形态也有变异。

> 点评：复合头肩型的含义与单纯头肩型相近，只是单纯头肩型的波动程度稍小一些，时间稍短一些，它们的下跌或上升通常都是到达最低或最高水平即告停止。

三、双重顶与双重底

双重顶与双重底图形很相似。双重顶的运行轨迹恰似英文字母 M，而双重底则类似于 W。

股价上涨使投资者获利，获利了结打压股价由升势转入下跌，于是形成第一个顶。股价再度上涨时到达前一峰顶附近，成交量无法达到上次水平，且在抛压和阻力的双重作用下，股价再次下跌，突破颈线后确认双重顶形态。

双重顶的两个最高点相差在3%以内是可以认同的，通常第二重顶要略高于前顶，但并不是绝对的。此外，第二重顶的成交量往往无法超越前顶。

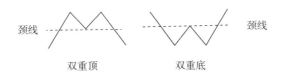

图 3-5　双重顶与双重底

点评：对双重顶来说，突破颈线处是可靠的沽出信号，此后跌市将临；双重底的分析则正好相反。

四、三重顶和三重底

三重顶与三重底图形也是类似的关联图形。头肩型的头部和肩部相差不多，就构成了三重顶和三重底，它们的分析意义类似于双重顶和双重底，只是三重顶的第三次上涨的量能往往很小，涨势弱，即露跌相，而三重底的第三次上涨的量能往往较大，气势强盛。

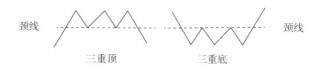

图 3 - 6　三重顶和三重底

点评：灵活运用线势图，认真、客观地分析，才是股海进退的"护身符"。线势形态变化多样，实战中千变万化，必须善于总结，才能融会贯通。

五、化解"头肩顶"

一是右肩运行的时间超过了构造左肩的时间。

二是股价穿过右肩，形成了有效地向上突破。

点评：头肩顶形态一旦确认，即只要出现股价自右肩处跌破"颈线"的迹象，就意味着股价将会有较大幅度的下跌，投资者必须当机立断，赶快抛出股票，"逃命"要紧，否则套牢的厄运就在眼前。

六、"头肩底"图形是如何形成的

每日股价走势形成的有头有肩，而以头为底（大头朝下）的股价图。它的形成是这样的：在股价下跌的过程中，买方做了第一次抵抗，使股价有了一定的反弹（形成左肩）；终因力量不够且受抛售阻压，又出现新的下跌，其底部比左肩更低（形成头部），此时买方不甘如此，积蓄了更大的力量进行反击，促使股价得到较大幅度的反弹，直到与左肩基本平行的位置，经少许回落后形成右肩。

此时卖方显得力不从心，而买方坚定地冲破下跌趋势线，从右肩处突破成功，股价由此步入脱离低位区间的反弹轨道。

点评：形成"头肩底"形态，从技术角度讲，这是股价开始脱离低位区间的经典标志，投资者要做的是筹集资金，抓紧买进。

七、双重底图形分析

双重底也称"W底"，其形成过程是这样的：股价经历持续下跌以后，市场里的股票出售量在逐渐减少，股价跌到一定的程度后，也不再继续下跌；有些投资者见股价不高，逐渐吃进筹码，鼓动股价出现缓慢反弹；然而因受股价长期积弱的影响，投资者买进是小心翼翼的，而卖者觉得在这时抛出不划算，多是袖手旁观、只看不卖。

股价反弹到一定程度后，由于股票的供应量出现增加，股价再一次回落；到了与第一次的低价基本相当的位置时，抄底筹码再次吃进，股价又开始展开反弹。股价在低位收出两个基本接近的低价，即完成了双重底形态的构造，形状极像"W"字母。两个最低点的连线叫作支撑线。

需要注意的是，在构造双重底的过程中，如果股价在第二个低价反弹后，出现第三次回跌，在跌幅没有超过第二次跌幅1/3时开始反弹，创造新的高点，这时才能确定"W"底的形成，否则股价继续处在低位震荡，底部形状相当于几个"W"连接起来。

点评："W"底一旦形成，就标志着股价很快就会打破下跌及整理，冲出谷底；投资者在此时可以择机买进，等待将来的大丰收。

八、线势的整理形态

所谓整理形态指股价经过一段时间不明显的升降波动，然后沿以往走势继续前进。

（一）上升三角形和下降三角形

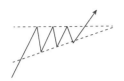

图 3-7 三角形

股价在上升的途中遇卖方压力回落，但不久又上升，到达前次高点附近再度回落，但低点高于上次。将几个高点连起来，构成一条明显的阻力线，将几个低点连起来，形成向上倾斜的延长线，与阻力线构成上升三角形，预示购买力量很强，大市将继续盘升。

下降三角形的形状与上升三角形正好相反。低点连线构成支撑线，高点是向下倾斜。突破支撑线后，股价将直泻而下。

（二）矩形

图3-8　矩形

一系列水平近似的升、跌，其界线构成矩形。矩形反映买卖双方心中都有明确的阻力价位与支撑价位，因此战斗总是发生在两者之间的范围内。均衡的波动一旦被打破，股市将沿着原有的方向前进。

矩形可以出现在上升或下跌的行情中。波动范围越大，其预示有效性越高。

（三）旗形

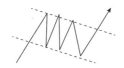

图3-9　旗形

在急速升高或下降的股市中，一连串的短期波动，形成与大势原来方向相反的倾斜长方形，形态像一面挂在旗杆上的旗帜，称为"旗形"。

上升旗型通常出现在牛市末期，意味着升势已经不大。下降旗型通常出现在熊市初期，暗示将有猛烈的下跌出现。这类旗形的波动部分可能十分有限，在三四个交易日内完成后即朝预定方向突破。如果股价长期整理，超出三周还未能冲出低位，情况就比较复杂，必须静观其变。

（四）对称三角形

一系列的股价变动，高点渐低而低点渐高，上下界线同时倾斜，构成对称三角形。

对称三角形表明买卖双方在一定区域内势均力敌，暂时达到平衡，持续观望使股价波动幅度收窄。它可以出现在上升或下跌行情中。需要注意的是，对称三角形在少数情况下可以成为反转形态。

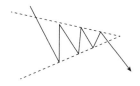

图 3 – 10　对称三角形

（五）整理头肩形

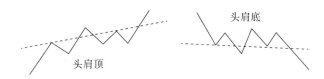

图 3 – 11　头肩形

头肩形作为反转形态的时候多，但有时也成为整理形态。那么，如何区分？

头肩顶出现在跌势中，常为反转形态；出现在涨势中，常为整理形态。头肩底若出现在跌势中，常为整理形态；出现在涨势中，常为反转形态。整理头肩，不存在最小跌、升幅的计算公式，其颈线的画法也不同于头肩形。

点评：战争中，武器的作用至关重要，然而，最重要的还是掌握武器的人。整理形态和反转形态只是两种不同的表现形式，其分析方法大同小异，只是在不同位置的作用不同。

第三十五课　K 线的"底气"——成交量的妙用

一、K 线图上的"底量"指标

打开股市分析软件的 K 线图，就会发现骗线、骗量、骗指标的事情无处不在，以致投资者对此甚至到了恐惧的地步，整天云里雾中不知所以然。那么，在众多的技术指标中，底量是一种没有欺骗性的、最忠诚、最简单、最有价值的指标。

不同的投资者对底量可能有不同的定义。其实，底量是成交量的一种表现形式，它意味着成交量的极度萎缩；它是一个相对值，也是一个浮动值；底量随着流通盘的变化而变化，每日仅几万股的成交量肯定是底量；流通盘超过 1.5 亿股的股票，每日只有几十万股的成交量，肯定是底量；流通盘超过 5 亿的股票，每日一二百万股的成交量，一般也是底量。

底量在行情寡淡时出现最多。因为行情寡淡时，人气涣散，交投不活，股价窄幅波动，场内套利机会不多，所以在底量附近几乎没有赚钱机会。

> 点评：持股的不想卖股了，持币的不愿意入市，于是底量指标就出现了。在这一时期，往往是长线买家进场布局的好时机。

二、如何使用底量这个有价值的技术指标

（一）底量在股价即将见底的时候会出现很多

一只股票经过一番炒作之后，总有价格向价值回归的时候。在其下跌途中，虽然偶有底量出现，但很快就被更多的抛压淹没，可见，此时的底量持续性极差。而在股价即将见底的时候，该卖的都已经卖了，没有卖的也不想再卖了，于是，底量不断地出现，持续性较强。如果结合该公司的基本面分析后，在这一时期附近介入，只要经受得住时间的考验，一般都会有所收获。

（二）底量在震仓洗盘的末期阶段也会出现

任何一个主力在做庄的时候，都不愿意为别的投资者抬轿子，以免加大自己拉升途中的套利压力，于是，在大幅拉升前展开反复震仓、清洗获利盘就显得很有必要了。那么，主力如何判断自己的震仓是否有效，是否该告一段落呢？

这其中方法与手段很多，底量的出现便是技术上的一个重要信号。此时，一直持股的不愿意在低价抛售，或者说已经没有股票可卖了，而持币的由于对该股后市走向迷茫，也不敢轻易进场抢反弹，于是成交清淡，底量便悄然而生，而且一般还具有持续性特征。这一时期往往是中长线进场布局的好时机，如果能够结合基本面和技术面做出综合分析和寻找时机，一般都会有可观的收益。

（三）底量在拉升前的整理阶段也会间断性地出现

一只股票在拉升之前，主力总要不断地试探和确认抛盘是否已经很轻，以免在拉升时存在过大的抛压。换句话说，就是拉升前要让大部分筹码保持良好的锁定性，即"锁仓"。而要判断一只股票的锁仓程度，从技术上说，底量的间断性地出现是一个很好的信号。由于主力需要不断地对倒以达到震仓目的，所以这一阶段中的底量出现呈间断性的。如果能在这一时期的末端跟上主力，往往获益匪浅。

点评：底量作为成交量指标的一种表现形式，由于其几乎不可能存在欺骗性，所以对行情的预判和操作具备较大的指导与实战价值，因而也被授以"最有价值的技术指标"的桂冠，实为众望所归。

三、根据成交量分析行情应注意的情况

（1）对倒放量找升，出货阶段常用。

（2）借利空逼杀，建仓后常用。

（3）借利好放量大涨。

（4）逆市放量，出货时常用。

（5）缩量小跌，常用于出货。

（6）高送配除权后的陷阱。

点评：成交量是重要要素，是主力动向的反映。

第三十六课 股市元老级指标——移动平均线！

一、读懂移动平均线

以横轴表示日期，以纵横表示股价指数或个别股价，然后将各日的移动平均连成的线就形成了移动平均线。

计算方法是：

先计算时间数列最初 N 项的平均数，然后前面删去一项，后面加上一项，仍为 N 项，再计算出第二个 N 项的平均数

点评：移动平均线并不难，投资者完全可以读懂它，并掌握其基本的计算方法。

二、用移动平均线看短、中、长期走势

移动平均线简称均线，是在方格纸上将某一期间的平均股价逐日连接而形成的股价移动趋势图。一般以 5 日、10 日移动平均线观察股价短期走势，以 10 日、20 日移动平均线观察中短期走势，以 30 日、60 日移动平均线观察中期走势，以 120 日、250 日移动平均线分析长期趋势。

点评：移动平均线法的敏感度，取决于移动平均线的时间长短。

三、移动平均线如何显示买进卖出信息

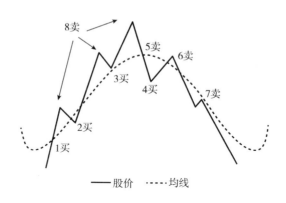

图 3 - 12　移动平均线

（1）当移动平均线持续下降后转为平稳上升，而股价从移动平均线下突破向上延伸时，是买进信号。这时因为移动平均线已转平并上升，表示股价将转为上升趋势，而此时若股价再从移动平均线下突破向上延伸，就表示当天股价已经脱离了卖方压力，而买方处于相对优势地位，即买入方要大于售出方。

（2）移动平均线呈上升状态，但股价却降至移动平均线下方时，是买进信号。这是因为移动平均线变动较为缓慢，股价会因急速下降而跌入移动平均线以下。一般地，这种股价下跌只是暂时现象，过几天后股价一般会回升到移动平均线之上，所以也是买进时机。

（3）股价在移动平均线上方，并朝着移动平均线下跌，但在与其交叉前又再度上升时，是买进信号。这是因为股价下跌但未下跌突破移动平均线，表示投资者获利回吐；股市处于上涨期，移动平均线发挥着支撑作用，所以也是买进时机。

（4）移动平均线呈下降状态，而股价与移动平均线大幅度偏离，以更加倾斜的角度下跌时，也是买进信号。这是因为当股价急剧下跌且跌幅很大时，很可能出现卖出者重新买进自己卖出的股票的现象（俗称"卖出者回补"），所以也是买进时机。

（5）移动平均线由上升逐渐走平转为下降状态，而股价跌破移动平均线时，是卖出信号。

（6）移动平均线处于下降过程，而股价却由移动平均线下方升至其上方时，是卖出信号。

（7）股价在移动平均线下方，并且朝着接近移动平均线的方向上升，但在

与其交叉前又转而开始下降时，是卖出信号。

（8）移动平均线呈上升状态，而股价却远离移动平均线以更加陡峭的角度向上延伸时，将出现股价下跌现象，所以也是卖出时机。

> 点评：移动平均线为投资者买进卖出提供了判断方法。机不可失，时不再来。

四、用移动平均线研判买卖时机

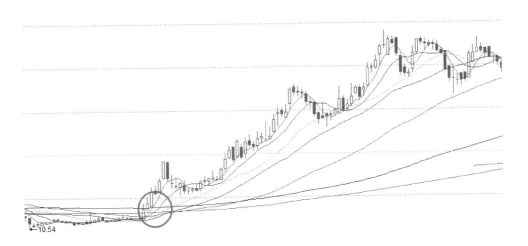

图 3 - 13 移动平均线实例

当短期均线急剧地超越中、长期线向上方移动时，意味着买进时机的到来。

短期线、中期线和长期线并列，且各条线都呈上升状态，这种情况表现目前行市坚挺，为买进时机。

坚挺线持续了相当一段时期后，短期线从停滞状态的高点出现下降趋向时，表明股价高涨区动摇，这是开始抛售股票的好时机。

当短、中、长三条线开始微妙地交叉时，应及时将买进的部分卖出或将卖出的部分补进。

长、中、短期线按顺序自上向下地并列，且各条线都呈下降趋势时，为典型的疲软行情，此时不可轻易买进，可卖出或静观。

当疲软行情持续了相当一段时间后，短期线从谷底转为上升倾向时，即意味着在涨势中的低价时期，是买入的好时机。

点评：移动平均线分析法之所以要采用平均股价以形成股价移动趋势图，目的是要略去原股价变动数列中一些偶然性的或周期性的波动，用一系列平均数（平均股价）形成一个变动起伏较小的新数列，以显示出研究对象的长期发展趋势。

五、根据交叉点位置判断买进还是卖出

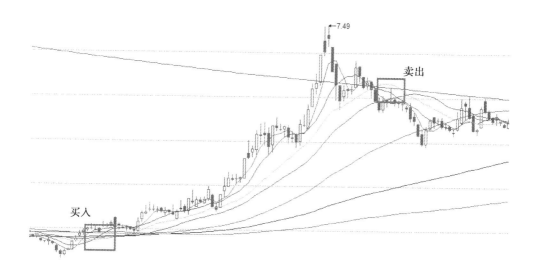

图 3-14　交叉点判断

（1）黄金交叉点：中期超过长期。

（2）终结交叉点：中期下移长期。

黄金交叉点。股价持续降至谷底后转为反弹时，对此反应最早的是短期线，其次为中期线和长期线，三条线先后转为上升。这时，各条移动平均线相互交叉，排列顺序也依次变换，首先是短期线移动至中期线上方，然后越过长期线且位于三条线的最上方，此后中期线也移至长期线之上。

中期线超过长期线的时点就是黄金交叉点，这一点可确认行情已进入上涨时期。黄金交叉点出现后，短期线、中期线、长期线由上至下依次排列，这就是所谓的"顺向图形""均线多头排列"，是典型的看涨行情。在黄金交叉点以后的一段时期内，是买进的好时机，做多获利的可能性较大。

终结交叉点。股价涨至顶点后并在高价区域徘徊，短期线的上升角度逐渐迟钝，不久便转为下降，随着高位震荡趋势的深入，中期线和长期线也先后出现下

降状态，而短期线逐渐下落到中期线和长期线下方，中期线同样下移至长期线之下。中期线下移与长期线相交的这一点便是终结交叉点，它的出现意味着上涨行情的结束。

终结交叉点出现以后，短期线、中期线、长期线按自下而上的次序排列，这就是所谓的"逆向图形""均线空头排列"，是典型的看跌行情。在终结交叉点以后的一段时期内，是做空的时机，切勿买进。

点评：确定买进或卖出的时机，要充分重视建立移动平均线，积极运用两个交叉点进行仔细研判。

六、运用乖离率分析移动平均线

移动平均线分析法中实际股价与移动平均线有一定的偏离，这种偏离程度被称为乖离率。乖离率 =（股价÷移动平均值－1）×100%。

正乖离率：大型股超过30%，小型股超过50%时，可判断已进入买气旺盛期。

负乖离率：当小型股达20%，大型股大于20%时，便可考虑买进，这就是所谓的反弹回补买进。

点评：利用乖离率分析移动平均线，既可分析股价趋势，又能帮助投资者把握买卖时机。这种方法比较客观地指明投资时机，被认为是比较可靠的分析法。

第三十七课 物极必反，否极泰来——如何运用抵抗线？

一、抵抗线的定义和规律

抵抗线，就是股市价格或涨或跌，总是有一条起着强大阻力或支撑作用的防御线，股价走势到达那里时，就不再继续上涨或下跌，仿佛有着一股"阻力"或"支撑力"在起作用。如图3－15所示的以某股为例，股价在上涨的过程中，在16~19元，多空争斗激烈，买方在2次跌落到16元附近时，调动浑身解数，支撑着股价再一次反弹至19元附近。在这一过程中，16元即为该股下值抵抗线（支撑线），19元即为该股在本阶段的上值抵抗线（阻力线）。

在2次冲击后，股价在第3次终于突破19元压力位。买方积蓄力量形成突破并创出新高，从未完的图形发展看，19元被多方突破后有可能将为该股新的支撑点。

从中可以看出，上涨抵抗线（阻力线）就是股价涨到那个水平时（如图3－15中的19元），买方明显减少，而卖方有大量的筹码在供应，叫卖的比叫买的多，卖方感到压力，买方持币观望或撤出争斗，这时股价就会在此受阻。下跌抵抗线（支撑线）就是股价跌到那个水平时（如图3－15中的16元），买方逐渐增多，预期将有大量的卖方减少，叫买的比叫卖的多，买进的力量在增强，使股价下跌势头受到遏制。

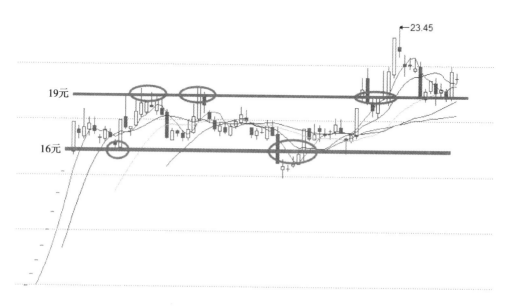

图 3 － 15　抵抗线

抵抗线是画线形状分析的一种重要方法。将一个阶段的股价涨跌情况标在图上，熟练的投资者一目了然就能看出该股的抵抗线。图3－16为某股的日线分析图。

图3－16中股价变化犹如一片绵延起伏的山地，其间有高山峻岭，有深川峡谷，有些山谷的高深又是如此近似，形成几乎同一的水平高度，这就是抵抗线。

抵抗线分为下档抵抗线和上档抵抗线。

下档抵抗线也叫支撑，是指在一段时期中某价位区域内实际或预期出现买方力量大于卖方而阻止下跌的趋势，股价自此开始向上反弹，局部图形一般为V字形。上档抵抗线也叫阻力，与支撑正好相反，呈倒V字形，表示在一段时期中某价位区域内实际或预期出现卖方力量大于买方而阻止股价攀升的趋势，股价至此开始下跌。

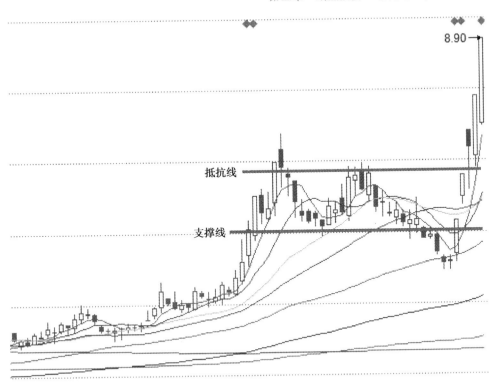

8.90

抵抗线

支撑线

图 3-16 实例分析（一）

如图 3-17 所示，当某股票上涨至 5 元附近，出现了大量卖出行为，股价开始下跌；当回跌到 3.7 元附近又发生反弹，到 4 元附近出现了一小段的整理过程；此时需求大增，股价出现大幅拉升并迅速涨至 4.7 元附近；此后，自然会有中级回档和必要的整理行情；股价回跌到 4.5 元附近，极易发生支撑，并形成新的股价支撑线。

> 点评：常言道明月清风无价，高山流水有情。阻力和支撑也有其内在的含义，阻力点的形成过程如同高山的隆起，支撑点的形成如同深谷的凹陷。

支撑和阻力的形成有其内在规律，即股票的成交值集中于数个价格水准，过去在这里出现过多空争斗、买卖互不相让的价位区，累积了庞大的成交量，而此处往往会变成股票趋势的反转点。因此，那些过去出现过的价格水准还会反复出现。过去起到阻压股价上涨的价位区，一旦被突破并确认方向，那么阻压线就转变为支撑线。在同一价位区，会在不同时候承担起支撑和阻力两个角色的作用。

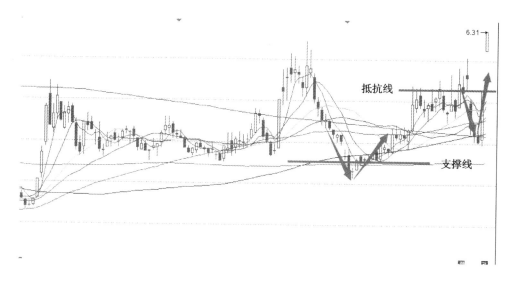

图 3-17　实例分析（二）

阻力和支撑都是有着极为复杂的内在、外在原因，故而形成了自身的规律。

二、寻找抵抗线

抵抗线方法是投资者必须掌握的一种工具。有的时候，虽然按照有关理论预测了一种股票或整个大盘的抵抗线，但也会发生事与愿违的情形，与预测的相反，股价该回档时却上涨了，该反弹时却继续下跌。结果赔钱不说，还对抵抗线这种方法产生了怀疑。其实，要避免这种情况，关键是要学会如何寻找抵抗线。

必须认清一个事实，任何投资理论都不是万能的。不要因为一两次错判、误判，就怀疑投资理论的错误，甚至放弃理论方法去追寻运气之类的不可捉摸的东西。

要掌握理论就要与实践紧密结合，将技术分析的方法与实际情况联系起来分析，一并研究。前面对有关上市公司在经营业绩方面、国家政策方面的情况介绍了不少，这是掌握抵抗线的重要参考依据。同时，还要考虑到股市中人为的因素，尤其是主力的操作。主力能够操纵股价，并在一定程度上影响股市变化，造成难以预测的异常情况。

点评：投资者必须长年累月地研究股市的发展和变化，为判断抵抗线的位置寻找可靠的技术依据。

三、根据50%原则判断抵抗线

抵抗线是股票买卖的参考价位，预测准了抵抗线，获利的可能性将大增。感性认识的投资者，可能不会过多地在意以往股市的演变情况，但必须关注下一步的变化，判断抵抗线的位置。

投资者大都知道，50%原则是许多短线投机者判断未来抵抗线位置的一条原则。选择这一条原则究竟有多少科学性，未有最终结论。投资者时刻都在寻找自己的进货点、出货点，寻找何处有抵抗线。当股价上涨时，手疾眼快的投机者会将手中的股票抛出，以赚取差价；股价下跌时，他们就会逢低抢进。

如何预测未来股价一个阶段内将到达的最高点与最低点，50%是许多投资者掌握的原则。

即当股价回到前面大涨或大跌的一半左右时，最容易出现抵抗线位置的倾向，就好像足球比赛的中场是双方投入重兵力量反复争夺的地方，得中场者得势，得胜的概率就高。既然股市分为买卖两方，那么股价涨跌的中间地带一般会成为买卖双方的必争之地。

> 点评：抵抗线附近是该阶段股票价格的最高点和最低点，自然成为投资者关注的焦点。判断何处将形成抵抗线，主要凭经验，其次通过公式推算，最后要有一点点运气。

四、根据价格的历史变化判断抵抗线

过去出现过的最高价或最低价附近，都是容易产生抵抗线的地带。在经济稳定、上市公司内在情况没有太大变化的时候，某些股票在过去出现过抵抗线的地方，也容易形成新的抵抗线。

如果我们对某一股价进行中长期的观察，就会清楚地发现，在过去出现过抵抗线的价格水平上，经常会重复出现形成新的抵抗线。当股票从长期的多头市场转入空头市场时，投资者会预测股价下跌的幅度，一般都会回顾股价以往的趋势演变过程，寻找有可能出现抵抗的地方。

体育比赛也有这个特点。双方在赛前一般都会对比赛结果有一个指标性的要求，这时往往都要拿上一场和过去几场的比赛结果作为参照。实力强的一方会想：一定要赢得比上次多，起码不能低于上次的比赛成绩；实力差的一方也会想，争取好于上次的赛果，起码不能比上次差。在比赛中抱有这种心理，比赛双方肯定会为了比赛的最终成绩进行激烈的争斗。

当股票从长期的空头市场转入多头市场时，同样会出现类似的心理和相似的情况。认真研究、观察原有的股价发展情况，寻找其规律性和相似处，是每一位

投资者必须要做的事。

> 点评："历史总是惊人的相似"是一句经过实践检验的正确格言，它不仅适用于人类社会历史发展的规律，在某种程度上，也适用于股市变化及其内在规律。

五、根据板块走势预测抵抗线

从股票的种类来看，上市公司的股票可分为若干"板块"，如工业板块、商业板块、房产板块和基金板块等；按照上市公司的地域来分，可分为海南板块、深圳板块、东北板块等。

股市"板块"无论是按上市公司经营业务还是区域划分，即称为"板块"，就具有了某种连带性和整体性。选择股票种类，必然要关注股票的"板块"，分析股票也要将其与整个"板块"一并考虑。在大盘走势的基础上，以板块为单位进行重点分析，综合评价个股在板块中的地位和作用以至在大盘中的地位和作用，就可以预测该板块股票的抵抗线，为投资意向和取舍做出决定。

> 点评：股市板块走势是预测抵抗线的重要因素，也是确立投资方向的重要依据。

六、根据成交量判断抵抗线

如果股价在支撑或阻力水平附近盘整数日或数周，成交量逐渐萎缩，在某一日突然收出一根巨量长阴线并跌破盘整区域的支撑，必须立即卖出；同理，在某一日突然收出一根放量大阳线并突破盘整区域的阻压，这是买进的好时机。因此，在较长时间的盘整过程中，一定要注意在抵抗线附近的成交量和价格变化。一般来说，在盘整区域出现的长阴线和长阳线，都是十分重要的信号，它的出现，往往标志着股价在这个时间的重要变化。

当然，如果股价在突破阻力线时，成交量并没有增加多少，甚至是缩量，此时不要急于买入，以免误入主力构设的"套"中。防人之心不可无。确实有的主力为了引诱中小投资者入套，采取互相买进等方法，造成一种虚假的拉升和突破，待中小投资者入套后再突然抛出，猝不及防而上当受骗。

> 点评：成交量的多少是判断抵抗线的重要尺度。

七、根据图形判断支撑线与阻力线

股价图表上的密集地带，往往可能是形成抵抗线的地带。K线图所表示的股价变动情况在每一时间点上都带有立体直观性，它不像一般的几何曲线标法，在某一时间点上只有点的概念。因此，股价 K 线图表上的密集表示在这一带多空争斗得十分频繁、激烈，买卖的次数和数量都比较大，在一个时间段内，股价会多次达到股价的上档抵抗线（阻力线）和下档抵抗线处（支撑线）。

股价在整理与反转形态中，多重底是支撑水平线，多重顶是阻力水平线。头肩形态的颈线是支撑，根据当时的股价趋势与位置确定，也有可能是阻力。对称三角形的轨道线是强有力的支撑或阻力。如果在某一价位附近形成抵抗的密集地带，当股价接近支撑线或阻力线时，很有可能受到支撑或阻力。

点评：图形的变化多种多样，股票市场没有一成不变的法则。如果问"哪个行业的专家最不靠谱"，回答应该是"股市专家"，因为同一种图形可以给出不同的解释。

八、股价突破抵抗线意味着什么

抵抗线这一概念用得非常形象，就好像此处有一道无形的墙，一旦突破，也就是得到了一条新的起跑线，今后的比赛应该在这条起跑线开始。这好比是比赛或是战争。尽管甲方力量强大，进攻态势不可以避免，但乙方也要节节抵抗，不甘心放任对手长驱直入。通过逐级拦截，以消耗对手力量，延缓甲方的行进速度，一旦时机成熟，乙方力量壮大，就会发起反攻。在乙方的攻击中，甲方也不会一泻千里，也能逐级抵抗，而原来经过激战，攻破乙方防线的地方，一般也会形成甲方的抵抗地带。

点评：运动员的成绩达到某一水平，他自然会把此作为自己新的起点或是防止成绩下跌的临界线。股票交易是一种极通人性、特别讲究人气因素的活动，这可能就是抵抗线形成的内在动力之一。

九、用抵抗线研判大势

在股市中，交易频繁意味着买卖的人多量大，因为股价急剧上涨，许多人想进货，但是，一是价高难进，二是持股者不一定就想卖，以期股价还能再涨，赢得更多。反之，当股票急剧下跌时，卖方增多，想尽早出手赚上一笔，而买方对股价掌握不准，往往持币观望。在这两种情形下，交易量不会太大。

因此，交易频繁的区域一般会形成股价趋势的反转点。如图 3-18 所示，上涨抵抗线43 元附近被跌破后，卖方占优势，股价由盘整转为下跌趋势，在 38～43 元，买卖双方又有小的厮杀，股价曾一度下跌，后又回到 38 元处，这时此线又成为股价的下跌抵抗线。在此又形成一轮新的抵抗。

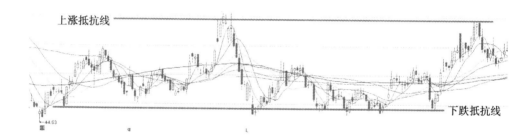

图 3 – 18　用抵抗线研判大势

抵抗动力显然来自买卖双方的多次争夺、几易其手。一般而言，交易周转率较大，即股票转手的次数较多，就形成了成交的密集地带。越交易频繁，越容易形成抵抗线。

一般情况下，多数股票价格上涨，整个股市大盘会上涨；多数股票价格下跌，整个股市大盘会下跌；股市大盘走势决定着多数股票的兴衰命运。对于初入股市的人，许多专家或是投资老手一般都会劝告：当股市大盘下跌时切莫轻易介入。抵抗线对于判断股市大盘走势十分重要。因为抵抗线分为上档抵抗线（阻力线）和下档抵抗线（支撑线），这两条线是股价走势的重要转折点，它决定着股价升到何处将会回档下跌，跌到何处将会反弹上涨。

抵抗线对股价走势的预判起着重要的作用。在一般情况下，大盘走势决定了大部分股票走势，但有的个股走势与大盘走势并不一致，有时甚至出现背道而驰。在这种情况下，通过预测个股的抵抗线，对于正确决策有着积极作用。

抵抗线（上档和下档）是一个阶段内该股票价格的最高点和最低点。从理论上讲，如果在最高点卖出、最低点买入则效益最大，但一般做不到。尽管在实际操作中，最大值处不易成交，但如果能够正确地预测何处有抵抗线，就可以在接近抵抗线处进行操作，尽可能地实现较大盈利。

> 点评：不论涉入股市的初衷是什么，抵抗线都是每一位投资者必须认真研究并熟练掌握的。研判个股并没有一成不变的法则，使用抵抗线进行研判也绝对不能简单化，不能简单归纳为"是与非"的判断。

十、股价在抵抗线间震荡如何操作

通过对众多股票 K 线图的分析，就会发现在股价上涨或下跌的趋势中，如果是上涨趋势，在上涨之后的第一次回跌往往不会低于先前盘局形成的顶点价格；如果是下跌趋势，当股价跌到某一价位开始反弹，它的最高点往往低于先前盘局的低点。掌握这一机会可以使投资者在把握股价上涨或下跌到抵抗线（上档阻力线和下档支撑线附近）附近时，实施卖出或买进股票，得到较好的投资收益。

比如投资者以 8 元买入甲股票后，甲股票开始上涨，但投资者掌握不准，不敢操作。当股价上涨到 15 元后，出现回档并回跌至 8.5～9.2 元的价格盘整。经过一个阶段后，甲股票在止跌后重新上涨，此时投资者就要抓住上车的机会。当股价再次上涨至 14.90 元附近时，以 14.80 元的稍低价迅速出手。因为根据各种综合因素考虑，加上甲股票的 K 线图分析，甲股票的整理价位较低，上涨期间成交量不大，预计甲股票上涨到原来的最高点 15 元附近时，还会有新的回档，所以当机立断，及时出局。

> 点评：股价在抵抗线之间震荡，是一种常见现象，关键在于判明趋势，把握时机。

十一、股价接近抵抗线时如何操作

股票的供需关系并非一成不变，但也不是毫无规律，基本上是一个渐进的变化过程。股价涨跌是多空双方的争斗结果。经过一定时期的战斗，一方溃败导致另一方长驱直入，但力量的争夺是会发生转化的。溃败退却的一方在一定的时间、地点积蓄力量后，伺机反扑，而胜利追击的一方也会因为劳师远征，鞍马劳顿，总有打盹、轻敌的时候。

股市的多空争斗也是如此。当追击的一方无法保住胜利成果，需要暂时撤退，一般都会在原来多空争斗的战场构筑防守堡垒，作为反攻的据点。因此，投资者经常可以在股市中看到，指数在冲破原有的阻力线后，一般又会在此形成新的支撑带。

市场性强的股票不可能长期盘档，就算股价在盘整中没有发生具有反转的攻势，当股价下跌并接近抵抗线时，抵抗线就会发挥支撑作用。当股价突破区间整理形态顶点的 5% 左右，出现回档便是一个很好的买入（加仓）时机；有时上涨气势旺盛，没有出现回档，这时更应买进。同样，股价在盘整中向上逼近抵抗线时，抵抗线便发挥阻力作用。当股价突破区间整理形态低点的 5% 左右，开始反弹或反弹不给力，此时卖点已经形成，应立即抛出股票。

比如某股票在 5～7 元整理盘档多日，当股价突破了整理形态顶点 5% 处（7.35 元）时，一般来讲，无论回档与否，都应该买进，因为后市可能会形成一个中长线级别的上涨波。当股价跌过 4.75 元时，即区间整理形态低点的 5%，就应该将股票抛出，因为后市一般会形成一个中长线级别的下跌波，再不抛，可能就被套牢。

> 点评：记住一个法则，在股价距离抵抗线 5% 的地方实施操作。

十二、通过抵抗线寻找股市的"领头羊"

股市行情变化有很强的连带作用和传染性，同一行业的股票，一种股票上涨了，一般很快就会带动与之类似的另一种股票上涨。

任何证券交易所一般都有自己的主力股（庄股），政府、交易所和投资者三方就像对待自己的孩子一样对待它们，给它们以特殊的呵护和支持。通过扶持主力股，可以保持本股市（或本行业、本地区股票）的人气兴旺，寻求本股市的强力支撑点。这些主力股在其中发挥了"领头羊"的作用，成为大盘强弱的重要指标。

善于发现股价走势中的抵抗线，是把握良机的关键。能否把握良机，就一定要慧眼识股，及时跟上股市的"领头羊"。"领头羊"是在多空争斗中产生，"领头羊"的地位也处在不断变化、轮流坐庄之中。选准"领头羊"必须考虑政府、交易所和投资者三个方面的因素。

政府（地方政府）的职能决定了它根本不会直接干预股市交易，而主要通过产业政策、利率杠杆等宏观调控手段间接实施。股票交易所为了保持本所的兴旺发达，也会在法律允许的范围内，发挥舆论、信息导向的作用，间接地影响投资者的投资方向。

点评：投资者要善于发现股价变化中的抵抗线；在股价下跌时，要及时找到它的下档抵抗线（支撑点）；当股价上涨时，也要注意预测它的上档抵抗线（阻力线），这样才能把握良机，适时出击。

第三十八课　道氏理论

一、道琼斯分析法

一个人如果能够毫无偏差地预测到某种股票在几个月内或几个星期内甚至只是在未来几天内的价格趋势，那么这个人很快就能成为百万富翁。因此，投资家和市场分析家时时刻刻都在观察和研究并依靠他们的知识及经验对股票市场的价格做出各种预测，从中总结和建立了一些理论。道琼斯股票价格波动理论，就是股票市场在预测股价变动方面较为著名的一种理论。

道琼斯理论又被称为道氏法，它是指利用纽约证券交易所 30 种工业股的平均股价指数与 20 种铁路股的平均股价指数及 15 种公用事业股的平均股价指数为工具来观察股价变动的一种方法。

其中，工业股的平均股价可反映制造业的经营情况，铁路股的平均股份可反映运输业的经营情况,公用事业股的平均股价可反映公用事业的经营情况,所以利用上述三种指标就可以掌握经济循环及股价变动的全貌。

查尔斯·道创办道琼斯公司并出版《华尔街日报》后,于1900～1902年担任该报总编辑。在此期间,他撰写了大量文章与评论分析股价变动情况,早期的"道氏理论"散见于这些文章与评论中。1902年道氏去世后,担任《华尔街日报》总编辑的汉密尔顿进一步补充和发展了"道氏理论"。道氏分析法是对一般股市的三种趋势及涨跌的三个阶段的分析。

> 点评:无论是多么精明的证券市场分析家,还是很有实践经验的证券投资家,都无法准确地预知明天的股票价格会上升或下跌多少。然而,"道氏理论"成为预测证券市场价格的常识,是股票市场技术性分析的理论基础。

二、道氏理论如何分析股价波动趋势

"道氏理论"认为,股价包括三种趋势变动,即长期趋势、中期趋势、短期趋势。

（一）长期趋势

这种趋势就像海潮一样,上涨或下跌的幅度较大,时间通常要持续1年或1年以上,股价总的涨(跌)幅度超过20%。

市场若呈现长期涨势时为多头市场,股价平均数的新高峰比上一个高峰高,即看涨的牛市;市场若呈现长期下跌趋势时为空头市场,股价平均数的新谷底要低于前一个谷底,即看跌的熊市。多头市场一般比空头市场持续的时间长。

（二）中期趋势

这种趋势如海浪一样,持续时间较短,涨跌次数较多。在多头市场上,长期趋势中所发生的回跌,或空头市场长期趋势中产生的反弹,属于中期趋势。

中期趋势所持续的时间一般在3周以上1年以下。其变动幅度为长期趋势的1/3～2/3。当中期趋势下跌时,若其谷底比上期谷底高,就表明长期趋势上升;当中期趋势上升时,若其波峰比上期波峰低,则表明长期趋势下降。对于投资者来说,关键是要找到长期趋势从上涨转为下跌或从下跌转为上涨的转折点。

（三）短期趋势

这种趋势就像微波。短期趋势一般是指6天以内的变动趋势,有时一天来回波动几次,有时为单向的由高到低或由低到高的变化。中期趋势一般由3个或3个以上的短期趋势构成,因此,短期趋势对中期趋势有一定的影响。它由人为操纵的可能性较大,与客观反映经济活动的中期、长期趋势有所不同,因此,一般不把短期趋势作为趋势分析的对象。

"道氏理论"认为,股价三种趋势变动相辅相成、互相影响、互相作用。

点评：三种趋势的关系可以形象地比喻为：长期趋势如海潮，中期趋势如海浪，短期趋势如微波。海潮有潮涨和潮落，海浪寄于海潮中，微波又寄于海浪中。

三、道琼斯分析法的局限性

"道氏理论"过于强调长期趋势的分析，投资机会和次数偏少，在新的长期波动的初期，利用"道氏理论"预测股价容易发生偏差。

"道氏理论"对中期趋势的变动分析不够准确，测试的准确率为55.56%。

点评：取其精华，弃其糟粕。

第三十九课　剑有剑势，股有股势！——股票趋势

一、股票市场的"势"

涉足股市，一定要掌握"势"的概念。什么是势？这里指股价波动走势。中国围棋特别讲究"势"，它所指的势，含有趋势的意思，也有实力的意思；几粒棋子摆在不同的位置，组成的形状不同，所具有的威慑力和攻击力不同；如果一开局棋势不错，就为下一步的行棋打下了良好的基础，尽管对手采取各种手段，但只要没有大的闪失，棋局就会按照最初的棋势（预期）发展下去。

股票交易中的"势"也有类似的特点。如果确定这是一段涨势或跌势，那么股价波动就会朝着此方向进行；在上涨的趋势中，有时会出现下跌，但不会影响到整体的涨势。同理，在下跌的趋势中，尽管会出现回升趋势，但往往是短暂的诱多趋势，整体趋势是下跌的。

所谓股价变动中的"势"，是力量性、时间性和趋向性的综合。一旦股价形成涨势或跌势，那么逆势而动的都会被视为不明智的行为。

点评：趋势就是事物发展的走向。研究事物发展的趋势，对于正确把握方向、修正行动偏差、调整行动方案，都是十分必要的。

二、把握股价趋势的方法

把握股票价格走势的方法有很多，根据事物的性质、特点不同而方法各异。简单概括起来，方法不外乎是经验型和技术型两大类。经验型方法是根据对该事物以往发展状况的概括、归纳，研究出带有规律性的东西，对该事物的未来状况

进行预判。

比如，元旦、春节期间的市场销售往往是当年的高峰期，而且在这个时段，企业发奖金、分红利，人们手中的票子一下子多了许多，所以在这个时段的花销也会集中爆发。即使是在过去的艰苦岁月里，再贫困的人家也会尽最大的可能置办点年货，欢欢喜喜过大年。但在近年来又有新的规律，一些福利好的单位把年货都基本置齐了，所以大家过年需要亲自买的东西就不多了。在这种情况下，商品批发比商品零售要"火"。类似这种商品销售的变化趋势，只要有一定的经验就可以掌握，大不了"吃一堑，长一智"。

判断趋势的另一类方法是技术型包括计算公式、计算机模拟、图形判断和指标运用等。技术型方法含有相当多的知识含量，而在科技日新月异、知识爆炸的今天，技术型方法越来越多，准确程度越来越高。计算机模拟已经可以展示未来战争对抗情形、航天器在太空遨游以及各种设备性能、参数的变化趋势等。总之，技术型方法的普及性越来越强，越发令人信服，被社会百业包括股票投资普遍采用。

> 点评：经验型和技术型没有绝对的界限，可能你中有我，我中有你。凡事预则立，不预则废；多算胜，少算败。能赚钱的方法有很多，只要能够稳定盈利的就是好方法。

三、分析下跌股市的变化趋势

如果股市长期处于下跌趋势，其未来的变化大致包括三个阶段：

第一阶段，由于股市涨势已经结束，交易量趋于逐渐减少。投资者的交易相对来说逐渐减少，股价的涨跌幅日趋缩小，差额减小，操作难度加大。当整个购买气氛逐渐冷却下来时，敏感的投资者也预感到企业收益已达高峰，那么衰退将至。于是纷纷卖出在低价买进的股票，获利了结。股价开始回落。

第二阶段，这是恐慌阶段。此时股价前景开始趋向不利，投资者开始大量抛售股票。由于买方减少而卖方增多，使股价急速下降，交易量大幅减少，投资者参与交易的积极性大大下降。股价下降过快对主力极为不利，因而股价在急速下降后往往会出现短暂回升，回升幅度大致为股价跌幅的1/3。由于投资者感到市场前景暗淡，股价在回升不久后又转入下降通道。经过较长时间的喘息或停滞便进入第三阶段。

第三阶段，恐慌阶段之后，先前买进的投资者纷纷割肉卖出，股价再次急速下跌；有关经济形势减缓和企业收益恶化的消息到处流传，从而加剧了投资者卖出的决心。一般情况下，绩优股的价格下跌较为平缓，投资价值较低的股票下跌最为剧烈。当股价下降至足够低的水平时，某些先知先觉的投资者和机构又开始重新积累（布局）股票。

> 点评：这三个阶段结束时，坏消息布满股市，只有这些坏消息消灭后，这一阶段才告结束，上述整个市场过程又重新开始。

四、股市预测的模拟练习

经常做一些股价走势的预判练习，对于技术投资很有好处。常画画 K 线图，对于掌握 K 线图的基本原理及含义，判断股价走势有较大作用。熟能生巧，经常画图或观察分析图表，就能快速地找出股市规律，发现关键点。

围棋比赛讲究"形"，一般情况下，好"形"都是好棋，坏"形"都是臭手、败者；围棋界还总结出许多栩栩如生的棋形术语，如"扭羊头""大雪崩""刀把五"等，熟练的棋手一看棋形就知道该棋是死是活，后市如何发展。同理，股票交易研究的许多图表也会形成一些十分形象的"形"，比如 K 线图出现"乌云盖顶"或"岛形反转"，这些都是卖出的标志图形。常看常想常做，就会形成一种良好的条件反射能力，只要一看到图形，就知道（预感）随后股市的涨跌。

> 点评：炒股需要悟性，这种可以称之为第六感的能力，绝不是凭空臆想的，而是平时积累和训练的必然结果。

第四十课　画好趋势线，前路更明确

一、画趋势线

股价指数 K 线图，就是具有决定上涨或下跌趋势的最简单的一种趋势线。如果股价指数 K 线图上首次出现类似阳线的形状，便可以用笔将两根阳线连成直线，并向右上方延长；若几天后股价下跌至延长线的下方，表示股价上涨趋势未形成，后市发展不乐观，可能会出现下跌或处在区间内盘整。如果这条趋势线在今后的波动中，短期内未跌破延长线，甚至始终与延长线保持一段距离，表明这条延长线是上涨趋势线。

同样，当股价图形上首次出现类似阴线的形状，可用笔连接两根阴线的上方，并向右下延长。若几天内股价回升到延长线上方，表示股价下跌趋势尚未形成，下步走势依旧是盘档或是继续上涨。如果在趋势线确定后，股价变动短期内没有向延长线上方突破，甚至未靠近延长线，表示这条下跌趋势线是成立的。股价一旦突破该线，则意味着该段下跌行情接近尾声，下一步可能马上就有反弹。

K 线图有其自身的特点，且不可将两种线混为一谈。

　　根据"两点成一线"这一最简单的数学定理，画趋势线必须选择两个决定性的点。画上涨趋势线时，需要两个反转底点，即当股价下跌至某一底点 A，开始回升，随后下跌，还没有跌到 A 时，在 B 点就开始再度迅速上升，连接 A、B 两点的直线，就是上涨趋势线。画下跌趋势线时，也需要两个反转顶点，即当股价上涨至顶点 C 后开始下跌，随后反弹回升未到 C 点时，在 D 点又再度下跌；连接 C、D 点的直线，就是下跌趋势线。

　　画长期趋势线时，首先应该确定两个关键点；画上涨趋势线需要确定两个最低点。最初底点是由下跌行情转为上升行情出现的第一个底部的形成点，短期内（至少 1 年）此价位没有再出现过；请参照下面的方法，学习上涨的长期趋势线的画法。

图 3 – 19　月线

　　图 3 – 19 为上证指数自 2005 年至今的月线图。2005 年 6 月，股市空头市场结束，指数自 A 点（998 点）开始反弹，因此判断其长期趋势的第一个低点便是 A 点；以后近 40 个月，出现了中级的上涨行情和下跌行情；之后，在 2008 年 10 月出现了 B 点（指数 1664 点），此后股价便一路反弹，没有再出现接近 1664 点的低点。因为 B 点在此前 3 年多的时间里和后近 5 年的时间里，均未出现过与 B 点类似的低点，故 B 点为第二个具有意义的低点。因此，连接 A、B 两点的直线就是上证指数的长期趋势线。

　　画下跌的长期趋势线需要确定两个最高点。与长期上涨趋势线的画法相同。

　　股价依照趋势而移动，这种趋势从延续时间的角度，可分为短期趋势、中期趋势和长期趋势；短期趋势是时间很短的移动，一种股价从上涨到回档，再到反弹形成另一个次高点；几次同方向移动的短期趋势形成中期趋势，再由几个同方向移动的中期趋势，组成长期趋势。如果长期趋势走不下去了，股价就无法再向同方向移动，随之发生反转。

所谓趋势就是事物发展的方向。有的趋势线尽管在一定范围内是正确的，但它的适用性不强，不具有规律性，因此，也就近乎于无用。在画趋势线时，要注意以下几个问题：

（1）连接两根决定性的阳线的开盘价位，并向右上方延长，角度较为平缓，此类趋势线适用于中期和长期上涨趋势，对短期趋势线及利用其来决定买卖时机的意义不大。

（2）与上面类似但稍有不同的是，连接两根决定性的阳线之最低价，向右上方延长，由于上斜角度大，一般只适用于短期上涨趋势。

（3）连接两根决定性的阴线的开盘价位，并向右下方延长，角度较为平缓，适用于中期与长期下跌趋势；同理，连接两根决定性的阴线的最高价，向右下方延长，下斜角度大，容易被突破，适用于短期趋势。

> 点评：画好趋势线绝不是凭一把尺子、一支铅笔就可以轻易完成的，必须经过日积月累，积累资料，积累判定有效的最高点或最低点的方法和经验。

二、哪种趋势线更有效

趋势线所经过的上升底部越多，可靠性越高。即股价回到趋势线上，又再度上涨，类似的次数越多，说明该趋势线的有效性越强。如图 3 - 20 所示，将 112 元和 145 元时的两低点连成趋势线，后来股价在波动过程，多次抵达或接近趋势线，获得支撑而实现上涨，因此这条趋势线才是名副其实的。

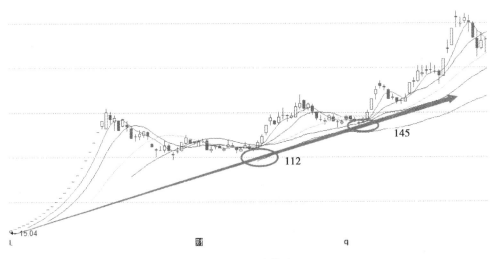

图 3 - 20 趋势线

趋势线和它两个底部连线而形成的角度是估量中期趋势线的标准。从实践经验得出，一条角度非常陡的趋势线容易被一个横向的整理形态突破，如此趋势线的测量价值就要大打折扣。在适当角度（大约 30 度）的趋势线具有技术意义。当这种趋势线被突破时，投资者一定要提高警惕，采取对策。

股价走势非常复杂，有时股价接近或稍微越过趋势线，并没有带来较大的突破行情。判定趋势线怎样的突破才算最有效，需要掌握以下三条原则：

（1）股价穿越趋势线时，当日收盘价须高于或低于趋势线价位（有时在三两天完成也可）。

（2）突破上涨趋势线时，成交量一定要增加；下跌时突破趋势线时，量能可增可缩。在一般情况下，股价跌破趋势线的第一天，量能增加并不明显，而在此后下跌过程中，才会出现量能放大，随后开始萎缩。

（3）如果股价跌破趋势线后，距离趋势线不远，成交量也没有迅速增加，成交量萎缩至相当程度，股价回升至趋势线下方，此时成交量如果扩大，股价再度下跌，才能确定上涨趋势线被突破了。

> 点评：研究趋势线是为了掌握股价的变动规律，利用趋势线这个工具，更好、更准、更快地掌握股票的买卖时机。这和帆船比赛一样，必须要善于利用"风"这个工具，以达到扬帆行船的目的。

三、研究趋势线变化规律

事实上，股价变化的方式有很多，趋势线的种类也多种多样。除了单纯的上涨趋势线和下跌趋势线外，趋势线还细分为其他类型。一是由上涨趋势掉头为下跌趋势；二是由下跌趋势转变成上涨趋势；三是只是改变方向，但没有形成反转，收出平缓的近乎横向的移动（水平移动）。如图 3-21 所示。

研究趋势线的作用在于它具有极强的规律性。学画趋势线的投资者在观察股价趋势线时，第一个感觉是：所有股价的次级（短期）、中级（中期）趋势线都是直线。一是连续几年的原始趋势线也都像是用直尺画出来的；二是上涨趋势线实际上基本都是由各个次级下跌中的最低点连接而成。下跌趋势线是由每次反弹所达到的最高点连接而成，通过它们可以明显地看出一段时期内的股价变动规律。

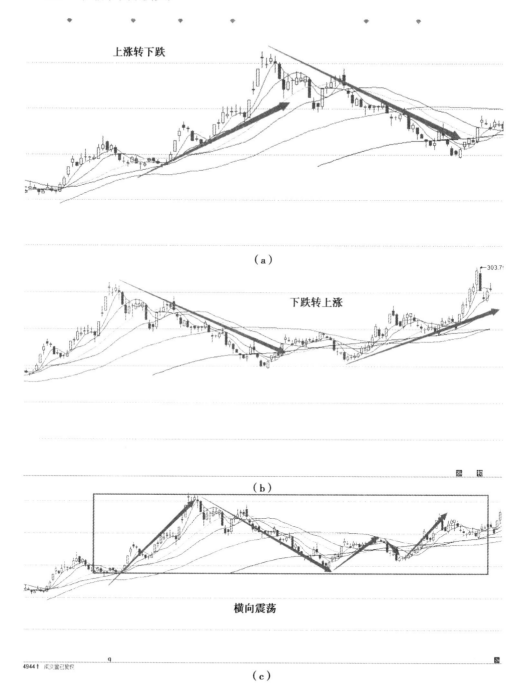

（a）

（b）

横向震荡

（c）

图 3 - 21　趋势线变化

点评：发现这个规律，并利用趋势线制订可执行的操作方案，决定何时买卖十分有利。因为在上涨趋势里，股价回跌至趋势线附近，便是买进时机；在下跌趋势里，股价回升至趋势线附近，便是卖出的好时机。

四、趋势线的因素

判断股价走向，一定要掌握一段时间内的股价波动情况。如果时间很短，仅仅知道前天跌了，昨天涨了，今天又跌了，如此短的时间、如此少的信息资料，根本无法推算出后市走向。判断趋势线，一定要做到温故知新，更要对股价在一段时间内的走势了解清楚。

观察各种股票图形，在涨势过程中，显然各次级波动的低点一次比一次高，如果将各低点相连，大多可连成一条直线。在跌势里，各次级波动的低点一次比一次低，同样连接起来，也会形成一条直线。为什么会形成这样一种现象呢？

股票交易是一种完全由人来参与、操纵的活动，单从投资者的心理分析，就可以发现其中形成股价趋势的规律性。如在一段上涨趋势中，投资者一片欢呼，股价越涨，追高资金越多，所以投资者经常追在最高区域。守候股价回档再买的投资者，一般都是心理素质过硬、技术能力过强的投资者。

在一般情况下，股价回档至之前的趋势线，买气的逐渐浓厚将会阻止股价的继续下跌；待股价上涨到一定限度受阻又一次回档并接近前期回档时，同样由于浓厚的买气促使股价一般到不了原来的低点就开始反弹。正是这种看涨心理和趋势线的支撑作用造成了上涨趋势，使股价的每一次回档，都比原来低点要高出不少。将这些回档的底部用直线连接起来，显然会得到一条具有一定仰角的斜线——上涨趋势线。如图3-22所示。

又如在一段下跌趋势中，投资者中弥漫着低沉甚至恐怖的气氛，自然这时候一般不会卖出，因为此时割肉太难受或赚得已经太少。如果投资者以10元买入若干股后，股价开始下跌，至9元时，抛出则每股赔1元，如同割自己身上的肉一般。或是以10元买入股票后，股价先上涨到12元，后回档至11元，投资者因弄不清楚股价的下一步趋势，往往也不想出货，因为11元出手，每股只赚1元，实在是不甘心。殊不知，股价下跌到10元以下，此时投资者更不想赔本出局。大部分时候，投资者都想等股价出现反弹，或高于自己的买入价时再卖出，如到11元以上。正是这种强烈的看涨、准备脱手的心理，使反弹目标价接近原高点（如11元）之前，就会有大量筹码抛售，致使股价只有再次转向下跌。如此走势再走一个回合，反弹目标价接近原高点（只有10元）时，再一次重演大量筹码出手而迫使股价再一次走低。如果把几个回合的高点用直线连接起来，就会得到该股票的下跌趋势线，如图3-23所示。

图 3 – 22　上涨趋势线

图 3 – 23　下降趋势线

投资者一般的买卖心理可以概括为：在上涨趋势里追涨，在疯狂中追高；在回档趋势中杀跌；在真正的空头跌势中，都在等着反弹后再卖出；真正反弹并获得解套时，想都不想就会抛售。正是这种心理的作用，才使股价在上涨或下跌中，形成明显的趋势线。

决定股价的走向，并不完全是投资者的操作行为而形成的，它的形成也与上市公司的营收有直接的关系。比如，某公司在经济不景气的大环境下，利润降低，营业状况不佳，盈利大幅减少，或出现了什么天灾人祸，导致公司一时无法恢复生产，那么该企业的股票价格往往会出现下跌。在经营状况尚未转变之前，投资者怕被套牢，也就放弃了追高价赚大钱的思想，只要稍有差价收益，便会争先脱手。

在企业的经营情况没有根本转变、股价持续下跌之前，持股的投资者的期望值肯定是越来越低，自然形成了股价一波比一波低的走势。最开始的心理可能是想"能赚1元钱我就抛"；后来的心理转变为"能赚几角钱也行"；再到后来"只要能少赔点就行了"。

与之相反的是，如果企业的营收状况日新月异，频传捷报，月营业额持续增加、营业利润持续增长，伴随的往往还有消息预测明年的发展前景令人乐观等，此时投资者心理是愿意在高价卖出后再在相对的低价买回来，为股价的下一轮上涨做准备。股价节节上升——上涨趋势形成。

> 点评：公司业绩是股市的基本面，没有业绩，哪来的股市？

第四十一课　股市的轨道线

一、股市涨跌轨道线

所谓轨道线，就是指上涨趋势线和下跌趋势这两条线，即车之双轮在轨道之间行动。上涨趋势的轨道线，是除了将各低点相连，同时也将股价波动之高点相连，如图3-24所示。下跌趋势的轨道线，是除了将各高点相连，同时也将股价波动之低点相连。

趋势的轨道是在设定趋势线的基础上，将轨道行情局限于轨道之间，以判定股价走势的情况。股价趋势的轨道不会像火车轨道那样平行延展，没有偏差；不规则的股价走势经常会有剧涨和剧跌等情形，那么股价就容易地冲出轨道之外。

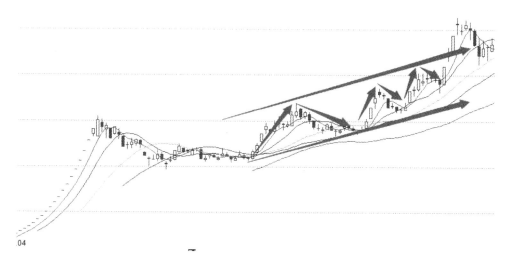

图 3 - 24　轨道线

点评：趋势线表明股市或某股股价的发展方向，但只是对该股市或该股股价的波动上限或下限的界定，没有对股价回档的深度进行判断，而轨道线就很好地解决了这个问题。

二、趋势轨道线的作用

可以通过研究股价轨道的性质，以掌握股价轨道的作用：

（1）在正常情况下，股价轨道成为上涨行情的阻力线或下跌行情的支撑点，所以投资者喜欢在轨道附近实施买卖操作。当股价上涨时，在轨道上限附近抛出股票；当股价回跌时，在轨道下限附近买入股票。

（2）如果短期的上涨轨道或下跌轨道变得非常陡峭，则它不能维持长久，很快就会回到原大趋势内。因为只有在股价出现狂飙或暴跌时，才会出现非常陡峭的上涨轨道或下跌轨道。股价涨跌到一定时候，都会遇到相应的阻力或支撑，主力和大众投资者不会坐视它一泻千里，毕竟股价的暴涨暴跌对整个股市来说都没有好处。出于稳定股市的需要，各个方面都会对陡峭的走势予以干涉，使之回到盘中。

点评：股市涨跌有轨道，轨道个中有缘由。

三、根据轨道线判断买进和卖出时机

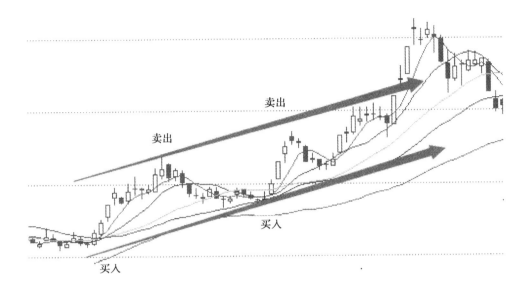

图 3 – 25　实例（一）

以简单的图形为例，确定买进或卖出的信号。如图 3 – 25 所示为卖出信号：

A1：股价原向上变动，随后回档跌破了上涨趋势线的下界线，表示股价已改变上涨趋势，或平行移动，或反转下跌。

图 3 – 26　阶段（一）

A2：所示的股价成横盘变动，随后跌破趋势线下界。

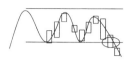

图 3－27　阶段（二）

A3：股价随下跌趋势线的下界线向下变动，其后穿越下跌趋势线的下界线，股价加速下跌，这是暴跌行情的前兆。

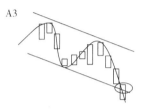

图 3－28　阶段（三）

A4：股价进入矩形整理阶段，跌破平行轨道的下界线，这是脱离盘整，开始下跌行情的开端。

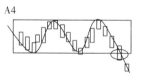

图 3－29　阶段（四）

A5：股价变动呈对称三角形式盘局，一底比一底高，其后向下界线突破。

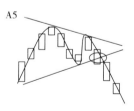

图 3－30　阶段（五）

A6：股价变动进入整理阶段，轨道的下界线呈水平移动，上界线向右下方倾斜，随后跌破轨道的下界线——有效地突破。

图 3 - 31　阶段（六）

A7：股价变动走入收敛趋势形态末端，并向轨道的下界线突破，加速下跌。

图 3 - 32　阶段（七）

A8：在下跌行情，反弹至轨道的上界线边缘，这是卖出的时机。

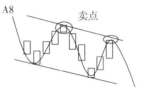

图 3 - 33　阶段（八）

A9：股价变动轨道呈发散趋势形态，反弹至轨道的上界线时，是卖出的好时机。

如图 3 - 34 所示，为股价买入的信号。

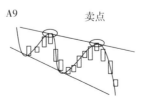

图 3 - 34　阶段（九）

B1：股价原向下变动，随后则穿越下跌趋势线的上界线，表示改变下跌轨道或反转上升。

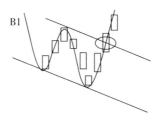

图 3 - 35　阶段（十）

B2：股价变动呈盘整，随后则穿越盘整的上界线。

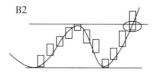

图 3 - 36　阶段（十一）

B3：股价随上涨趋势线的上界线向上变动，其后穿越上升趋势线的上界线，轨道向上倾斜角度较大，股价加速上涨，这是大涨行情的开始前兆。

图 3 - 37　阶段（十二）

B4：股价进入矩形整理，随后穿越平行轨道的上界线，是脱离盘局展开上涨行情的开端。

图 3 - 38　阶段（十三）

B5：股价变动呈对称三角形的盘局，随后向上界线突破。

图 3 – 39 阶段（十四）

B6：股价变动进入整理，轨道的上界线呈水平移动，下界线向右上方倾斜，随后穿越轨道的上界线，这是有效地突破。

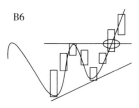

图 3 – 40 阶段（十五）

B7：股价变动走入收敛趋势的形态末端，并向轨道的上界线突破，股价加速上涨。

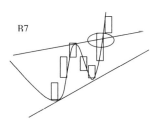

图 3 – 41 阶段（十六）

B8：在上涨行情的轨道里，回档至轨道的下界线边缘时，这是买进抢短线的好时机。

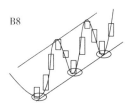

图 3 – 42　阶段（十七）

B9：股价变动轨道呈发散趋势的形态特征，回跌到轨道下界线附近，是买进的好时机。

图 3 – 43　阶段（十八）

点评：确定买进与卖出，轨道预测只是技术手段之一，必须结合其他因素，综合研判。

第四十二课　RSI

一、RSI 分析法

RSI（Relative Strength Index）即相对强弱指数。简单地讲，是从一定期间内的股票价位变动关系去推测未来价位变动的方向。在国外，RSI 早就被进行商品投机的期货市场投资者所运用；后来，股票技术分析专家发现其适用于股票市场，便引进和推广。RSI 的准确性和可信度都很好，若与其他技术分析方法，如移动平均线等搭配运用，则更能提高对股市大势研判和个别股价变动方向的准确度，已成为许多短期投资者所熟悉的分析方法。

计算 RSI 首先要掌握下面的两个公式：

强弱指数（RSI）＝ 100 –［100/（1 + RS）］

相对强度（RS）＝ 14 日内收盘涨数和的平均值/14 日内收盘跌数和的平均值

第一步：需要收集前 14 天的收盘价或指数。

至于采用多少天的收盘数为样本，各国股市标准不一。采样规模不能过小，否则计算出的 RSI 过于敏感，降低了参考价值。目前流行的是 6 天、9 天和 14 天三种采样模式。目前我国深圳和上海证券交易所每天都公布三种模式计算的 RSI，分别用 RSI（6）、RSI（9）和 RSI（14）表示。

第二步：计算出 14 日收盘涨数总和的平均值与跌数和的平均值之比。

第三步：计算出强弱指数 RSI。

计算新的一日的强弱指数，只需将前一日的平均收盘涨（跌）数乘以 13，再加上今天收盘涨（跌）数，再除以 14，即可按照"［100/（1 + RS）］"的公式，计算出新的一日的强弱指数。

例如，如果最近 14 天的股价指数涨跌情况依次是：第一天涨 4 点，第二天跌 3 点，第三、第四天各涨 3 点，第五、第六天各跌 2 点，第七天涨 4 点，第八天跌 4 点，第九天跌 6 点，第十至十二天各涨 2 点，第十三、第十四天各跌 4 点，那么：

"14 日内收盘涨数和的平均值" = （4 + 3 + 3 + 4 + 2 + 2 + 2）/14 = 20/14 = 1.429

"14 日内收盘跌数和的平均值" = （3 + 2 + 2 + 4 + 6 + 4 + 4）/14 = 25/14 = 1.786

相对强度（RS） = 1.429/1.786 = 0.80

因此，相对强弱指数（RSI） = 100 − ［100/（1 + 0.80）］ = 100 − 55.556 = 44.444。这就是上述 14 天的强弱指标数（RSI）。

> 点评：将连续数日计算出的相对强弱指数，标记在以日期为横坐标、以强弱指标值。到 100 为纵坐标的坐标图中，数日的股价强弱走势便一目了然了。

二、运用 RSI 分析股价走势

通过分析强弱指数，可以判断股价走向趋势。RSI 是局限于 0 ~ 100 的，即 0 < RSI < 100。正常情况下，RSI 应该在 30 ~ 70 波动。

当 RSI 升至 70 以上或 30 以下时，则表示股价在短期内出现较大幅度的上涨或下跌，这时的股价已接近"顶"和"底"；70 以上和 30 以下是失败的摇摆，即 RSI 超过了 70 以上或跌至 30 以下时，是超出平常波动的轨迹，这是不正常的，自然暗示着股票价位将会有所改动，股市行情将会出现反转。通过实践表明，RSI 往往在股票日 K 线图上的支撑和阻力尚未明朗时，就已经露出端倪，昭示着股市将到市场反转点。

例如，某股票持续上涨，股价由 30 元上升到 40 元，强弱指标已达到 85，这说明该股票已出现了超买现象。如果股价再涨，很快就会因为买方势头减弱，而使股价回跌；反之，如果某股票持续下跌，股价由 20 元跌至 10 元，强弱指数已降到 15，则表示已出现超卖的现象。如果股价再跌，也有可能因为卖方减弱、买方增强，使股价再度回升。

> 点评：作为投资者，应该通过相对强弱指数，尽早分析出股价趋势，把握机遇，及时买进或卖出。

三、运用 RSI 分析趋势线

通过强弱指数指标（RSI）也可分析股价的趋势线和抵抗线。

使用强弱指标值连接起来的趋势线与 K 线图上所画出的趋势线类似。在强弱指标图形中，将每日股价变动所产生的震荡点连起来，形成不规则的跳动图形，如果按照 K 线图中描绘趋势线的办法，同样可以得到强弱指标的上涨趋势线和下跌趋势线。

许多采用该方法的投资者都感觉到，相比日 K 线图，强弱指标图形有着极其敏锐的先见之明；当支撑和抵抗的区域在日 K 线图中逐渐明朗化之前，强弱指标图形上常常已经很清晰地（提前）显示出来，因此可以更早地发现股价的支撑点在哪里，阻力点在哪里。

> 点评：春江水暖鸭先知，强弱指标早报道。RSI 图形之所以有这样大的神力，就是因为其指标值在 0～100 内变动，上下幅度限定，在某些股票价位上涨或下跌时，它向上或向下移动的速度是该价位移动速度的 2 倍。

四、运用 RSI 判断抵抗线

仔细分析强弱指标（RSI）图形，同样会找到抵抗线。与 K 线图上的抵抗线有所不同，强弱指标图形的抵抗线有三种情形：一是当股价进入整理期，此时的强弱指标值上下波动的幅度也较小，局限在某范围内做横向变动，此时的强弱指标最大值和最小值就是抵抗线的上界线与下界线。二是根据 RSI 的常态图形，强弱指标图形最明显的抵抗线上界线是 70，下界线是 30。三是像体育运动的记录似的，在个别股的 RSI 图形上，过去所出现过的最高值与最低值就是该股价的抵抗线。

> 点评：在强弱指标图形中找出抵抗线，对判断股价的变化方向具有积极意义。

第四十三课　股市心理线

一、画出股市心理线

人气景象是考察股市兴旺与否的一项重要因素，我国沪深两市每天都会公布本证券所的心理线（PSY）和人气指标（AR），以供投资者参考。

心理线（Psychological Line），以研究一段时期内投资者趋于买方或卖方的心理与事实，作为进出的指标，这是一种极简单的技术分析方法。在国外，一般投资者都画心理线，均以 12 天为样本（做分母），分子是近 12 天中指数或股价上涨的日数，然后求出百分比；即永远以最近 12 天的上涨为依据，再除以 12。

例如，近 12 天有 7 天上涨、5 天下跌，则心理线值 =7/12 =58.3%。将这一数值标示在以日期为横坐标、以百分比为纵坐标的图上，每天延续下去，将所得的百分比连接起来，这就是人气指标（心理线）。我国沪深两市的心理线均以 12 天为样本值，人气指标值则以 26 天为样本值，分别标为 PSY（12）和 AR（26）。

> 点评：股票交易活动是在市场经济中与人的心理联系最为紧密的经营活动，由此，股票交易也就成为最具变化、最难把握，同时也可能具有最为简单性质的交易活动。

二、运用心理线判断股价走势

画心理线和人气指标，应该与 K 线图相互对照，这样才能更好地从股价变动中了解超买或超卖的情形。

心理线适用于加权股价指数和个别股票，反映出超买或超卖；计算时只以上涨天数为主，如果当天股价持平或下跌，则不予考虑。心理线同样适用于每周股价变动，但采样可以调整为 8～10 周。

要特别留心"两次规律"，抓住买进、卖出时机。观察心理线就会发现，当一段上涨行情展开前，通常超卖现象的最低点会出现两次，所以一定要特别留意观察心理线。

当某一天的超卖过重，短期内低于此点的概率极少，当心理线向上变动将再度回落到此点时，这就是买进的信号。

同理，一段下跌行情展开前，超买现象也会出现两次，当认为某一天的超买现象严重时，短期内高于此点的机会极少；因此，当心理线向下再次回落到该点时，这就是卖出的信号。

> 点评：运用"两次规律"，关键是一定要把握住第一次超买、超卖点，为下一步的卖出、买进做好准备。

第四十四课　"底价"和"天价"

一、判断股市的"底价"

（1）买进率与卖出率比例，买进率 =（买进股数÷总成交量）×100%，卖出率 =（卖出股数÷总成交量）×100%。如果买进率与卖出率相差很小，表示行情波动不大。如果买进率大，表示行情看涨。如果卖出率大，表示行情看跌。两个比率相差越大，表示行情大涨或大落。当行情连续下跌相当长的一段时间后，表示行情已进入低价圈，随时可能处于谷底而反弹回升。

（2）利用成交量判断底价。成交量的变化往往直接反映了行情的涨跌。当行情向上运行时，投资者对股市的信心不断增加，投入资金也与日俱增，股市的每日成交量增加。在行情向下运行时，投资者心灰意冷，投入资金逐渐减少，成交量日渐萎缩。投资者可以关注每日成交量，当成交量一天比一天减少，到了某一天又开始增加时，就可以找到成交总量最少的一天，一般来说，股市底价就在这几天附近出现。

> 点评：当股价跌至谷底，再也没有下跌余地时，就会开始反弹，此时可买进股票，获利的可能性大。由此可见，股价波动的转折点就是买卖股票的最佳时机。

二、判断股市的"天价"

当股票价格升至顶峰时的价格，称为"天价"，天价是卖出股票的最好时机。

在2019年3月的股票热中，股票投资者盲目地在股市上奔忙，到处抢进股票，形成一票难求的奇观。股市价格是否还要上升，是否要卖出股票以实现利润，答案依赖于人们对股票"天价"的判断。

投资者为了买到股票，不顾一切地高价吃进，致使买进率大幅增加，与卖出率差距拉大，说明股票已经到了过热阶段，行情已进入高价圈，"天价"随时会出现。但当大众投资者争先恐后买进股票时，投资老手悄悄地卖出手中的股票，置身事外。

如2019年3月，正当中信建投的股价急速飙升时，某证券公司发出了逐渐减持的公告，就是利用高股价和市场流动性充足而完成逐渐退出。当卖压超过买压时，行情就会像黄河之水，一泻千里，悔之已晚。故而涨极回跌的时点判断十分重要。成交量的不寻常增加，往往是高价出现的信号，因为在股票市场买进卖出的资金，大致上有一定的额度，当有源源不断的新资金涌入股市，最好的出路反其道而行之，卖出股票。因此，须警惕总成交量出现狂增的时期，行情随时受卖出高压而逆转回跌。

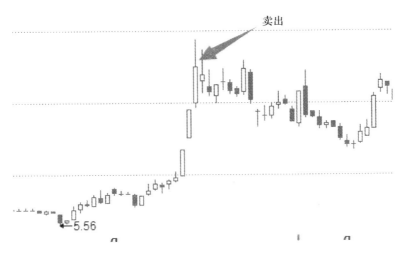

图 3 – 44　卖出点

点评：当股价升至顶峰，已无再升之望时，股价将受阻回跌，此时卖出股票可以获利。时机选择的核心问题是正确判断股价运动的回升点和回跌点，从这一意义来说，股票投资可以说是买卖时机的竞赛。

三、根据走势强弱判断股价高低

撇开其他诸如政策方面、上市公司业绩、人气等有关因素，就从股价走势图上进行技术分析，通过走势的强弱，可判断出八种情形：

（1）在上涨趋势的回档过程中，股价回跌至原先出现过的支撑价位附近，K线之阴线比以前所出现的阳线相对弱些，成交量萎缩，而后阳线迅速吃掉阴线，股价又一次上涨，这里就是有效的支撑。如图 3 –45 所示。

图 3 - 45 情形 （一）

（2）在上涨趋势的回档过程中，K 线图频频出现阴线，说明空头势力占据优势，即使是在支撑线附近略作反弹，但由于多方力量太弱，承接乏力，股价大概率会跌破支撑线。如图 3 - 46 所示。

图 3 - 46 情形 （二）

（3）在压力线附近，股价形成盘整状态，经过一段时间的整理后，放量长阳突破压力线，那么这个压力线随之转变为有效的支撑线。如图 3-47 所示。

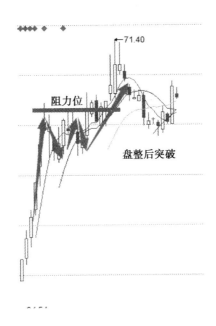

图 3-47 情形（三）

（4）在支撑线附近展开盘整，经过一段时间的整理后收出一根长阴线，这时的支撑带实际上已成为大批筹码的套牢圈，投资者为了减少损失，不惜割肉，竞相出货，所以长阴线往往跌破支撑线。如图 3-38 所示。

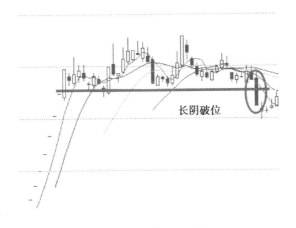

图 3-48 情形（四）

（5）股价在下跌过程中出现反弹，阳线比前方的阴线更弱，尤其是在接近阻力价位时，成交量无法增大，而后阴线又迅速吃掉阳线，股价再度下跌就很正常了，如图3–49所示，28元处出现了强烈的阻力带。

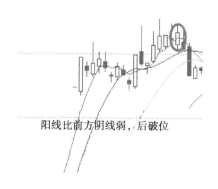

图3–49　情形（五）

（6）如果在下跌趋势中出现强力反弹，阳线频频，多头实力强，即使在阻力带附近略作回档，但换手积极，股价必然很快就会突破阻力线，结束下跌趋势。如图3–50所示。

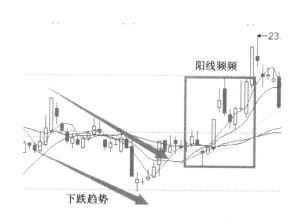

图3–50　情形（六）

（7）股价在阻力线附近盘整数日，突然收出一根长阴线，迅速并较大幅度地向下突破原支撑带，由此转换形成的阻力线自然成立。

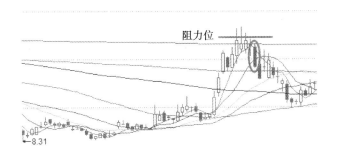

图 3 - 51 情形（七）

（8）股价在阻力线附近展开整理，某一日收出一根长阳线向上突破，成交量增加，股价将上涨一段，那么原阻力线附近将形成新的支撑带。如图 3 - 52 所示。

图 3 - 52 情形（八）

判断股市行情将会在哪里出现有效的阻力或支撑：

一是对该股变动的历史情况有所了解，清楚地掌握个股曾在何处出现过支撑线或阻力线。

二是对近期（数日）的股市空多争斗情况进行分析，尤其是出现长阳线（买方力量强大）或长阴线（卖方力量强大）时，需要特别注意分析在其前后的股价走势，以确定阻力或支撑价位。

三是注意观察有关股票交易量的情况,交易量的多少直接体现出人气因素如何,是判断股市走势强弱的必不可少的参考值。

点评:如何判断何处将会出现形似高山与深谷的阻力带和支撑带?何处的支撑或阻力更有效?从股价走势图上可见一斑。

第四十五课　判断股价趋势

一、根据成交量判断股价趋势

(1) 股价随着成交量的递增而上涨是股市行情的正常特性,这种量增价涨关系表明股价将继续上涨。

(2) 在一个上涨波段中,股价随着递增的成交量而上涨,突破前一波的高峰,创下新高后继续上涨,然而此时股价上涨的量能水平却低于前一波股价上涨的量能水平,股价虽然突破创新高,但成交量却没创出新高,那么股价继续上涨的可能性变小,往往酝酿潜在的反转信号。

(3) 股价随着成交量的递减而上涨,上涨时成交量又在逐渐萎缩,表明股价继续上涨的原动力不足,而原动力不足是潜在的反转信号。

(4) 有时股价随着缓慢递增的成交量而逐渐上涨,走势突然形成垂直拉高的喷发行情,成交量急剧增加,股价暴涨。随后走势减缓,成交量大幅萎缩,表明涨势已到末期。上涨乏力、量能萎缩、走势衰竭,都是即将反转的信号。反转所具有的意义将视前一波股价上涨幅度的大小及成交量扩大的程度而定。

(5) 长期下跌形成谷底后,股价触底反弹,成交量并没有因为股价反弹而递增,股价反弹显现出乏力,然后跌落至先前谷底附近或高于谷底。当第二谷底的成交量低于第一谷底时,是股价再次反弹的信号。

(6) 股价向下跌破形态趋势线或移动平均线,同时出现较大成交量,这是股价下跌的信号,表明趋势反转,形成空头市场。

(7) 股价下跌一段相当长的时间后出现恐慌性卖盘,成交量伴随放大,股价大幅下挫,而在恐慌性卖出之后,待量能明显萎缩时,股价将有可能出现反弹。一般情况下,由恐慌性卖盘所创出的低价不太可能在极短的时间内跌破。恐慌性抛盘大量出现,往往意味着空头行情的即将结束、股价即将见底。

(8) 经历长期的持续上涨以后,出现急剧放量情形,而股价却上涨乏力,这是行将见顶的信号。股价处于高位盘旋,无法再大幅上涨,而股价在高位震荡中可能会创出新高,但此时卖压沉重,这是卖出的好时机。股价在连续下跌之后的低位出现较大的成交量,而股价却没有明显大跌,价格只是在小幅度变动,这是行将见底的信号。

（9）成交量作为价格形态的确认，如果没有"量"的确认，"价"就是虚的，其可靠性也要差一些。

（10）成交量是股价的先行指标。一般说来，量是价的先行者，当成交量增加时，股价迟早会跟上来；当股价上涨而成交量不增加时，股价迟早会掉下来。从这个意义上可以说"价是虚的，只有量才是真实的"。

> 点评：时间在进行行情判断时具有很重要的作用。一个已经形成的趋势在短时间内不会发生根本性的改变，中途出现反方向波动对原来趋势也不会产生太大的影响。一个趋势不可能永远不变，经过一定时间后会有新的趋势出现（取代）。

二、根据机构调仓判断股价变化趋势

证券投资基金等机构投资者已成为中国股市最大的一股中坚力量。因此，公募基金的投资理念和取向往往能引导市场的理念和方向。

（1）关注新发基金的动向。从资金面分析，如果资金大量注入，新发基金在此位置附近介入建仓的可能性非常大，主流热点股票回调后，可能成为新增资金的介入对象，从而带动大盘迅速止跌。公募基金的资金动向、调整投资方向对市场价格的影响极为明显。

（2）关注金融行业的动向。长期以来，在各类行业中比较引人注意的是保险业，它是金融板块的中流砥柱。保险资金参与股票市场以长线投资为主，一举一动都对市场产生极大的示范作用。

（3）关注新增仓个股的动向。通过机构的调仓动向，能够观察到机构的投资倾向。具有实质资产注入预期的个股，其业绩可能大幅增长，超出预期的数值。

> 点评：机构投资者都是有经验、有实力的"大腕"，他们的动作是股市的风向标。

第四十六课　判断市场趋势

一、对趋势、成交量和均线进行综合研判

投资者看盘时需要注意以下三点，俗称盘面"三看"。

一看趋势，即密切关注大盘趋势的变化。根据通道理论，股指一般会沿着某

一趋势运行，直到政策面、宏观经济面发生重大变化，这一趋势才会逐步改变。特别要指出的是，趋势的改变不可能在短时间内完成，这就是所谓的"惯性"作用。

二看成交量。股谚云"量在价先""天量天价，地量地价"，说的就是"成交量比成交价更重要"这个道理，因为成交量可以决定成交价及其后的股价走势。一般来说，在股指上涨过程中，成交量应该有所放大，因为只有这样才能维持其原有的走势通道。如果把股指上涨的幅度看作列车行进速度的话，那么成交量就是列车的动力，缺失动力或动力不足，爬坡能力大打折扣，甚至出现掉头。下跌就像列车在走下坡路，不需太大的动力或根本不需动力，惯性作用下就能产生快速的下坡速度。

如2020年1月，沪市见顶3127点后，成交量不再放大，说明增量资金入市意愿不足，而成交量逐渐萎缩，表明资金逐渐出逃，股指焉有不跌之理？可这一跌直接就跌到2685点，几乎把2019年的涨幅消耗殆尽。也正是在2685点左右两市成交量开始明显放大，表明增量资金开始入市，股指才得以扭头向上。

三看均线，即密切关注均线的走向。一般说来，股指在长时间上涨后，如果5日均线下穿10日均线就应该引起警惕。若10日均线下穿30日均线，就应该考虑全部卖出。当30日均线掉头下行时，再不果断离场，随后倒亏都有可能。这里提醒投资者注意的是，如果在第一次均线死叉时没能出逃，股价很有可能还做一次反抽，大盘形态构筑一个双头或双顶，此时是投资者最后的逃命机会。反之，若股指在长时间下跌后，出现5日均线上穿10日均线，则应视作是一个抄底买点，若10日均线上穿30日均线，则可视之为中长线买点。

> 点评：上面所讲的"三看"是相辅相成的，只做"二看"和"一看"是不行的，更为重要的是，除了盘面"三看"之外，还要关注宏观经济面和政策面的变化，万万不可逆政策面而动，以卵击石。

二、如何在短时间内看清当天大盘走势

每天开盘前后，分析判断当天大盘走势，这非常关键。

一般来说，开盘后做多的一方通常会迫不及待地抢进，恨不得一口吃个胖子，而做空的一方则想尽快完成出货，也会故意拉高股价，于是造成开盘后的急速升高，这是强势市场上经常能够看到的情况。此外，多头为了买到便宜货，也会在开盘时往下砸盘，而空头或散户投资者则会不顾一切地抛售股票，造成开盘后的急速下跌。因此，通过开盘后30分钟的市场表现进行观察，有助于对当天大势作出一个大概的判断。

无论是做多还是做空，双方都很在意早上开盘10分钟的争夺，因为这个时候盘中的买卖量还不是很大，所以用不多的资金就可以达到预期的目的，也就是"花钱少，收益大"。第一个10分钟结束后，双方开始休整，一般会对原有的趋势进行修正。如果空方逼得太急，多方会组织反击，抄底盘会大举介入；如果多方攻得太猛，空方会予以反击，获利盘积极回吐。因此，早上开盘10分钟的这段时间，往往是买入或卖出的转折点。

开盘20分钟之后，参与交易的投资者越来越多，买卖盘变得比较实在，可信度很高，这段时间的走势，基本上可以成为全天走势的基础。投资者怎样进行研判？以开盘为原始的起点，以早上开盘后的第10分钟、第20分钟、第30分钟指数移动点连成三条线段，开盘30分钟的走向往往预示了这一天的走势。

如果三个指数都比开盘点高，表明当天行情趋好的概率较高，日K线图收阳线的概率较大。如果前30分钟出现天量拉升，则表明主力或机构有意拉高行情，逃脱不了拉高出货之嫌。如果有这种情况，则以出货为主。

如果三个指数都比开盘点低，则表明空方力量过于强大，是典型的空头特征，日K线图收出阴线的概率较大。

点评：有人经常说某某高手很神，一开盘就能看出当日大盘的走势和个股的状态。其实要学会这种方法和技巧并不难，只要按照上述方法去做，就能看出开盘之后的大盘走势。

三、提前预期横向结构

有投资者把横向市场比喻为绞肉机，如何避开这个风险？及时发现它：

（1）股票市场在向上运行的过程中，如果K线图上可以画出一个"W"形态，那么随后市场延续横向运行的概率会增加。

（2）"W"形态的特点：高点和低点都接近。

（3）"W"形态确认的时候，有四个点，这四个点一旦出现，市场进入横向运行的概率就非常高。

点评：横向市场也是诱多、诱空容易发生的时期，如果能够清晰地认出它，无疑为投资带来安全。

第四十七课　开盘价和收盘价的特殊意义

一、开盘价对当日行情的影响

第一，开盘时要看是高开还是低开，它表示市场的意愿，是当天股价上涨还是下跌的一种表现。

第二，在开市半小时内可以看股价变动的方向，一般说来，如果股价开得太高，半小时内就可能会回落；如果股价开得太低，半小时内就可能会回升。

第三，看成交量的大小，如果是高开又不回落，成交量又有所放大，那么这只股票上涨的概率就高。

第四，看股价，不仅要看现价，还要看昨天收盘价和今天开盘价、今天最高价和最低价、涨跌幅度等，这样才能看清楚现在股价处在什么位置，看它是在上涨通道还是在下降通道，是否有买入的价值。

分析开盘价时，还要观察开盘以后的现手数与现手数累计。现手数表明刚刚完成成交的那次成交量的大小，如果出现连续性的主动性大单，说明有资金在大量买入股票。如果交投不活跃，则不大可能成为好股票。现手累计数就是总手数，总手数也叫作成交量，有时它是比股价更为重要的指标。

总手数与流通股数的比称为换手率，它说明当天买入有多少（对等就是卖出有多少）。换手率高表明买卖该股的投资者多，活跃度高，股价上涨概率高。如果不是刚上市的新股，出现特大换手率（超过50%），股价往往在第二天就会出现下跌，甚至重挫，所以最好不要在超高换手时买入股票。

> 点评：俗话说"万事开头难"。是高开还是低开，成交情况如何，对当日后市的发展变化会带来直接影响。

二、看盘时应重点看的内容

首先，在开盘时要看集合竞价的股价变动和成交额，看是高开还是低开。也就是说，和昨天的收盘价相比价格是高了还是低了，它表示出当天交易的意愿，期待当天股价是上涨还是下跌。成交量的大小表示参与买卖的意愿大小，它往往对一天之内成交的活跃程度有很大的影响。

其次，在半小时内看股价变动的方向。

一般来说，如果股价开得太高，在半小时内就可能会回落；如果股价开得太低，在半小时内就可能会回升。这时要看成交量的大小，如果高开又不回落，而且成交量放大，那么这个股票就很可能要上涨。

看股价时，不仅看现在的价格，还要看昨天的收盘价、当日开盘价、当前的最高价和最低价、涨跌的幅度等，这样才能看清楚当下股价处于什么位置，是否有买入的价值。看它是在上涨通道还是在下降通道。一般来说，处于下降通道的股票不要急于买入，等它止跌以后再考虑。上涨过程的股票可以买，但小心不要被它套住。一天之内股票往往会有几次升降。

点评：看大盘时，重点要看想买卖的股票与大盘走向是否一致，如果是的话，最好的办法就是盯住大盘，在股价上涨到顶点时卖出，在股价下降到底部时买入。这样做虽然不能保证买卖完全正确，但至少可以卖到一个相对的高价和买到一个相对的低价，而不会买到最高价和卖到最低价。

三、盘尾挫低透露出的信息

盘尾是指交易过程延续至收盘前的量价状况，与临收是一个意思，也就是临近收盘前的一小段时间的量价表现。

比如：当天股价在 39 ~ 39.5 元盘整，而在收盘前 10 分钟的买入第一档是39.1 元，卖出第一档是 39.2 元，收盘的最后一个价定格在 38.9 元，说明在这个价格的买卖才能成交。

这种临收盘的低收状态，如果以正常的交易分析，可能有投资者急需变现，在等了大半场的价格变化，想等高价出手，却等不到，所以在收盘前不得不低价出手，很可能让行情杀跌。

但是，投资者只要仔细想一想，就会发现临收价挫低，一方面使当日大部分买进者套牢，挫其锐气；另一方面使想买进者畏难却步，意愿减弱。

一般情况下，当天走势较好的股票，很少在盘尾挫落几档收盘。出现挫落几档收盘也有好处，让那些想隔日买入的投资者退缩，也让场内筹码因恐慌而出局。

这种盘尾挫低的人为操作，所引起的心理变化，会直接影响到盘面变动，以致部分想进货的主力，为避免因不断买进筹码暴露太大，也为了避免盘面中坚迹象，让人发现不了主力行踪，所以采取尾盘挫低的弱势手段来掩盖真实意图。

点评：这种大户惯用伎俩也只能是一时一事的奏效，或只能蒙蔽一小部分缺乏实际操作经验的散户。

四、收盘时价格突变如何操作

股价盘尾变化经常透出一些信息，临收时的审高与临收时的挫低，分别蕴藏着不同的意义，这些意义历来为股市资深投资者特别留意。

标的股再三出现盘尾挫低走势，分价表上就会发现，低档位成交量并不大，甚至比中档位成交差距还很明显，这往往是一个注意"讯号"，如果投资者懂得技术分析，再由股价线型上找寻有无转机的轨迹，可能会让投资者初步断定究竟是否具有投资价值。

有经验的投资者往往一眼就能看穿主力意图。当然，也有可能是自然情形，刚好有急需钱的投资者，急于抛售较多的筹码而造成收盘时价格挫低。

投资者如果发现某股价格走低，就要注意它，如果一再发现这种现象，就基本上可以断定是主力在操纵了。然后，配合分析表或热门股进出表，摸清一下盘尾变化的交易状况，结论自然就有了。

> 点评：在盘尾之前，部分股票的行情经常会出现急剧变化，这种变化一经发生就意味着"人为干预"的步伐浮出了水面。目的或许在于制造幻想，以干扰或误导投资者的心理，有经验的投资者不会轻易上当。

第四十八课　股市"快刀手"需要掌握什么？
——短线技术

一、如何进行短线操作

（1）最好得到大盘向上的趋势配合。不要逆势操作，否则容易遭受重创。

（2）量能充足，必须持续放量。

（3）主力持筹较多，曾放量或正在放量，主力有一定的控盘度。在 K 线图上有持续控盘的特征。

（4）所属板块共同趋于走强，最好是市场热点。

（5）底部坚实，且技术指标系统如均线、KDJ 等均呈现多头共振状态。

（6）个股所属的板块不能处于热炒后的整体退潮期或出现领跌大盘的状况。

> 点评：地上本没有路，走的人多了，也便成了路。不要一有风吹草动就缩手缩脚，看准图形态势，短线操作也能成功。

二、短线安全买入的要点

（1）大盘短线走势向上，有空间和力度配合，这是重要的保证。

（2）量能充足，必须持续放量。

（3）所属板块整体趋于走强，最好是市场热点，这对于短线安全和盈利来说至关重要。

（4）有良好的中线基础或极端的快速连续暴跌（暴跌行情的抄底只是极少数人的"拿手菜"，如果没有较高的技术不要轻易尝试）。

（5）短期涨幅还不大，乖离率较小。

（6）个股所属板块不能处于热炒后的整体退潮期货领跌大盘的状况。

点评：从心理角度来说，人人都有"恐高症"。而想要以暴跌抄底，又绝非一般人所能。

三、短线安全卖出的要点

寻找短线的卖点，应观察30日平均线，因为30日平均线反应较为滞后，走平或击穿再卖出必须是买进后获利丰厚才行得通，如果等到这个信号发生，有时亏损已很大。除此之外，还有两类可靠的出货依据，重点放在趋势的逆转上：

（1）股价以同样的特征长时间运行或有了很大涨幅，确有大量资金在运作，一旦打破这种格局，极可能是多空力量发生了重大变化，应视为趋势逆转，立即卖出为宜。形态破位、股价沿某一均线运行了很久时间或出现很大涨幅之后向下破位均在此列。

（2）大势见顶，个股若无很好的基本面支持，应视为见顶。但有时30日均线缓缓走平或向上，K线图看起来量能充足，底部坚实，但涨幅却很有限，此为游击短庄或对倒拉高出货的陷阱，此时必须格外小心。

点评：炒短线时，按照一般的心理反应只要有20%的涨幅，即可落袋为安。

四、看懂分时走势图

分时走势图也叫即时走势图，它是把股票市场的交易信息实时地用曲线在坐标图上加以显示的技术图形。坐标的横轴是开市的时间，纵轴的上半部分是股价或指数，下半部分显示的是成交量。分时走势图分为指数分时走势图和个股分时走势图。

（一）指数分时走势图

白色曲线表示交易所对外公布的通常意义下的大盘指数，也就是加权数。黄色曲线是不考虑上市股票发行数量的多少，将所有股票对指数的影响等同对待的不含加权数的大盘指数。

参考白色曲线和黄色曲线的相对位置关系，可以得到以下信息：

当指数上涨，黄色曲线在白色曲线走势之上时，表示发行数量少（盘小）的股票涨幅较大；当黄色曲线在白色曲线走势之下时，表示发行数量多（盘大）的股票涨幅较大。

当指数下跌时，如果黄色曲线仍然在白色曲线之上，这表示小盘股的跌幅小于大盘股的跌幅；如果白色曲线反居黄色曲线之上，说明小盘股的跌幅大于大盘股的跌幅。

红色、绿色的柱线反映当前大盘所有股票的买盘与卖盘的数量对比情况。红柱增长，表示买盘大于卖盘，指数将逐渐上涨；红柱缩短，表示卖盘大于买盘，指数将逐渐下跌。绿柱增长，指数下跌量增加；绿柱缩短，指数下跌量减小。

黄色柱线表示每分钟的成交量，单位为手（100 股/手）。

（二）个股分时走势图

白色曲线表示该种股票的分时成交价格。黄色曲线表示该种股票的平均价格。黄色柱线表示每分钟的成交量，单位为手（100 股/手）。

点评：分时走势图是股市现场交易的即时资料，也是对股市行情做出判断的重要依据。

第四章 开启投资"黄金瞳"

年年岁岁花相似，岁岁年年人不同。股海弄潮，就像在天堂与地狱间徘徊，多少次从欣喜的峰顶坠入无底的深渊，又多少次在万念俱灰中迎接黑夜中即将到来的那一丝光亮，尽管那光亮是那么微弱，但却像要抓住一根救命稻草一样，在别人的不解中执着地守望着自己心中那不灭的信心和信念。掌握了选股秘籍才明白，原来地狱与天堂看似遥远，有时却只有一步之遥。"选股票如同选美"，这是经济学大师凯恩斯影响深远的一句名言。选美的成功者并不一定是最美丽的人，但却是最讨大众喜欢的人。

第四十九课 练成股市中的"火眼金睛"

一、选股的基本原则

市场上关于选股原则的说法很多，投资者可以从不同的角度归纳出不同的选股原则，如著名的"巴菲特选股十大原则"将其归纳为业务分析、管理分析、盈利分析、价值分析四个方面，还有的归纳为五大原则、八大原则等。但从基本方法来讲，不外乎两大原则。

（一）观察原则

首先，通过阅读上市公司的增资股票说明书，了解该公司每年的经营状况、资产负债情况以及发展前景；其次，仔细观察个股价值与价格的差异。若股票价格低于或等于其真实价值，则股价就具有较大的上涨空间；反之，上涨空间就小。股票投资最稳健的方法，当然是在股票价格低于价值时买入，在股票价格高于价值时卖出。

（二）比较原则

一是比较当年股票价格的收益率与过去几年以来的价格平均收益率。股票价格收益率是股票价格与每股股票年收益的比率值。如果公司的经营状况不错，而它当年的股票价格收益率又远远低于它近几年以来的价格平均收益率，那么，该股在不远的将来，价格上涨的可能性较大。因此，投资者可以考虑买入该个股。如果股票的价格收益率大大超出近几年以来的价格平均收益率，说明其价格可能已接近顶峰，随时都可能下跌。

二是比较股票价格与每股股票所代表的净资产（资产负债表中的资产部分）。用净资产总额除以总股数，得出每股股票的解散价值。如果某公司资产雄厚，经营较好，股价与每股股票所代表的净资产的比率便会小于1（比率越小越好），表明该上市公司发行的股票价格渴望上涨，投资者此时买入股票往往获利丰厚。但是，由于净资产只是账面价值，因此投资者在采取这一比较方法时，还应兼顾公司资产的实际价值，如无形资产等资产的增值，实际上增加了公司资产的总价值。投资者在选择个股时，不应忽视这个因素。

> 点评：无论什么样的选股原则，根本目的是选择具备优良素质的个股，其所代表的上市公司一般经营状况较好、股息丰厚、每年能定期公开披露信息、市场成交量大而且价格呈上升趋势。

二、选股重点关注的要素

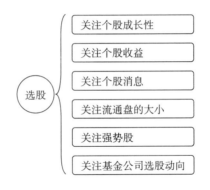

图 4-1 选股因素

（1）关注个股成长性。个股的成长性是股市恒久的主题，是股价上涨最主要的推动力。但要注意，需剔除非经营所得，考察上市公司经营业绩增长可否具备可持续性，收益增长有无销售增长作为支撑，以及增长率是否有明显放缓，如果增长放缓，其股价可能会发生下挫。

（2）关注个股收益。年度每股收益持续增长，连续多年业绩稳定增长30%~50%以上的公司股票，最有可能成为"牛股"。当然其收益必须是基本面支撑而不是非经营收益所得。要注意，市盈率低并不一定有投资价值，有时候钢铁类股票市盈率很低，但多数钢铁类企业都是落后的、高能耗的生产方式，而且钢铁产量过剩，供大于求，所以股价缺乏大幅上涨的动力。业绩大幅增长的预期才是股价上涨的动力。

（3）关注个股消息。新产品上市，增加新的生产能力，公司机构发生新变化，管理层的更换，都可能带来好的投资机会。关注行业变化和个股公开消息，机会往往就在其中。

（4）关注流通盘的大小。同等条件下，盘小的股票涨幅可能性会大一些。

（5）关注强势股。强者恒强，找出行情中表现最好的几只股票，在它们再度向上时买进，年报或者季报公布前卖出，或在其趋势发生改变时卖出。

（6）关注基金公司选股动向。基金的研究能力较强，捕捉市场机会的能力也很强，他们是否愿意买进一只股票，也可以作为你选股的参考。机构认同度高，机会可能会高一些。

要仔细地阅读每家公司的年报、中报、季报和其他公开信息，从中选出有良好预期的个股，坚持对它们进行跟踪，在适当的时机采取行动。你不可能跟踪所有的股票，如果你每天只关注 30 ~ 40 只股票，你的工作量就会相对较小，精力更加集中，操作成功的机会会大大增加。

> 点评：人们在买进时需要有想象力，在卖出时需要明智。

三、缩小选股范围

股票交易分两个阶段：一是选股阶段，二是交易阶段。

选股阶段是从整个市场中筛选出值得重点关注的股票，交易阶段是从重点关注的股票池中挑选出值得参与的股票。

选股阶段从基本面要考虑的问题如下：

上市公司所属行业的发展前景；企业的产品发展阶段；管理团队及经营能力；企业营收情况；流动资金和负债状况等。

交易阶段从技术层面要考虑的问题如下：

当前股价所处位置；当前市场运行情况；是否出现趋势反转等。

> 点评：交易应该是一件快乐的事情，为什么大多数投资者不快乐？这是个值得所有投资者深入考虑和亟待解决的问题。

第五十课　股市中的哲学，受益匪浅

一、选股时要"留有余地"

"留有余地"是一种哲学思考，在西方的艺术哲学中，也有"留有余地"的说法。比如为了增加绘画中人物的动感，都要在画布上留出大片空白，以给人想象的空间，正因为留下了这么个"空余"，才让人越想越有味道。在摄影中，尤其是体育摄影，跳高运动员过杆也总要定格在要过未过的高峰之际，作品才会吸引人的注意。在这一点上，可以说是一种东西在文化层面上的相通之处。

选股要"留有余地"，这种思路与东方哲学中的刚柔相济同理。俗话讲："金无足赤，人无完人"，选股总要留有余地，而不要走极端，其实这个"余地"就是要把握好买进和卖出的度，因为有这点"余地"，后退半步天宽地阔，中庸精神就体现出来了。

中国人尤其讲究和气生财，让人一步，天地自然宽阔。所谓反对锋芒毕露，提倡韬晦养晦，所指也是"留有余地"。东方人表面上不像西方人凡事走极端，咄咄逼人，其实质是在追求真理的度与量过程中，包容了真理的同时也兼有了攻防策略。

> 点评：炒股不但需要技巧、策略，也需要文化。

二、股市暴跌时关注股票

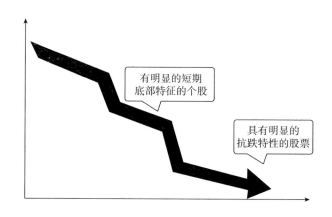

有明显的短期底部特征的个股

具有明显的抗跌特性的股票

图 4 - 2　关注股票类别

跌势中选股应重点关注以下两类股票：

（一）有明显的短期底部特征的个股

股价走势大都是波浪型的，浪谷过后就是浪峰。因此，跌势中抢反弹是比较常用的短线手法。抢反弹的关键是寻找走势的拐点，也即股价的短期底部。

从技术上讲，短期底部比较容易在以下点位附近形成：一是重要的历史点位和密集成交区；二是均线系统的支撑位；三是箱体的底部或前次浪谷的时间共振窗口；四是股价的整数关口；五是布林线、轨道线的下轨处。

　　投资者可以据此判断短期底部。另外，个股的止跌企稳总是与大盘的企稳保持一致，因此在寻找个股底部时还必须密切关注大盘走势。

　　（二）具有明显抗跌特性的股票

　　股票抗跌有两种情况：一种情况是大盘深跌但个股拒绝下跌，或仅仅是小幅下跌。这样的股票后市看好的可能性大。原因很简单，大盘下跌时它都跌不下去，大盘不跌时它就更没有理由下跌了。

　　另一种情况是顺势回调，卷土重来。这类股票一般都处在上升通道中，虽然也随着大盘下跌，但并没有放量，走势也没有破坏上升通道。对于这样的个股，大盘的回调仅仅起了震仓的作用，大盘止跌后股价会迅速恢复到原来的位置，显示极好的弹性。因此，对于那些在大盘的跌势中仍然保持良好上升势头的股票，投资者应该密切关注。介入时应尽量参考均线系统的支撑，上升通道的箱体下轨，以及布林线和轨道线等指标，最好选在这几个指标的共振点上。

　　毋庸置疑，跌势中仍然有市场机会。即使在大盘深幅下跌的时候，仍然可以在涨跌排行榜上看到不少个股逆势飘红，仍然可以从 K 线图上看出一些个股沿着上升通道缓慢攀升，或走出 10% 以上的反弹行情。

> 　　点评：一般来说，在跌势中选股的难度很大，介入的风险很高。因此，对于一般投资者来说，跌势中应以保全资金为第一原则，宁可不动，也不妄动。

三、如何看待过度暴跌的个股

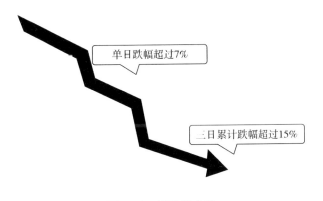

单日跌幅超过7%

三日累计跌幅超过15%

图 4-3　暴跌的个股

　　过度暴跌是指股价的单日跌幅超过 7% 或三日累计跌幅超过 15%。

　　暴跌是空方能量的过度释放，导致股价远离平均成本。由于股价有向平均成本靠拢的趋势，远离均线的幅度越大，其回归的可能性和力度相应地增大。因此，暴跌之后常常会有较好的反弹，是短线买入时机。个股的暴跌有时是以大盘的暴跌为背景，这时可选择有主力关照的股票介入，因为有主力的股反弹力度要强许多。

个股暴跌的原因主要有突发性因素和庄家出货两种。

突发性事件造成的暴跌有可能伴随强力反弹，而庄家出货的暴跌则难有反弹。两者的区别主要看暴跌放量之后的股价走势。一般来说，庄家出货造成的放量暴跌之后股价仍会不断创新低，而突发利空的暴跌虽然也可能放量，但之后股价会止跌企稳。因此，暴跌抢反弹的最佳介入时机并不是在暴跌当天，而应在股价真正企稳之后。

> 点评：如果个股的暴跌没有大盘暴跌的背景，则需要先了解清楚个股下跌的真正原因。

第五十一课　根据股票的"身材"选股

一、选大盘股

在投资者的心目中，一般认为可流通股份在 1 亿股以上的为大盘股，有少数股票则是超级大盘股，大盘股多数由大型国有企业改组转制而来，由于营运时间较长，又得到国家政策和资金的扶持，因而实力较强，其盈余收入大多呈稳步而缓慢的增长趋势。由于炒作这类股票需要较为雄厚的资金，一般炒家都无法炒动，从而不会轻易介入。

一般情况下，这类股票的价格往往很低，多数时候的波动不大，股性不活跃，但由于这类股票在综合指数中的权数大，所以有的时候会成为主力资金拉抬或摜压指数的对象。这类股票的长期价格走向与公司的盈余密切相关。

1996 年沪市推出 30 股指，30 只股票大多为大中盘股票，曾因此带动整个大盘价格（指数）上涨，形成了一个新的概念。

对于大盘股，可以在不景气的低价时买进，而在业绩明显好转、股价大幅升高时予以卖出。同时，由于投资该类股票所需的资金庞大，所以大盘股的启动往往是在整个大势上扬后再补涨。因此，可选择在经济景气时期入市投资。

> 点评：大盘股在过去的最高价和最低价的位置，具有较强的支撑和阻力作用，因而其过去存在的最高价和最低价，是投资者在现实投资中的重要参考依据。

二、选中盘股

一般认为，流通股份在 5000 万股左右的为中盘股。中盘股由于投入资金较之大盘股要少，较容易吸引主力大户，而且股价涨跌幅度较大，搏差价比较理想。尤其中盘股受消息面影响较大，对利多或利空消息更加敏感，所以往往成为多头或空头主力大户之间打消息战的争夺目标。

显然，同样的业绩宁可炒中盘股，不炒大盘股，同样的风险宁持中盘股，不持大盘股。中国人崇尚中庸之道，选择中盘股更适合于大多数的普通投资者。此外，中盘股的股性较为活跃，炒短线有利可图，而对于中盘绩优股来说，也适合中长线持有。

> 点评：一般来讲，中盘股票在 1 ~ 2 年之内，大多都会出现几次涨跌循环，如果把握了市场行情，投资此类股票，获利的可能性较大，利润也比较可观。

三、选小盘股

通常情况下，流通股份在 2000 万股以下的属于小盘股。在股市上涨时期，几乎所有股票都会上涨，但大盘股终究不是主力大户炒作的理想对象，而小盘股的盘子小、筹码少，只要主力稍加介入，价格就会上扬，而且容易产生飙升行情，出现几倍、十几倍的涨幅也不足为奇。

中国股市历来有炒小盘股的习惯，投机资金经常"光顾"那些题材丰富的小盘股，小盘股也经常成为整个市场的"明星股"。

> 点评：大有大的作为，中有中的特色，小有小的优势。

第五十二课　根据股票的"性格"选股

一、选投机股

投机股多指那些无业绩支撑、易受消息影响和人为控制、股价波动极其活跃的股票。投机股当中也有好股，但多数是烂股，受到投机资金的操纵而股价往往呈现出暴涨暴跌。

由于投机股有内行的投资家进行操纵，所以股价在短期间会有极大波动，行情极为诱人。虽然参与投机股可能会在短期内获得十分可观的收益，但若操作不当，则会产生严重亏损。

投机股的投资策略：选择资本额较小的股票作为投资目标。因为资本额较小的股票，一旦主力或大户投入巨资，容易造成股价的大幅波动，投资者可通过股价的大幅波动获取差价。

可以选择新上市或拥有新技术公司发行的股票。这类股票常令人寄予厚望，因为主力或大户的投机资金进入后容易形成操纵，而股价在短期内出现较大波动。另外，选择那些改组或重建的公司股票。因为业绩差的公司进行改组或重建时，大量投机资金介入也容易操纵该类公司，机会较多。

> 点评：选择投机股时，投资者切莫盲目跟进，进入后也要谨慎应对，否则极有可能成为"大鳄"的盘中餐。

二、选循环股

循环股是指股价涨跌幅度十分明显，且一直在某一范围内徘徊的股票。

由于循环股的价格常常固定在一定的范围内涨跌，其投资策略相对简单，下跌时买进，上涨时卖出，关键是如何发现存在循环的股票。

投资者可以从上市公司的营业报表中，或者根据公司的有关资信了解近三四年以来股价涨跌的幅度，编排出循环股的一览表，依此确定循环股及其买卖点。

> 点评：选择循环股应注意避免选择三种股票，即股价波动幅度较小、股价循环间隔时间过长和成交量小的股票。

三、选缓慢发展股

缓慢发展股因资金或建设周期长等原因，一时无法带给投资人很大的收益，比如电站、港口等公用事业，投入大、建设周期长、产出慢，喜欢投机的投资者一般不会喜欢此类股票。但此类股票经常受到基金公司或机构投资者的青睐，因为发展和收益稳定，投资风险较小，反而会被长期持有。

缓慢发展股的增长速度虽然不高，但由于公司主营业务明确，发展和收益稳定，股息率往往排在前列，非常值得长期持有。

对于喜欢冒风险的短线投资者来说，一旦发现自己所持有的股票是缓慢发展股，就会立即抛出，进而转到风险和机会都大的且处于高速成长期的股票。对保守型的投资者来说，长期持有就不会急于抛售。

> 点评：买股票就是买未来，买上市公司的发展前景，这类股票应是中长线投资的首选目标。

四、选成长股

成长股的选择，一是要注意选择属于成长型的行业。进入21世纪的第二个十年后，生物工程、电子仪器以及与提高人们生活水准相关的行业均属于成长型行业。二是要选择资本额较小的公司，因为资本额较小的公司，其成长的期望值可能很大。一些经历发展且已较大的公司，很难再维持迅速扩张，前进的步伐变得越来越困难。比如说，一个资本额由5000万元变为5亿元的企业，就比一个由5亿元变为50亿元的企业要容易得多。三是必须注意选择那些在过去一两年成长率较高的股票。

对于成长股的投资策略是，由于成长股的涨跌幅度较之其他股票更大，因此，可采取在经济衰退、股价跌幅较大时购进成长股，而在经济繁荣、股价预示达到顶点时卖出。而在牛市时，首先投资热门股票，在中期阶段则购买较小的成长股，而当股市狂势蔓延时，则应不失时机地卖掉持有的股票。

> 点评：成长股的盈利增长速度要远远快于其他种类的股票，一般为其他股票的1.5倍以上，这是成长股的一大亮点。

五、选含权股

一个会计年度结束后，进入盈余分配时期，这个时期的股票就是含权股。此外，公司增资配股也形成含权股。

我国股市对分红配股的实施日期并无统一规定，实际上往往一年到头都有上市公司在搞分红配股，时间较密集的在5～9月。

一般来说，绩优、盘小、送配股比例大、配股价比正股价有较大落差的含权股，多会形成一波上涨行情；送配股比例小、配股价接近正股价的含权股，往往会走出一波下跌行情。

多头市场买入股票参与分红配股，获利机会较多；空头市场参与，亏损情况多；震荡盘整市场参与，优选的含权股仍有较大的获利机会。

在无主力操纵的情况下，抢权行情和填权行情彼此间具有消长关系，二者总涨幅的上限，即填权价的上限应符合市场比价体系。

> 点评：选含权股，目的是获取抢权行情和填权行情的差价。只要选得准，就有盈利的机会。

六、选特殊的个股

有些个股从技术面分析比较特殊，主要有以下几类：

（1）突破压力线的个股。投资者可以通过技术分析研究一些个股，留意他们的走势形态，一旦股价突破压力线并在两三天内站稳，应果断买进，因为此时上升阻力大减，股价往往会有漂亮的涨幅。

（2）未跌破支撑线的个股。当股价反转向下时，成交量逐渐萎缩，此时不妨留意那些跌幅不大的个股，这些个股受到下方支撑线的支持，如果支撑线没有被有效跌破，应大胆介入，经过充分调整后，这些股票会率先发力。

（3）冲破天价的个股。天价是指股价创出历史最高价。上涨行情中这类股票能挑战天价，并屡破天价，股价的上涨空间无法预料。因为上档没有卖压，只要持筹都是获利的。此类股票为理想的黑马股，如果它能领先于大势和其他股票，更说明它会一直飙升。

（4）出现利空却不跌的个股。正常情况下，利空消息往往会引发股价下跌，甚至出现急速重挫。当利空消息出现时，股价却跌不下去，甚至出现逆市上涨，说明利空消息对个股来说并不是实质性利空，或者说股价已提前消化了利空，遇到此类个股，可介入持有。

（5）换手率高的个股。股票换手率高说明投资者对该股的追捧，深受大众的欢迎。由于换手率高，获利筹码得到充分消化，卖压越来越轻，所以会在未来的走势中有出众的表现，后市飙升的可能性也非常大。不过，如果进入了急升阶段，换手率虽高，但形势趋缓，则必须提高警惕，有可能庄家开始出货，此时介入，易被套牢。

（6）有大手成交的个股。在众多的股票中选股，寻找其中的"黑马"，看盘就显得非常重要，要时刻注意成交量的变化。如果某股成交量放大，而且抛出的筹码被大手承接，显然有主力资金在介入，股价稍有回调便有人跟紧，预示这类股票很有可能成为明天的"黑马"。

根据这几类个股的情况，选择特殊的个股要掌握以下几项原则：

——在股市萧条时，跌幅最深的个股反弹也较为快速；

——具有良好业绩的绩优股，往往是先被照顾的对象；

——股价低于实质价值的股票，可以优先考虑；

——有主力资金照顾的股票，反弹轻松有力；

——股市中被谈论较多的股票，表示关心的人多，预示上涨概率较大；

——在沉寂的股市，率先复苏的前锋股票，这类股票表示价值仍然看好，选择为投资对象是不会错的。

点评：个股的特点在于各有特色，必须区分不同情况，一把钥匙开一把锁。

第五十三课　根据股票的"潜能"选股

一、选潜力股

有一些股票由于具有某种将来的、隐蔽的或为大众所忽视的利多因素而存在推动股价上涨的潜在力量。发现这些利多因素并耐心等待，是投资潜力股的重要方法。

（1）反潮流法。在市场低迷时，个股的重大利多消息常常与一些次要的利多消息不加区别地被市场忽视，此时要反其道而行之（理解）。

（2）运用周期法。许多公司的经营业绩常常受到行业周期及公司发展周期的影响，在一些年份偏高，在另一些年份进入低潮。煤炭、钢铁和地产等具有较为强烈的行业周期性质。公司实施增资配股，可能导致公司股价出现明显下跌，因为配股当年无法取得投资收益，而配股本身又摊低了每股收益。但是，有增长潜力的上市公司，即使实施了增资配股，而在随后的年份中，经营业绩可能会更上一层楼。

（3）超前行动法。一些个股可能有潜在的题材，但要到未来的某一个时刻（不确定）才会表现出来。这种超前认识需要有缜密的分析支持。超前的关键是善于从真实信息中挖掘出其内在的价值。

> 点评：股票的潜在价值或许需要经过一段相当长的时间才会显现出来。投资潜力股常常需要有一段较长的持股期，而潜力（题材）一旦爆发，就应及时出手了结。

二、选择市盈率低的个股

一般来说，原始股的发行价以市盈率为 10～20 倍作为参考标准，但我国新股发行市盈率一般都在 20 倍以上，甚至有超过 30 倍的，加上发行费用和其他费用，实际的发行市盈率远超成熟的股票市场。

随着大势下跌，个股市盈率跌至 20 倍以下是常态，说明此时股票多数进入了超跌状态，继续下跌的空间很有限，那么这样的股票正是投资者选择的最佳对象。中国股市发行市盈率普遍较高，大部分股票即使是在熊市也很难低于 10 倍市盈率，金融股除外。大势只要稍有回暖，个股市盈率轻轻松松就重上 20 倍、30 倍以上。

> 点评：考察市盈率时，要考虑到中国股市的特殊情况。

三、选业绩激变股

业绩激变股受景气或其他因素影响，公司经营业绩呈不规则性急剧变动的股票。这类股票大多与公司经营业绩的好坏呈正方向变动趋势，业绩趋好，股价上涨；业绩转劣，股价下跌。一般来说，这类股票的涨跌幅较大，而其上涨趋势，往往比其他股票要长。

业绩激变股的投资策略是：在涨势明显时追涨买进，在跌势明朗时尽数抛出，抢短线务必抓准买卖时机。这要求投资者必须密切注意公司经营业绩的变化，如果能抢在公司业绩变动之前进行操作，投资效果更为理想。

> 点评：有时业绩变化无常，抢点的关键是以动制动。

四、选业绩复苏股

这类股票是指经历过惨败，或受到经济萎缩影响，经营业绩变得极差。此类公司一旦通过自身营运得以复活，或受经济复苏带动，公司股价将有很大的上涨潜力。

股票有其内在价值。经营业绩变差导致内在价值出现下降，或许只是暂时的。如果在低潮时能够加强企业管理，推出改进大局的新举措，公司营收在未来可能会有较大的增长潜力，这样往往会吸引到实力雄厚的主力资金。投资者这时不妨耐心收集，一旦形势好转，收获必丰。不过，此类公司顺利度过复苏期，东山再起重振雄风之时，或许便是考虑出货的日子了。

投资复苏股，首先，要考虑公司是否有改变经营状况的具体计划，改进的计划是否切实可行；其次，注意观察财务收支情况有没有发生显著改变。

投资者在选择复苏股时，最有利的一点是在所有种类的股票中，可能复苏股票的涨跌和股市行情的关联度最小。因为多数投资者认为此类公司无力东山再起，所以舍弃。在选择复苏股时，一定要注意一点，那就是必须看到复苏的迹象，在情况不明时，不要对此类公司进行投资。

> 点评：参与复苏股的投资者，通常是有耐心且积极的投资者。

第五十四课　根据股票的"家境"选股

一、选价格明显偏高的股

此类股票是指那些经过人为炒作而股价明显偏高的股票，其涨势有些不符合常理，因此股价习性难以捉摸。有时在公司处于亏损状态时，因某项未来的利多消息在背后支撑，或是多空之间，已演变成轧空的做多战，这样会导致股价明显偏高。甚至在股价已处于明显偏高的情况下，仍有主力资金不断地买进做多，从而促使股价继续上扬。一旦做多资金停止了操作，或抛售大于做多，股价就会进入下跌。

对于价格偏高的股票，其投资策略是：除了熟悉内幕的行家之外，最好不要受股价暴涨的诱惑而轻易介入，但在其盘整之后出现止跌，可以使用少量资金短线抢进，如若遇到主力撤离而股价又转为跌势，则要迅速地抛掉股票。

> 点评：选择这类股票时，万万不可在跌势中期望其反弹再卖，以免被高价套牢，蒙受更大损失。

二、选 RSI 值偏高的股

RSI 就是相对强弱指数，它是通过比较一段时期内平均收市涨数和平均收市跌数来分析市场买卖盘的意向和实力，从而分析未来市场的走势。一般来说，RSI 所用的天数为 6 日、9 日、14 日。6 日 RSI 由于周期较短，较为敏感，要求反应快，动作迅速果断，通常作为短线操作的重要参考指标；14 日 RSI 从中线的角度把握建仓和出货的时机，是较理想的参考指标。

股市的投资心理是买涨不买跌，所以有些涨了又再涨的股票就成为所谓的"黑马"。如果选择 RSI 值偏低的个股守株待兔，结果往往令人难受；选择 RSI 值偏高的个股，可能会有强势恒强的异动表现，结果令人目瞪口呆。

不过，对于整个大势来说，6 日 RSI 在 85 以上、14 日 RSI 在 75 以上时，应当考虑出货。因为股市在连续上涨过程中，其间任何一个点位买进都有盈利，而随着股价的不断上涨，急需更多的资金进场才能将股价继续推高。与此同时，高额利润的回报又使获利平仓的压力急剧增大。

> 点评：RSI 值的不断升高，实际上反映了股市的供求矛盾正逐步转化，即获利平仓和解套的压力渐渐大于市场的需求，若这种矛盾发生明显转化，股市下跌成为必然。

三、选资产隐蔽股

资产隐蔽股指的是资产存在的实际价值没有引起绝大多数人注意的公司股票。公司存在的隐蔽资产，往往不是现金，有时可能是房地产，或是将来生产且有市场前景的产品。公司购买的房产，增值往往是几倍或数十倍，就算企业发展不快，其资产却在无形之中增加了许多。

如果要投资此类股票，首先要考虑此类公司的哪些资产是隐蔽的，其价值是多少？此类公司是否有政府或其他力量的帮助？如果对此类公司的情况了如指掌，从中获益也不算难事。

投资此类股票要注意以下情况：政府的政策出现了不利公司隐蔽资产发展的规定；公司的房产或其他隐蔽资产，卖掉以后没有达到预期收益；公司的大部分股份被金融机构购买。当以上信号出现时，要及时抛出股票。

> 点评：要注意识破伪装，辨明真相。

第五十五课　根据股票的"气质"选股

一、产品竞争力强的公司股票也强吗

回答是肯定的。由于公司有突破性的产品或高科技产品，在市场上具有极强的竞争力，社会对产品的需求并不会受景气的影响，即使是在经济普遍不景气时，该公司也能获得较好的利润。公司业绩报表上发现在不景气时还能保持相当高的成长率，并能很好地完成年度计划的公司大多属于这一类型。

固定资产较多的公司，其股票的保险性较好，在经济不景气时，有雄厚的财力作为后盾，对长期的经济衰退有较强的抵抗能力和应变能力。

> 点评：此类公司股票深度下跌的可能性不大，也是值得投资的公司。

二、公司盈余期如何选股

公司在年终结算前后，除了公布上年度盈余及股利数字以外，还会公布本年度营业收入及盈余等预估数字。公司公布的这些数字如果比投资者预想的要高，就会产生所谓的"盈余行情"。另外，在经济复苏初期至经济繁荣结束这段时期，由于大多数公司的盈余都不错，所以常常出现盈余行情炒作。

> 点评：选择业绩显著好转（最好是扭亏为盈）的股票，作为长期持有的对象。

第五十六课　根据股票的"周期"选股

一、选周期性起伏的股

此类股票的增长速度没有稳定的比率，销售和利润情况也无法完全预料。但

总有一定的规律可循，即呈波浪起伏的规律，扩展—收缩—再扩展—再收缩的格局。

周期起伏股一般规模较大，知名度高，非常容易和蓝筹股混在一起，因而这类股票最能迷惑人心，导致投资者在这类股票上赔钱折本，还以为买进了保险的股票。

要做好周期起伏股的投资，关键在于及时发现上市公司在萧条或发展早期的迹象。比如汽车股、电器行业股，就具有相当大的周期起伏性。这类股票有很多明显的抛售标志：社会需求降低，公司产品积压，而且很难在短期内销售出去，这意味着营收和盈利将越降越低。事实上，在此时再抛售可能已经错过好时机。商品价格降低是抛售的另一个征兆，商品价格的被迫下降，说明此行业的萧条开始。

> 点评：此类股票受外部环境和政策的影响很大。

二、根据季节选股

股市的季节性变化有其自身的规律，这种变化大多与季节有关，如春节、中秋等，民间习惯把它们作为借贷活动清理、整顿的时候。尤其以春节为重，节前是还账的最后截止日期。企业在这一时候，要偿还贷款，给职工发放工资、奖金，有的企业还要大量进货准备节日市场供应，总之，方方面面都要用资金，有时候国家还会紧缩银根。因此，此时股市一般会因为买进资金不足，而陷入短暂的低潮期。

另外，股市在重要的节假日都会休市，不少投资者为安心度假，一般会在放假前数日卖出股票，此时股价往往会因为卖出的人多了而相对便宜些。如果投资者能够预料到在休市期间不会有重大变化，手头现金又比较充足，不妨在放假前买进股票，免得假期后开市时再去抢购高价股。

从企业生产的角度讲，季节不同，上游的原料来源或是下游的消费需求等原因，股价波动也有所不同。如水泥制造业在第二、第四季度较佳；食品加工业都是在第一、第二季度较佳；钢铁工业、塑胶工业、造纸业和电机电器业在第一季度较佳，等等。在行业旺季时，其股价往往坚挺有力；在淡季时，则显得疲乏无力。

> 点评：研究各个行业在不同季节的特点，才能够保证你抓住机遇。

三、根据经济循环周期选股

宏观经济的发展会呈现出不同的周期性。从资本主义过往发生的经济危机看，形成了复苏、繁荣、危机和萧条四个周期。随着一个经济循环周期的变化，股票价格也作波涛起伏，而且股价往往是在经济周期变化前就超前发生了变动。国外的经济学家认为：从复苏到繁荣期间，股票市场呈现一派乐观情调，股价会从低迷到狂热再到高潮的转变，那么投资证券就要从相对的低位开始着手。

中国是社会主义市场经济，有时也表现出某些周期性变化，如投资过热、消费增长过快、通货膨胀率较高。国家收缩银根后，市场又显得疲软，经济发展不足，企业效益降低等。掌握国家经济发展的周期性，并将其与国家经常出台的方针政策相结合，就一定能够探索出股市运作的规律，找到投资股票的黄金时期。

> 点评：投资者要经常关注时事政策，未雨绸缪，了解经济周期内外循环的特点和规律，为投资股票提供决策。

第五十七课　不同经济环境下如何选股

一、通货膨胀时期如何选股

通货膨胀大多是由于经济过热造成的，由于经济过热，工商企业生产加速，固定资产投资增加，银根会出现较为松弛的现象，有些企业将部分资金投入股票市场，造成所谓的"虚假行情"。在物价上涨加剧的通货膨胀后期，囤积居奇的商品投机资金，也会流入股市，造成上涨行情。

在通货膨胀时期，物价剧烈上涨，投资者为了保值起见，多购买具有较多土地资产的公司股，这种股票的购买有时也会造成一段行情上涨，这就是所谓的"通货膨胀行情"。但如果该种股票价位已高，那又另当别论了。

因此，在通货膨胀行情的初期，一般应将持有的股票卖出，暂时采取观望的态度较好。

> 点评：通货膨胀是一场舒适的温水浴，但是如果人们一直加热，浴盆最后就会爆炸。在下一次爆炸中，首先受到伤害的当然是坐在浴盆里的人。

二、股市长期低迷时如何选股

当股市长期低迷时，在小幅震荡中能够准确把握机会的投资者是凤毛麟角，多数投资者因此而赔得血本无归。

然而，就是短线投资者都很难获利的股市低迷期，恰恰是中长线投资的布局机会。此时股价一跌再跌，便宜股多，如果投资者吸纳建仓，做好中长期的打算，获利反而会高于短线投资者。中长线投资者要善于从中选择"物超价值"

的个股，重点关注以下两类股票。

（1）收益率达5%以上的个股。投资者投资股市主要是想赚取股价波动产生的差价，上市公司的分红派息对于差价来说是微不足道的。A股市场的投机性很大，因为银行利率比西方发达国家高出许多，相对而言分红派息很难与银行利率相比较，但如果上市公司的年回报率达到5%以上，则这只股票就完全可作为中长线投资的目标。

（2）行业前景光明、高速发展的个股。此类股票在以前并没有被重视，但由于国家调整产业政策，从政策上向部分产业倾斜，业绩就有可能因此而突飞猛进，进入快速增长期。

> 点评：对于大多数的散户投资者来说，是没有时间和精力投资短线的，如果不求实际，不根据自身的具体情况投资短线，频繁买卖，只会徒增交易手续费，最终还是只赔不赚，股市长期低迷时，中长线投资是不错的选择。

三、利率变化时如何选股

银行利率是影响股市价格的重要因素之一，也是政府进行经济宏观调控的重要杠杆，大多数投资者都非常关注利率的变化，更加关注利率的升降与股票价格之间的相互关系。一般来说，股票的短期价格涨跌与利率的走向呈反向变化，利率提高时，股价下跌；利率降低时，则股价上涨。

> 点评：与此相对应的买卖策略是：当预测短期内利率将升高时，应大量抛出股票，等待利率升高后，再予以补进；反之，当预测短期内利率将降低时大量买进，等到利率真的降低后，再卖出。

四、银行加息时如何选股

中央银行上调存贷款利率，其中原因之一是股市过热。加息对于股市的走势有怎样影响？加息后的股市又该如何操作？

有人把央行提高利率看作是对股市投下的一枚"利空炸弹"，这有一定道理，但是，决定市场或者股价变化的最根本原因还是上市公司的盈利能力。从短期看，存款利率的提高会使很少一部分资金从股市分流到银行，这是存款利率提高带来的影响；对于企业来说，贷款时会更加谨慎，这则是贷款利率提高带来的不利因素。

央行加息举措旨在为增长较快的信贷和固定资产投资适度降温，确保宏观经济持续平稳增长。股市最终走势仍取决于宏观经济状况，取决于上市公司的盈利能力。

有时也会出现例外，比如日本在20世纪90年代遭遇股市暴跌时，日本央行反而采取加息举措，这与当时日本自身的经济情况有关，主要是想通过加息举措来抑制过快的固定资产增长。所以，利率的变化并不是影响市场变化的根本原因。

虽然加息对资金面来说不是有利因素，仍然有理由对股市保持审慎乐观，但在投资时务必谨慎操作。投资者首先要明确投资目标，不妨先投入30%的资金，假如市场面临调整，再择机将资金逐步投入会比较稳妥。

> 点评：最好选择那些抵抗周期性波动较好的股票，在波动的市场中能够获取稳定的收益。

第五十八课　根据大势、行业、突发事件选股

一、根据市场大势选股

市场上的势其实是资金流动的体现，以买方为主流时，多头得其势；以卖方为主时，空头得其势，除了多空，还有拳来脚去的相持阶段。资金流动方向的强弱代表着势的强弱。势的动因是由于期待赚钱的渴望，这种期待越大则资金流动性越大，资金流动性越大，势便越强劲，投资者会不自觉地跟随着这个势，增加了这个势的威力，产生所向披靡且令人惊骇的坚挺。

兵法上讲，得势者胜。然而，势这个东西也会发生可怕的逆转，随软随硬的势有时会反目为仇，敌方一有动静，我方便要随势而定，一不留神，就会陷入失势的被动状态。选股时也一样，因为大家都想乘势去买某股票时，股票价格就会出现暴涨。但这时候只要某些人开始套利，原有的期望便转移了方向，买方转成观望态度，势就慢慢疲软。攻守易势，或许空头就得势了。这期间，卖方压力逐渐增大，那就意味着对于涨价的期望接近破灭，股价就会出现下跌。

因此，市场的动态变化完全由势来支配，所以选股就要随势而为，选择势强的股来跟随，毕竟势如破竹下容易突破层层阻力。但也要见好就收，不然就会像足球比赛那样得势而不得利。

由于势的转化、流动常常难以捉摸，利害变化无常，所以投资者一方面要追寻大势，另一方面要随时观测其势头即将发生逆转的各种信号。头脑保持冷静，综观全局，明辨虚实，这种投资心理素养很有必要的。

> 点评：市场的来势或去势的完成过程，就像月亮的圆缺，视觉上虽然发生了变化，而实质上是虚实之中保持了一种自然界的恒数。

二、根据行业题材选股

行业题材与国家经济的发展状况有关，如生物制药产业、信息产业等是成长型产业，其发展前景比较好，对投资者的吸引力就大；反之，如果公司属于煤炭与纺织业，则属于"夕阳产业"，其发展前景欠佳，投资效益相应也低。当然，再好的产业都会有盛衰兴亡的周期。那么在这种情况下，该如何判定股票所属行业的状况？

（1）从产品形态上分析公司的产品属于生产资料还是消费资料。不同行业的股票，受经济环境的影响不同，一般来讲，生产资料受景气变动影响要比消费资料大。当经济好转时，生产资料的生产增长比消费资料快；反之，生产资料的生产萎缩得也快在消费品中，还应该分析上市公司产品是必需品，还是奢侈品。不同的产品性质，对市场需求、公司经营和市场价格变化都将产生不同的影响。

（2）从需求形态上分析公司产品的销售对象及销售范围。显而易见，内销产品易受国内政治、经济等因素的影响，外销产品易受国际大环境的影响。此外，还必须掌握公司产品对不同需求对象的满足程度，不同的需求对象对商品的性能和质量等有不同的要求，公司必须以需定产；否则，必然影响到公司产品的销售和盈利水平，使投资效益降低，股价下降。

（3）从生产形态上分析公司是劳动密集型、资本密集型或知识密集型。随着技术进步的不断深入和加速，技术密集型企业已经逐步取代资本密集型企业，不同的生产形态，所产生的劳动生产率和竞争力不同，同样会影响企业效益，使投资收益产生变化。

（4）从行业发展阶段上分析。一个企业行业所处的不同阶段，使行业内各公司的股票价格也深受影响。在行业开创期，技术进步非常迅速，利润极为可观，但风险也最大。因此，表现在该类公司的股票价格往往呈现出大起大落状。这时候的投资要胆大心细，果断积极，以求得最大的效益。在行业扩张期，少数大公司已经控制了该行业，它们已取得了雄厚的财力和较高的经济效益，有的大公司甚至筑起了宽宽的护城河。

> 点评：在行业停滞期，由于市场饱和，使行业生产规模的增加越发困难，虽然行业内部竞争不减，但行业利润率普遍下降，这时的股票行情表现得萎靡不振或出现下跌，有的企业被淘汰，投资者应谨慎应对在此周期的上市公司。

三、根据突发事件选股

所谓突发事件，是指超出人们预料的、在时间上非常紧急的，对各方面影响较大的事件。

如上市公司遭受台风、地震，主要经营者突然逝世，或有重大的违法行为，已经严重影响到公司的信誉和下一步的经营活动等。

这种情况一般会使公司股票暴跌，投资者应该迅速行动及时抛出，将损失减少到最低限度。但并不是任何突发事件对上市公司来说都是负面的，如发生地震，房倒屋塌，未来重建成为重点，主营建筑建材的诸多公司，反而会受益。

有的公司虽然遭受较大损失，但只要做好未雨绸缪，提前买好相关的险种，一般都可以得到保险公司的合理赔偿。因此，投资者要仔细观察，不必过于紧张，以免弄巧成拙。

点评：突出事件难以预测，投资者应建立炒股的应急响应机制，有备而无患。

第五十九课　特殊时期如何选股

一、大众竞购期如何选股

在大众竞购期，广大投资者都认为投资股票比储蓄更有利可图，所以股市出现竞相购买的状态。这时经济形势较好，企业赚钱，外汇增加，普通百姓手里也比较宽裕。由于大众投资者的偏好，买卖证券的目标大多集中在经营状况好、成长性高的优质股上，无股利及亏损公司的股票很少有人问津。此时有些成长股的涨幅会比较大，无息投机股也会随着大势上涨，但其涨幅不如有息股的涨幅高，这是多头行情的市场表现。

点评：应当延长持股，参与除息及除权交易。

二、行家活跃期如何选股

这一时期，大众投资者对高价位的股票产生戒心，或因暴跌吃亏不再参与买卖，有的暂时退出股票市场。精于股票投资的证券公司或行家里手等投机大户，为了使市场不因人心涣散而立即衰退，以便多赚取佣金或便于出手存货，就会开始推拉较易上涨的小市值股，人为制造股市较为活跃的行情，以诱惑不明真相的投资者入市。

点评：千万谨慎从事，切忌盲目跟进。

三、金融机构购买期如何选股

狭义的金融机构主要指银行、保险和证券。这些机构信息灵通、财力雄厚、影响力大，散户投资者遇到不同的机构购买期，就要采取不同的对策。金融机构入场扫货时，股价不一定是其最低点，所以有时会成为助涨的一个因素。金融机构偏向中长线投资，很少参与拉高或压低的股票。所以，他们卖出时，往往是以本益比已经偏高为依据，不追求最高价格。

> 点评：抓住机会，跟随行动，必有利可图。

四、信托及投资公司进场时如何选股

信托公司和官方投资公司及部分证券公司与银行和保险公司有所不同，他们在证券市场上除了做部分零股买卖之外，大多还承担着调节市场供需的任务。既然信托公司和官方投资公司也要以获利为目标，当有较充裕的资金可供投资时，为了达到盈余目的，也会在适当的时候买进本益比较高的利优股票，很少参与热门投机股票的买卖活动。

非官方投资公司大多是一些财团或大户出资建立，他们买卖股票不一定是以有息投资为主。这种投资公司的买卖行为，大多依据其具有较为雄厚的资金，常常对少数具有内幕消息的中小市值股票做有计划的操纵。当其吸进足够多的筹码以后，便会千方百计地鼓吹行情，以便达到高价出货的目的，某些媒体或研究员成为他们的帮凶。

> 点评：当知道信托及投资公司大量买进某只股票时，马上跟随参与，但投资公司买进的消息如果在市场上盛传已久，或所传买进的股票已出现大幅度上涨，则不宜再跟随买进。此外，若有大型投资公司的股票在年底急速涨价，不论它是否为信托公司买进，都要保持谨慎的态度，最好不要介入其交易活动。

五、境外投资大举参与时如何选股

我国是外汇管制的国家，境外资金进入 A 股市场受到政策限制，所以按理说并无外资参与的行情可言。A 股市场中大部分绩优股的估值整体偏低，而且股价长期处于低位运行，但是投资报酬率相对较高，这对于外资来说极具吸引力。

2019 年 9 月 10 日，我国政府取消了境外机构投资者投资 A 股市场的额度限制，只需进行登记即可自主汇入资金开展符合规定的证券投资。相信这会给普通投资者的选股带来一定的影响。从外资参与的大部分品种来看，外资比较偏爱绩优蓝筹股。其涨幅较高，持续时间长。

点评：延长投资，提高警惕。如果投资者在获悉有外资参与时，股价大多上涨已久，此时跟进虽然能获利，但因涨幅已高，随时都有可能发生反转向下，所以务必提高警觉，随时注意外资是否有卖出撤退的动向。

第六十课　常用的选股良策

一、选择新股

新股就是最新上市的股票。在股市正处于多头行情时，刚刚上市的新股，经常成为投资者的新宠儿，继续上涨的可能性较大。但如果不是这样，新股上市不久后便举步维艰，则表明可能该股票价格定得过高，或是此刻股市的投机气氛过浓。

一般来讲，新上市的公司都是近来发展红火，经营前景看好的时候，公司信心十足，产品开始逐步在市场上走俏，投资者一般都对其抱有好感，这样的机会要抓住。从另一个角度看，新股上市属于增量，将会分流一部分资金去炒作新股，这样将对存量市场的资金面产生较大的影响。新股上市前后的现象，多少都带有一点规律性，投资者应该主动去把握。

点评：股票不在新旧，关键看其业绩。有些股票虽然上市时间较长，但业绩一直坚挺，仍不妨长期持有。

二、根据重大政治事件选股

持股者什么时候愿意卖出股票？就在投资者认为未来行情会下跌的时候。反之亦然，投资者认为未来行情会上涨，才决定买入股票。股市的涨跌，取决于买卖双方对未来前景的判断。

股票价格的变动除了受到大势影响和偶然因素以外，上市公司的经营状况、未来的盈利前景，这些才是决定性因素。

股市的整体波动取决于所有上市公司的盈利前景，这在很大程度上取决于国民经济发展形势。经济形势总体看好，利于上市公司改善经营、增加盈利，投资者的信心较好。如果国民经济出现萎缩、衰退，就会影响到上市公司的经营和盈利状况，投资者心理必遭压抑，股市自然下跌。

客观上说，国家经济的任何调整，尤其是财政政策、金融政策的出台，都会强烈地冲击股市敏感的神经，引导投资者对未来的预期收益做出相应的调整。特别是一些重大的政治和经济事件，如国家领导人更替、政策的重大变化与调整等，都对股市有很大影响。

一些重大的政治性事件对股市的影响是巨大的。投资者对此要及时做出正确的反应，有时要站在国家大局的高度上思考问题，要对事件性质及影响有合乎情理的认识，恰如其分地在投资策略上做出相应的调整。因此，不断地提高投资者素质教育，包括政治的、经济的、文化的、心理等方面，确实是当务之急。

政治稳定和经济发展，这两个互相影响的因素推动着股市的活跃。水涨船高，大牛市正是股民踊跃、看好的时候，波浪所及，越来越多的投资者顺流而入。

> 点评：正如人们所看到的那样，政治和股市是携手相连的。如果政治敏锐度不高，判断力较差，最终吃亏的还是自己。

三、根据公司经营状况选股

（1）分析每股收益。年度财会报告出来后，选择可比净利润年增长率进行比较。选择可比净利润年增长率超过 25% ~ 30% 的公司股票，上市公司的每股收益应多于 0.15 ~ 0.20 元。

（2）分析公司的偿债能力。主要指标有流速比率、流动比率、现金比率、股东权益比率、固定比率。一般来说，应符合流速比率 ≥ 200%，流动比率 ≥ 100%，现金比率 ≥ 20%，股东权益比率 ≥ 50%，固定比率 > 100%。

（3）分析公司的经营能力。主要指标有应收账款周转率、存货周转率。一般来说，应收账款周转率应为 30 左右，存货周转率应为 7.5 左右。

（4）分析公司盈利能力。主要指标有营业利润率、成本利润率、资产收益率、收益成长率。同时还要分析上市公司股本有无扩张能力，即公司的送配股能力。股本扩张能力 ≥ 30% 最适宜。

（5）分析上市公司的行业属性，即该上市公司是朝阳产业还是夕阳产业；分析该公司在行业中的地位，即该公司产品的市场占有率。

> 点评：上市公司的经营状况主要反映在每股收益、公司的偿债、经营和盈利能力等诸多方面。本着以上原则选择绩优股，你的投资就有了一定的把握。

四、根据公司综合实力选股

上市公司的综合实力主要反映在公司利润增长的稳定性上，投资者可以结合上市公司数年的财务报表，考察其利润构成、利润的稳定性及可比净利润增长的稳定性。

在利润总额中，主营业务利润应占70%以上，对于那些因投资收益而导致高利润的公司应敬而远之。

应选择那些主营业务利润占利润总额的70%以上，利润呈稳定上升趋势，可比净利润增长率呈稳定上升趋势的公司投资。同时，要考察有无新利润增长点，即有无前景良好的新上马项目。

分析公司的综合实力可以看出，竞争力强的公司生命力旺盛，盈利丰富，这类公司是投资者的首选目标。对公司竞争能力的分析应着重对产品质量、创新能力、市场开拓能力等做详尽周密的分析。

> 点评：市场竞争也是公司管理水平的竞争。一个员工素质高、管理有方的公司必然会兴旺发达，给投资者以丰厚的回报。

第六十一课　股市中的人气效应

一、人气景象对股市的作用

人气就是对大众投资心理的形象表述。人气的聚集表示市场信心的增加，而人气涣散则表示市场信心不足。有人说："行情是三分资料，七分人气"，"股价变动只占一成，二成是时局的变动，七成是人气的变动"，就某种角度而言不无道理。如图4-4所示。

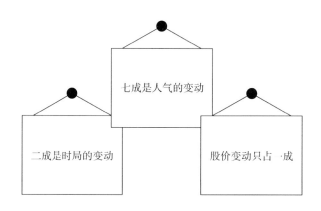

图4-4　股市人气

散户是股市最大的购买群体。一般而言，他们都想在短时间内获取最高的回报，这是一个共同的目标，从而形成他们彼此间共同的话题，尤其是不断针对股市未来动态的研讨，也塑造出了共同的思考方式及社交话题。

由于现代资讯传递快捷，这类股市消息迅速地在人群中传开。加上人类的期待、恐惧和贪欲等情绪非常容易互相感染而直接影响股市。于是在股市中，往往不是大涨就是大跌，这解释了股市为何总是单向的——要涨，全盘皆涨；跌时，全盘皆跌。这就是人气的作用，它本身并不和上市公司的业绩相关联。

这种群体特性使投资者更加敏感和情绪化，从而影响着股市，造成莫名的不稳定走势。人气事实上是个非常重要的因素，它可主导股价创新高点，或跌至谷底，这往往又是投资者投机心理的一致表现，所以人气有时比基本面分析更重要。

人气景象有着一种特殊的现象，就是群众心理已远远超过其他因素，成为左右股市的最大力量，这一点需特别注意。

> 点评：股市上的大众心理反应像是在剧院里，一个人打哈欠，马上每个人都打；一个人咳嗽，立刻整个大厅都咳嗽。

二、从人气看走势

股市上曾流传过这样一个故事，有一位女股民，对股票投资一窍不通。她既不懂什么股市技巧，也不会看上市公司的财务报表，更不会技术分析，但自她入市以后总赚不赔，且屡战屡胜。人们问她有什么窍门，她说也没什么，只是当她看到证券营业部外的自行车排满时就把股票抛出，当营业部外的自行车稀稀拉拉，甚至营业部内也难寻几个投资者时，她就买进股票，而正是她这种不看公司业绩、市场消息，不对市场进行技术分析，单看证券营业部外的自行车数的操作方法，恰恰符合"数人头理论"。

股票市场在牛市时，人山人海，喧哗扰攘，投资者你争我夺，不需要看公司业绩、市场消息，单是看营业部人头攒动已经代表了股市有买家支持，大家都你炒我炒，此时股市人气旺盛，股票行情会节节升高；相反，交易厅冷冷清清，场面冷落，则说明人气淡，股票仍有下跌的可能性。当股市里人气聚集，万头攒动时，就像刮大风一般，因而股价也必然有大幅度波动的可能性。

> 点评：人们常常用海浪来比喻股票价格，而以刮风来比喻股市的人气。股市低迷不振时，市场里人气涣散，因而股价也毫无上升的趋势可言，就像夏天平静无风的日子，给人的感觉是沉闷，透不过气。

三、股市上的"人气效应"

股市里的人气，需要一段时间去凝聚，一旦人气汇集起来，外力是很难阻挡的；随着牛市的形成，追涨情绪成为股市的主流，此时的股市即使出现盘整，股价的波动也会遇到强有力的支撑。

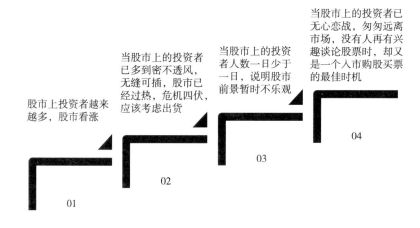

当股市上的投资者已无心恋战，匆匆远离市场，没有人再有兴趣谈论股票时，却又是一个入市购股买票的最佳时机

04

当股市上的投资者人数一日少于一日，说明股市前景暂时不乐观

03

当股市上的投资者已多到密不透风，无缝可插，股市已经过热，危机四伏，应该考虑出货

02

股市上投资者越来越多，股市看涨

01

图4-5　人气效应

股市人气聚集后，往往会走出一波漂亮的行情，而且会由于"惯性"的作用，走势往往可以持续一些日子。一旦大的利空消息出现，行情走低，人气散失之后，再聚集就非易事，给投资者一种大势已去的感觉，股指的各重要关口均会无声而破，纵有反弹力度也不会大。

> 点评：投资者可以通过研究股市人气聚离的情形，推论出大势的走向，这种省时省力的方法有助于投资者在股市上获得成功，这也说明了人气对股票行情的重要性。

四、把握人气对股市的影响

既然人气对股市行情有如此巨大的影响，那么怎样去把握人气？它并不是看得见，摸得着的。例如，2019年1月，股市借助副总理、银保监会主席、证监会主席讲话的利好措施由低位发力向上，在两个月的时间里，股指连创新高，若选准了个股，最高盈利可达500%以上。在当时许多人都认为深沪股市的飙升，主要是主管部门对股市相关政策的作用，不敢贸然跟进，而错过了良机。而在确立牛市以后再购进股票，盈利就少得多了，风险也随之而来。

由于种种原因，一个人在工作与生活中总难以保持言行的一致性，人们总是把自己的思想埋在心里，而不随便与人交流，但参与炒股的人，对股市的走向研判，自己准备或已经采取的决策通常都会毫无保留地表露出来，这就给我们一个了解和把握市场人气的途径。

对于 2019 年 1 月的那波急升行情，虽然需要综合判断大势走向，但时间都无法容忍投资者等待局面的明朗化，那么人气指标就很重要了。许多人会说，我完全是顺着大势走，根据市场人气炒作，那为什么还会赔？

事实上，我们必须搞清楚这样一个问题，那就是在股市上亏损的比例远大于盈利。即使西方已有几百年历史的成熟股市，也是同样的结论，而且由于交易所和证券商需要抽取一定比例的手续费或其他费用，无论是在牛市还是在熊市，资金被不断地抽走，这也注定了股市中只有少数人能够赚钱。若想成为股市赢家，首要条件是你的思维方式和对市场的研判要与众不同。如果是人云亦云的从众心理，那么等待你的只能是赔钱。

作为一个散户，能够接触或了解的范围很有限，确实没有人能把握所有人的想法，但可以通过一些有组织的活动，如股市讲座等渠道得来的信息，综合判定市场人气的走向，从而确定股市的走向。

> 点评：股市就是人气聚集的场所，如果没有能力形成自己的见解并做出决定，那就不要去股市。

第五章　学好投资"擒龙诀"

投资技巧是前人成功经验的总结，如果想在股票市场上历经风浪，长盛不衰，就应注意灵活运用，随机应变。"观千剑而后识器，听千曲而后晓声。"真正有水平的投资者，会从众多股海谋略中汲取精华，形成自己独特的投资技巧，然后娴熟于心，运用自如，无往不胜。

第六十二课　赚10%投资法与哈奇计划法

一、赚10%投资法

投资者设定一个10%的涨幅为目标，只要所购进的股票涨幅超过10%，就立即出售。

这种投资法对于规避投资风险十分有效。其具体操作过程是：投资者将自己买入的股票的价格按周加以平均，求出一周的平均数，到月末，再将各周的平均数加以平均，得出一月的平均数。如果本月的平均值比上月上升了10%，就将股票全部抛出，一直等到卖出股票的价格降到10%时再买进。

在众多的中小散户的操作中，常见的通病是追涨杀跌，买高卖低。更有一些人因为害怕损失而宁愿被套，结果使短线被套而被迫沦为长线，逐步演变为深度套牢，处境越加被动。所以在仔细选股的基础上，适当抛掉浅亏的个股或趋势转坏的个股，是免受更大损失的关键。主动权无论何时都要掌握在自己的手中，所以，常用的10%投资法十分重要。

操作方法如表5－1所示。

表5－1　10%投资法

本月平均股价	股价
比上月平均股价上涨10%	股价下跌10%
卖出股票	买入股票

优点：很容易在短期内见到利润。

缺点：

（1）投资者在卖出股票后，该股可能还会继续上扬，就痛失了更大的获利机会。

（2）如果股价总是涨不到10%的幅度，往往使人产生一种被捆绑（资金被占用且赚的少）的不灵活感觉。

> 点评：亏损产生后，止损的原则是设在重要支撑位的下方某个位置或价格，并且根据支撑位的改变随时进行适当调整。赚10%投资法十分简单，也很实用。

二、哈奇计划法

哈奇计划法又称10%转换法。它是以发明人哈奇命名的一种股票投资方法。哈奇在1882年到1936年的54年中，先后44次改变投资策略，所持股票的期限，最短为3个月，最长达6年。用这个计划，将其资产由10万美元提高到了1440万美元。这个神奇的投资计划在他逝世后，才被英国金融界和新闻界所披露。

操作方法如表5-2所示。

表5-2　哈奇计划法

本月平均股价	本月平均股价
比最近一次的最高价下降了10%	比最近一次的最低价上涨了10%
卖出股票不再购进	买入股票

这种方法也就是市场行情发生了10%的反向变动时，便改变一次投资方式。市场行情发生10%反向变动时，改变一次投资方向。

优点：

（1）判断简便，并充分考虑到了股价的长期运动趋势，可供投资者进行长线投资选用。

（2）投资者还可以根据股票类型的不同，改变转换幅度，使这种具有机械性投资方法变得灵活起来。

缺点：

10%的设定是人为的，有时候并非是市场的真实表现而出现损失。

点评：兵书上讲"以奇制虚，奇势险、奇节短。"在股票买卖时不能犹豫，要手快心快，强势永远不会持久，强势转弱势的间隔称为"节"，"节"无法事先标定，全凭实践中感悟。最终需要依照当时的情势和个人的经验来决定，如果掌握了这个控制的"节"，成功便有望了。

第六十三课　固定比例投资法与变动比例投资法

一、固定比例投资法

固定比例投资法也叫不变比例计划法。它是调整股票投资风险的一种投资组合策略。投资者需将资金一分为二：一部分是保护性的债券投资，因为债券价格不会波动很大，收益较为稳定；另一部分是风险性投资的普通股。价格波动大，收益幅度相差也较大。这部分投资比例一经确定，便不轻易去改变，在股市价格波动时，根据市价不断维持这一比例。

操作方法如表 5-3 所示。

表 5-3　固定比例投资法　　　　　　　　　　单位：元

总资金 10 万	
50% 资金购进股票	50% 资金购进债券
5 万	5 万
8 万 - 1.5 万　　　→	5 万 + 1.5 万
4 万 + 5 千　　　←	5 万 - 5 千

点评：固定比例投资法多为一些保守的投资者采用，也被一些趋于淡泊超然的老手所喜欢。

二、变动比例投资法

变动比例投资法也叫可变比例计划法。证券投资组合中的股票和债券的比例，随价格波动而适当变更的投资方法。

操作方法如图 5-1 所示。

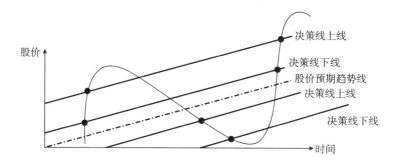

图 5 - 1 变动比例投资法

点评：采用变动比例投资法既灵活又合理。但缺点是较麻烦，既要根据各种情况确定正确的趋势线，又需要对价格的变化进行监视，随时调整投资比例。对大部分投资者来说，灵活调整投资比例是基于价格趋势的预测。

第六十四课 投资三分法与炒股三分法

一、投资三分法

投资三分法是公认的最佳策略，将资产分成三种形态投资分布。

操作方法如表 5 - 4 所示。

表 5 - 4 投资三分法

总资产		
1/3 存入银行	1/3 购买债券、股票等有价证券	购置房产、土地等
以备不时之需	长期投资	不动产
具有安全性和较高的变现能力	风险较大	保值、增值，还可用作投资亏本时作保本翻本之用
收益性不高	收益性较高	变现力较差

点评：投资三分法兼顾了投资的安全性、收益性、流动性三原则，是一种为投资者广泛采用的投资组合策略。

二、炒股三分法

股票投资三分法，将资金分为：优先股、普通股、机动资金。

操作方法如表 5 - 5 所示。

表 5 - 5　炒股三分法

股票投资		
第一部分投资优先股（1/3 资金）	第二部分投资普通股（1/3 资金）	第三部分作为预备资金供短线投资之用（1/3 资金）
风险一般	风险相对大	向好时追加投资，失利时资金调剂。
长线持有可获取丰厚的分红，且可享受可观的差价收入	获利和亏损的可能性都存在	机动资金，额外收益

点评：炒股三分法在实践操作中也被证明是最佳投资策略。

第六十五课　三成目标投资法与定点了结法

一、三成目标投资法

通常情况下，一年中的股价波动在 30% 的上下幅度波动最多见。为避免失去良机，取三成利就成为一种获利的有效方法。

操作方法：

股价上涨到 30% 及以上就考虑卖出股票。

当股价下跌到过去一两年平均股价的 30% 以下时考虑买进股票。

注意：

（1）不能太贪心。

（2）选择发展前景好且规律性较强的股票。

点评：股市行情变化大，当股价上涨时，如果一味追求涨到最高处才抛，往往会错过卖出良机，所以还不如当股价涨到买入价的 30% 利润时就出手，这样做稳妥许多。

二、定点了结法

所谓定点了结，即指投资者在买进股票时，设一获利点，也设一停止损失点。当股价涨到获利标准点时，应立即抛出；当股价下跌至停止损失标准点时，立即抛出，防止投资产生更大损失。

采用定点了结法者，多属有经验极为丰富的资深老手，他们善于技术分析，能够明智地设好获利了结点，也能果断定好停止损失点。往往能够先声夺人，捷足先登。普通人由于尚处于不懂或虽懂又不大习惯这种技术分析手段水平，很难一下子设定标准点。

> 点评：使用定点了结法需要有一定的技巧和经验，新手要慎用。

第六十六课 趋势投资计划调整法与守株待兔投资法

一、趋势投资计划调整法

如果投资者打算进行长期投资，应该研究一下趋势投资计划调整法。

基本前提：

认定一种趋势，这个趋势会持续一个相当长的时期。

操作方法：

投资者顺应股价走势买进股票后，不因小的风浪而随意放弃，只有股价走势出现真正反转（向下）的信号时，再卖出股票，待股市行情转好时再入市。

操作要点：

（1）认准大的趋势，就不要受到小幅和短期的波动影响。对市场趋势看得清晰、准确，收益回报丰厚。

（2）虽然趋势预判对了，但因短期波动而使投资者心烦意乱，导致过早收兵，这样很难实现利润的最大化。

> 点评：股价的变动走势，就是投资者进行决策的依据。投资者需要在一系列的虚实变化中找到自己的定盘星，必须积累丰富的基础知识和实战经验，使之转化为实战能力，灵活运用于操作之中，这样就变成了财富。

二、守株待兔投资法

守株待兔投资法也称之为等待投资策略，是指投资者专门买进一些其他人不愿买进的低价股，长期持有，等待其日后大幅上扬时再予以抛出。

选股特点：

股价往往不会太高，可能企业不太景气或者产品还未投放市场，此时还不为普通投资者看好，这类股票不属于热门炒作的股票。

有三点需考虑：

（1）要经常把握这些公司的经营业绩及债务状况。

（2）不要倾尽财力买，要给自己留下一手。

（3）要有耐心去等待，稍安忽躁。

> 点评：这实在是一种大智若愚的投资策略。守株待兔也罢，以逸待劳也罢，关键是要不怕等待。

第六十七课　分批加仓与持仓方法

一、分段买高法

分段买高法又叫平均方法，是投资者为了减少风险而分段逐步买进某种上涨股票的投资策略。

股票价格往往波动很快，一般投资者很难看准其行情走势。如果投资者一次性把资金投入购买某种预计上涨股票，当该种股票如愿大幅上涨时，投资者抛出变现后肯定获利丰厚，而一旦预计有失误，股价不涨反而一路下跌，损失将是惨重的。这是一次性投资给人带来的苦恼。于是，就采用分段买高法来减少上述风险。

投资者在股价上涨的过程中，将资金谨慎地分段逐次投入市场。这就可以遇到行情下跌时，立即停止投入，以减少损失。

操作方法如表5－6所示。

表5－6　分段买高法

总资金10万元			
股价	30元	32元	34元	回落至32元
买入	100股	100股	100股	全部售出

> 点评：逐步买进降低风险的同时又能保证盈利的最大化，在风险与收益直接坐到最佳的平衡。

二、分批买卖法

股价跌到一定价位后，投资者开始进入股市，分批购进；而当股价上扬到一定高度的价位后，开始将手中股票分批抛出。

操作方法：

（1）根据一种技术分析方法来确定入市机会，然后分批买进。

（2）根据技术方法确定平仓离市机会，当离市条件触发时再逐批卖出。

（3）分批买卖法进行的是多次买进和多次卖出。

（4）股价继续上涨，仍可不断买入卖出获利，故而不会错失良机。

> 点评：采用分批买卖法，可以有自己的主见，并在一路买进卖出的灵活操作中，摸透股价波动的习性，增强自己的感悟能力，为以后看准行情打下基础。许多高手就是以此练出一身硬本事。

三、金字塔买入法

金字塔买入法是针对股价价位的高低，以简单的正三角形作为买卖模式，适当调整投资数量的一种方法。

金字塔买入法的要点是：正金字塔形的下部较宽且分三个段落，越往上越小。宽度的部分显示股价价位低时，大量买进，当股价反弹上升时，买进量逐次减少，从而降低了买进平均价格，缩小投资风险。

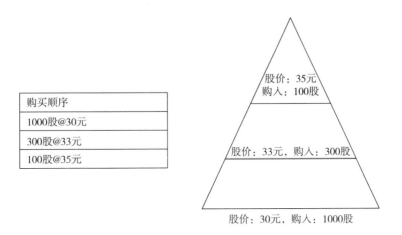

| 购买顺序 |
| 1000股@30元 |
| 300股@33元 |
| 100股@35元 |

图 5-2 金字塔买入法

采用这种越买越少的金字塔式买入法优点是什么？如果投资者第一次买成之后，股价仍处于上升之中，投资者就第二次、第三次追加投入以增加获利机会，这样虽然不如一次投入获利大，但却有效地预防了因股价下跌带来的风险。如果股价在第二次买成后下跌，或在第三次买成后下跌，会因为买的量已经很少，不会损失太大。

点评：不难发现：此法完全是为了减少风险以增加获利机会而设计的。

四、黄金分割持仓法

黄金分割持仓法是一种分散风险的投资策略。

需投资者将资金分为两个部分：一部分用于股票——风险较大但获利机会也大的投资；另一部分用于债券——风险相对较小但获利也小的投资。这个比例讲究以4：6水平去分配资金。这个比值正好近似于数学中"黄金分割原理"的最佳点 0.618，即 62% 左右。故称黄金分割持仓法。

操作方法如表5-7所示。

表5-7　黄金分割持仓法

总资金	
股票投资	债券投资
风险较大但获利机会也大	风险相对较小但获利也小
4	6

点评：黄金分割持仓法可供趋向于保守的投资者选用。

第六十八课　以静制动法与被动投资法

一、以静制动法

不主张在股市处于横盘整理阶段买进股票。

操作方法：

面对股市的换手或轮做，笑看行情走势出现的上蹿下跳，此起彼落，投资者应当处乱不惊，毫不为之动容，任其上涨下跌。在人声嘈杂的股市中，冷静选择涨幅较小或者尚处于调整中的股票，买进持有，并且静候大资金介入，耐心等待股票上涨，然后迅速脱手变现，去留无意。这种以静制动法往往就像潜伏战一样，简单有效、漂亮取胜。

点评：采取以静制动法投资策略，并非任何人都能完成操作，要求投资者在股市的快速换手和轮做阶段，善于挖掘那些股价平静但有实力的股票予以买入，同时投资者还要有较好的忍耐力。

二、消极投资法

消极投资法也称被动投资策略，是指投资者购买股市指数成份股的全部或大部分股票，使投资于某种股票的金额与股票的市值占股票市场总市值的比率成正比。

操作要点：

（1）把资金分散投资于股市指数成份股的全部或大部分股票。

（2）让各种股票的资金比率与该种股票的市价总额在整个股市的总市值的比率保持大体一致。

（3）如果资金不够，可以选一些"指标股"参与。

运用实例如表5-8所示。

表5-8 消极投资法

总资金10万元				
指数成份股	指数成份股1	指数成份股2	指数成份股3	指数成份股4	指数成份股5
占整个股市总市值（%）	25	30	20	15	10
投资者购股资金（元）	2.5万	3万	2万	1.5万	1万

点评：如果你不喜欢超短线的投资方式，喜欢长期持有的战略型投资，就可以试行消极投资法。当然，如果你自认为十分聪明，可以选到最好的股票，又想在股海中跃跃欲试以展示个人的超人才智，就不必使用此法。

第六十九课 顺势投资法与趁涨脱身法

一、顺势投资法

这是投资者顺着股价的趋势进行买卖的操作策略，此策略适合于小额投资者采用，因为小额投资者本身无从操纵行情，大多得跟随股市走势，采用顺势做法，这几乎已被公认为小额投资者买卖股票的"铁律"。

顺势投资法要求投资者在整个股市大势向上时，以做"多"或买进股票持有为宜，股价呈下跌趋势时，就以卖出手中股票而拥有现金待机而发为好。采用顺势投资法须有一个前提条件，涨跌趋势应明确，而且有一定的预见能力。如果做不到这一点，跟进也是盲目的。选中的势该是一段长期趋势，而不仅是一段短的涨跌行情。对于小额投资者而言，只有在股价走入中长期趋势中，顺势而做才可获利。

当股价走向短期趋势中，此种方法一定要少用。因为短期涨势时，可能已到跌势边缘处，此时买进，极有可能抢到了高价，接力棒到手之后递不出去死在手中。另外，当股价被确认处于短期跌势时，可能已近反弹回升，若这时顺势卖出，极可能卖的是最低价，这往往令人懊丧不已。

> 点评：顺势投资等于借力炒作，不仅可以收到事半功倍的效果，而且获利的概率也大大提高。

二、趁涨脱身法

一些投资者常碰到某些股票突然上涨的情况，即有心想买下看来似乎有看涨趋势的股票，但此时行情尚不明朗，把握不大。这时投资者应采取的对策是既不急于大量买进，也不按兵不动，而是考虑先买一部分，以增强自己对该目标股的关心，日后若真有大涨的可能，再考虑大批购进。为了避免过早投入，浪费资金的有效利用价值，最好的办法是"先买一点，加强关心"。在众多股票中，冷门股一向是条大鱼，它只有在暴涨时期会比较热，所以一旦看中一档冷门股，必须要极其耐心地慢慢地吸进，但持股量绝不能多，因为它既不易成交，也不易成交后脱手。

对于一些在短期内急剧上涨的股票，必须引起高度警惕。因为这种出乎意料的暴涨，很难预料它的变化趋势和变化幅度。在股价急速上升时，股票成交量会由于持股者不愿抛售而逐日下降，供需关系极度失调。当股价涨到某一无法预知的程度，卖盘突然大量涌现，供需关系便迅速转换，使一些原来有意买进的客户，也畏缩不前了，而那些本来喜气洋洋的持股者急欲抛出股票，却为时已晚。由于这类股价暴涨的情形很可能是某些投机商有意哄抬所致，对于一般投资者而言，自己根本无法确定抛售的最佳时机。因此，唯一的对付办法，只有逢涨就脱手，以确保小赚而不亏。

> 点评：小不忍则乱大谋。

第七十课　抢占先机法与偷梁换柱法

一、抢占先机法

一般情况下，当经济形势趋于恶劣时，大多数投资者都会感到悲观、恐惧，因而纷纷抛售手中的股票，唯恐手中的股票成为废纸一张，特别是在股市（股价）出现疯狂下跌时，抛售者更是争先恐后，相互踩踏又致使股价下跌加速。但是，这对于聪明的投资者来说，正是难得的低价买进股票的好机会。待股市回温反弹后，聪明的投资者获得了可观的利润。

> 点评：人弃我取，人取我予。这个诀窍的真谛是，通过控制买进和卖出活动去扭转市场上各种技术性下跌或上升，以达到自己的目标。

二、偷梁换柱法

投资者卖掉手中的股票后，买入其他股票的投资技巧。

操作方法：

（1）卖出较抢手且上涨幅度很高的热门股，然后买入一些还没有被热炒且有实力的廉价股。

（2）卖出不受欢迎且波动小的股票，选择涨势较好的强势股，如果新买的股票才刚刚开始上涨，获利潜力较大。

应避免：

（1）要尽量避免在两种绩优股中转换。

（2）要尽量避免在同一行业股票间转换。

> 点评：偷梁换柱的投资策略是一种技术和经验要求较高的一种操作方式，操作好了可以赚取利润，操作不好只能白忙活一场。

第七十一课　50%卖出法与离市三分法

一、50%卖出法

投资者务必使持股成本尽可能地降低，将成本与市价之间距离拉大，这样持股才不会因为股价的一时波动而忧心忡忡。

操作方法如表5-9所示。

表 5 – 9 50%卖出法

股票	买入甲股票	卖出甲股票 50%
价格（每股）	33 元	35 元
仓位	1000 股	500 股
持仓成本	33 元	31 元

点评：主动卖出是提高交易成功率的有效措施。先卖出一半，这是避免损失扩大或锁住利润的一种技巧。

二、离市三分法

从容离场是投资思路成熟的体现，这需要很长时间的经验积累才能掌握，不过离市三分法能很好地帮助投资者更快地达成这一点。

操作方法如表 5 – 10 所示。

表 5 – 10 离市三分法

操作	入市	离市 1	离市 2	离市 3
仓位	3 的倍数仓位	1/3 仓位	1/3 仓位	1/3 仓位
作用		收回交易的直接成本，最好还能赚点钱	负责盈利	负责赚取更大利润
目的		平衡我们的交易心理，保证资金安全	达到了目标位，这次交易就是盈利的	跟随市场趋势运行，获得更多的盈利

点评：运用这个方法的前提是入市精度的把握。

第七十二课 饭吃八分法与小步慢跑法

一、饭吃八分法

把许多人吸引到股票市场中是赚钱的欲望，它既可称为抱负，也可叫作贪婪，它是推动股票市场活力乃至整个经济发展的主要推动力。但贪婪总是危险的，它恰似一个没有调节器的火车头。你可能在一次交易中赚了一大笔钱，这固然是件好事，但如果你认为每天都可以赚大钱，那就是异想天开。

所有股票投资人都在梦想着在最高价时卖出，在最低价时买进。但事实上任何人都不能未卜先知，因为何时是最高价和最低价根本就无从肯定，再高明的技术分析家也只能提供所谓的"高价圈""低价圈"，"最小涨幅""最小跌幅"等预测值。所以实现"最高价卖出、最低价买进"梦想的概率几乎等于零，即使有时果真实现，也仅仅是一时侥幸偶尔碰上而已。

具有这种强烈欲望的投资者，大多抱有这样的心理，即当行情实际上已从最高价开始跌时，总希望这是暂时的回档，还会上涨，于是就抢股痴等，结果股价越等越低，由赚变到赔。而在行情实际上已从最低价上升时，总是觉得还会再跌，于是还持币等待，白白失去赚大钱的好时机，眼睁睁地看着股价无情地上涨，此时要么放弃购股的打算，要么只能购买高价股。

由此看来，买卖股票与其他事一样难以十全十美，既然最低价不容易买到、最高价亦不易卖出的话，何不采取"饭吃八分、获利八成"的策略？

如果你拥有一种优质股票，即使你的投资能得到丰厚报酬的股票，并且前景似乎也如此，那你就应当紧紧地把牢它，不要轻易卖掉，千万不要看到别人比你赚钱多见异思迁，否则将对你大为不利。

> 点评："吃饭在八分"为养生之道，"买卖在八成"则为股市哲理。两者之间行为虽不相同，但道理却相通。

二、小步慢跑法

"小步慢跑"是说买股票时要慢慢来，不要着急。

"慢慢买"三字看起来十分简单，但却意味深长。买进股票需经过多方考虑，并选择适当的时机和价位后，才着手买进。这种买进操作方法，因事先经过深思熟虑，经常能够买到最低价，并且也较不易遭到买进套牢的苦闷，不过有时因犹豫再三，也会坐失"抢涨助升"的大好机会。但如果抱着"贸然买进不一定赚钱，没有买进必定不亏"的中庸心理而泰然处之，长期获利必然丰厚。

与"慢慢买"相对应的是"快快卖"。"快快卖"并非稍微赚了一点便乱卖一气，而是买进股票之后即随时注意行情变动，并逐日观察其涨跌变化的多种可能性和卖出点，一旦走势及价位与本身预先拟订的操作计划相同时，便应当机立断，迅速卖出。这种卖出操作方法，因事先经过深思，经常能够卖到最高价，但有时也会因卖得太早，而坐失继续获利的机会。进行股票投资的目的是赚钱，只要达到目标而赚了就跑，就无须惋惜，更何况暴涨的股票日后必有暴跌。

点评：提早获利下车，一般是不会吃亏的。

第七十三课　王子饭店损失法与获利卖出法

一、王子饭店损失法

卖出必须脱手的劣质股票时，同时也售出了已有收益的股票，投资者算总账时，有盈无亏，有效避免了账面亏损带来的心理阴影，使投资者顺利地抽回不良股票占有资金，投向有利可图的优质股票，以获取更大的投资效益。

人们借用这种方式将在卖出已有收益的股票时，把持有的受损股一并卖掉，这种方式称作"王子饭店损失法"。

这个名称传说是由某外国一家"王子饭店"入账方式而来。这家采用连锁方式经营的"王子饭店"，习惯上把某一地区分店的收益赤字和另一家分店尚有盈余收支合并成盈余登记入账。从此，"王子饭店"损失法被借入股市，越传越响。

原来，做股票最难处就在于明知损失不得不卖出，然又缺乏壮士断臂勇气。比如说，将要卖出已有利的股票，另外手中又持有下跌的股票，这是明知受损非卖不可的。此时，索性两者一起卖掉，盈亏相抵，持平还有余额，"王子饭店损失法"正好可以消除这一疑难，令投资者轻装前行。

一般而言，明知受损而又无法断然抛售，理由可能是单方面造成损失，容易自认失败，而产生悲观情绪，重者背上精神重负。王子饭店损失法既摆脱了不良股票，又抽回资金转向新的投资。就像百货商店实行清仓大甩卖一样，完全不计获利，不问老小，将存货清出。结果是把卖不动的旧商品清出去，才可以换来卖得动的新商品。做股票的道理也全在于此。

点评：有时候，明知已经损失的股票，在股价下跌一成的时候，就该出手了，可是在事实上，明知受损还不愿意放弃挣扎，结果在延误之中导致损失加重。如果此时当机立断，将手中某一有利可图的股票一并卖掉，这也不失为一种较为高明的办法。

二、获利卖出法

获利卖出法是在保本的基础上确定获利卖出点，即为投资者获得一定数额投资利润时断然卖出的某一点，这个点卖出的并非其全部持股，而仅是投资者心中想要保本的那一部分。

比如，投资者心中的保本数额为 50%，那么其获利卖出点也仅为所持股市价总值超过最初投资时投资额为 50%，在此点，该股票投资者可以卖出所持股票的 1/3，先保其"本"。保本之后，投资者手中持股市值总额与最初投资总额仍相同，心中就有了一种安全感。

此后，该投资者可以再制定二次保本的获利卖出点。比方把其余股的"本"改订为 20%，那么等到余股涨了 20%，就再卖掉 1/10，又将此一部分的"本"保下来。以后，逐次去拟订下步的保本获利时点，以此类推，随着股市行情不断上升，其持股量递减。不过，持股市值却一直保持不变，始终等于其入市时总金额。

操作方法如表 5 – 11 所示。

表 5 – 11　获利卖出法

保本数额为 50%		保本数额为 20%		保本数额	
最初投资时投资额	10 万元	剩余所持股市价总值	10 万元	……	持股总额不变
所持股市价总值	15 万元	所持股市价总值	12 万元		
操作	卖出 1/3仓位	操作	卖出 1/10仓位		

> 点评：获利点的制定不能一厢情愿，必须针对行情的上涨幅度，才好确定。

第七十四课　进三退一取胜法与吃半饱法

一、进三退一取胜法

此法可以弥补定点了结法的不足。

操作方法：

投资者买进股票后，只要该股票价格上涨了 30% 就考虑获利了结，只要下跌了 10% 就考虑认亏止损。

不足：

（1）如果获利了结后，股价继续攀升，投资者将与更大的利润擦肩而过。

（2）如果止损卖出后，股价反转向上，投资者也只好忍受因止损带来的损失和委屈。

> 点评：进三退一取胜法是一种较为灵活的投资策略，为大部分投资者所欢迎。

二、吃半饱法

既然做不到在最低点买进，也做不到在最高点卖出，不如退而求其次，在"次低点"买入，在"次高点"卖出，获利也能"吃半饱"。

如何识别"次低点"和"次高点"：

"次低点"的识别：股价走势从下跌到重新上涨之前，产生最低点之后往往会产生一个"次低点"。以"V形底"来说，最低点往往只有一个，且没有特别明显的"次低点"。以"W形底"来说，最低点和"次低点"往往在一个底部平面产生。

"次高点"的识别：股价走势从涨势转为跌势，在最高点之后往往会产生一个"次高点"，除了直线暴跌的除外。以"M形高峰"来说，最高点和"次高点"往往在一个顶部平面产生。

> 点评："只吃半饱"是一种较好的投资策略，实践中"次低点"与"次高点"的成交率也很高，与此同时，可以免受人头攒动一窝蜂争抢之累。

第七十五课 炒股"摔挺惨"怎么办？——解套技巧

一、解套的基本技巧

解套是指股票投资者在高价位套牢后，摆脱困难的办法。投资股市的人，都难免要被套牢一两次，即原本预期股价上涨，可一买进之后股价却一路下跌，使买进股票的成本远高出目前可以售出的价位。任何投资者都希望低买高卖，然而一旦出现了高买低不能卖的状况，那该多么令投资者尴尬。天无绝人之路，解套办法应运而生，积极的方法有以下几种。

方法一：汰弱择强，换股另作。索性忍痛售出手中弱股，换进刚启动的强势股，以期通过涨升强劲的新股获利补亏。如果换的得力，就可以弥补其套牢所受的损失。这种解套方法是发现手中弱股已明显不中用即短期内无望翻身，还不如选新股时采用。

方法二：快刀斩乱麻式全盘卖出。被套牢者认清了手持弱股时间越长损失越大，尤其是以短期投机为目的的投资者，与其遭受更大损失，还不如卖出停止损失合算。在处于跌势的空头市场中，来不及迟疑，只有迅速抛出才可以减轻损失。

方法三：用拔档子的方式进行操作。也就是投资者一经被套牢之后，先停损了结，然后在较低价位时重新补进，以减轻或摊平上档被套的损失。比如投资者曾以每股80元买进某种股票，当市价跌至每股78元时，他马上意识到市价还会下跌，就在78元价位上赔钱了结以求停损，而当股价跌至74元价位时又予以补进，并且等到股价上升时才卖出。这样有效地解除了套牢，挽回损失还有盈利。

方法四："不卖不赔"的方法。股票被套之后，只要尚未脱手，就认为还未亏血本。如果手中股票属于真正良好的绩优股，再加上整体投资环境还未到恶化地步，股市还在多头行情中，投资者并不用惊慌，完全可以采取一种"索性套牢法"，等待持股价格回升之后，自然解除危机，既获利，又省下了时间、精力，少花了手续费。

方法五：向下摊平操作法。随股价下降幅度的扩大，一路加码买进，从而摊平股价成本，以待股价回升之时获利。但采取此种方法，必须先看准股市的方向大势，如果环境尚未变坏，多头市场未转向空头市场，就可以采取向下摊平操作。否则，只会被套得更牢。

> 点评：股票被套牢现象形形色色，解套方法也要讲求对症下药，不可以得病乱求医，还要根据具体情况作具体分析之后，谨慎地选择方法，灵活地摆脱困境。

二、遇到被套时如何换股

换股是解套常用方法，关键在于找出强势股，具备什么条件的个股称为强势股？

（1）有主力介入的股票（俗称庄股），介入的主力具备雄厚的资金，往往不理会大盘的回落，不断推高股价，股价呈现强者恒强的上扬走势。

（2）市场正在炒作的热门板块股，同时研判这个热点能持续多久，潜在的题材是否被充分挖掘，介入这样的热门股，常常也能收到较好的效果。

（3）在一波行情发动之初，投资者要十分关注什么样的股票领涨，成为龙头股，龙头股常常成为行情的风向标，以弱势股换龙头股，常常能跑赢大盘。

> 点评：无论投资者多么善于规避风险，只要常在股市中买卖，许多不可预测因素突发，被套难免。被套后如何解套，如何反败为胜，成为套牢者最关心的问题。炒股不怕犯错，只怕投资者明知犯错，不肯认错，拖延等待股价回升，结果导致股价越跌越多，亏损越来越大。

三、刚入市就被套牢了怎么办

没有被套过的投资者不是成熟的投资者，要想成为一名成熟的投资者，须经历过由新手到逐渐成熟的几个阶段。

新手被套牢大致是这样一种情况，由于初期连战连胜，忘乎所以，不知大势反转，结果全线被套住，不舍得割肉，只会等待，首次尝到赔钱、风险的滋味。

还有的新手由于技巧差，虽然一些买卖交易流程熟悉了，股票知识也了解一些，但抗风险的技巧不熟练，表现在不会及早割肉止损，而是一味地傻等解套的来临，结果越套越深。心情慢慢沉重，产生了，想不通，很后悔，不愿意和周围的人谈论股票。别人问及，往往支支吾吾，或强撑面子地说"还行"。说实话，新手如此，很多老手也是如此。

由此心生不甘，只要有钱了就投进股市，想通过逐渐加大投资尽快"捞回来"。新手特别爱打听小道消息，爱听股评，以获得精神上的安慰或从中汲取一些技巧和策略。对不符合自己心愿的股评（哪怕是很准确、很客观的）甚为反感，怕由此造成市场波动加大其损失，只是一厢情愿地希望股票早日解套。如果说新手如此，难道老手就不会如此了吗？依笔者看，有过之而无不及。

初入股市就被套牢这并不可怕，经过小赚、深套、解套后，投资者会逐渐成熟起来。在选择股票时会参考很多方面的因素，并对技术分析也有了很深的应用能力，在判断盘面大势以及个股的走势上，渐渐有了成熟的经验和方案。身经百战以后，就能挥洒自如了。

> 点评：不经历风雨又怎能见彩虹。所以股谚有云：没有经历过牛熊的投资者不是成熟的投资者。

四、股票被套时如何灵活止损

所谓止损，就是遏制损失继续扩大。一旦股价接近这条"止损线"，投资者就要立即采取行动。在股市震荡起伏的时候，也正是投资者备受煎熬的时候。手里握着被套的股票是割肉止损还是忍痛捂股？新老投资者为此伤透了脑筋。被套的投资者一般分为两派：一派认为止损是为了减少账面损失继续扩大，避免深度套牢，是"壮士断腕"的英勇之举；另一派则认为止损实际上就是割肉，是把自个儿的股票以低价让给别人的"愚蠢行为"。

在震荡行情中股票被套时，懂得止损、舍得止损是投资者自我保护的一种有效手段，大多数投资者都认同这种观点，但在实际操作中有一定的难度。如果仓位过重而被套，一定要适当止损部分仓位。这样做不仅仅是为了回避风险，也有利于炒股心态的稳定。

点评：股市上两件最难的事，一是接受损失和不盈小利，二是难有自己的独立见解，做与多数人相反的事。

五、套牢时止损的基本策略

（1）分清造成套牢的买入行为，是投机性买入还是投资性买入。凡是根据上市公司的基本面情况，从投资价值的战略角度出发选股和持股，不必关心股价一时的涨跌起伏，只要看好、看准就要坚定持有信心。

（2）分清该次买入操作，属于铲底型买入还是追涨型买入。如果是追涨型买入，一旦发现走势与预判不同，应当果断止损。如果没有这种决心，就不能参与强势股的追涨。

（3）分清这次炒作是属于短线投机还是中长线持股。做短线最大的问题不是一时盈亏，而是因为一点失误就把短线做成了中线，甚至做成了长线，即犯了"做短看长"的致命错误。不会止损的投资者不适合操作短线，也很难成为短线高手。

（4）认清自己是属于稳健型投资者还是属于激进型投资者，要认清自己的操作风格和擅长的操作技巧，如有足够的看盘时间和较好的盘感，可以通过短期做空来降低套牢成本。

（5）分清买入时大盘指数是处于较高位置还是处于较低位置。大盘指数处于较高时，特别是市场中的获利盘较多，此时投资者容易被胜利冲昏头脑。得意扬扬也好，夸夸其谈也罢，须及时完成止盈和止损。

（6）分清大盘和个股的后市有多大的下跌空间。如果后市下跌空间较大，坚决执行止损，特别是对于一些前期比较热门、已实现巨大涨幅的股票。

（7）分清主力是在洗盘还是在出货。如果主力在出货，务必坚决执行止盈和止损。但要记住：主力出货未必在高位，主力洗盘未必在低位。

点评：股票被套时，市场所处的状况不同，应对的投资策略不同。止损的最终目的是保存实力，避免小错铸成大错，甚至导致全军覆没。在股市中混迹，首先要生存下来才有机会去赚钱。

六、预防被套牢

（1）不在大涨之后买入。

（2）不在上涨较长时间后成交量突然放出近期巨量时买入。

（3）不在长期上涨之后，公布市场早已预期的重大利好消息之后买入。

（4）不在上涨一段时间后，日K线出现十字星之后买入。

（5）不在上涨一段时间后，日 K 线出现了 3 个跳空缺口后买入。

> 点评：实战中，不少投资者容易受市场情绪影响变得冲动，股市加速上扬之时，经不起利润的诱惑，不经思索就盲目跟风追涨，这时十有八九成为高位套牢者。

第七十六课　运用技术交易法走向人生巅峰

一、一套成功的技术交易方法需要具备的条件

能学习到股票市场中成功的交易思想和方法是很难得的。为什么？因为真正能盈利的投资者，大多数是不愿意把自己的方法公开！

一套成功的技术交易方法需要具备：

（1）正确的知识。

（2）经过市场长期检验，且行之有效。

（3）可以学习的盈利交易模式。

（4）传授者要具有无私奉献的精神。

（5）要得到先学者的肯定。

（6）最好是大师级的教授。

（7）要有课程支持。

> 点评：金融市场中能遇到一套成功的交易体系非常难得。

二、一定要做交易计划

股票交易不是买一颗大白菜那么简单。投资交易是为了盈利，不是为了享受刺激才交易。

保证目标实现的一个前提：不要随意交易，务必做到有理有据的交易，严格实施盈利策略。因此，我们必须有一个可以依据的交易思路和实施的程序，这是交易计划的作用。

制订交易计划是在收盘后和开盘前。市场交易已经结束，K 线图已经形成，市场状态已经稳定，市场信息已经呈现。我们可以不再被变化的市场干扰，有时间全面的思考，可以对明天的市场有一个全方位的考量。

点评：要想在股票市场中盈利，必须有一套可以在市场中赚钱的策略，而策略的实施必须将盈利理论变成可以实际操作的手段。这个转变的过程是交易计划的作用。交易计划的完善程度直接影响到计划执行情况，它是辅助投资者提升自律自控的手段。掌握一套盈利的交易体系＋始终如一的执行＝持续稳定盈利。

三、制订交易计划

交易计划是把交易盈利策略转化为具有可操作性措施的最重要环节，是交易操作的依据。

交易计划需要考虑的环节如表5－12所示。

表5－12　交易计划需要考虑的环节

股票初级筛选（基本面筛选）	股票终极筛选（技术面筛选）	如果有入市机会	
公司行业前景	当前市场状况	机会破坏的情况	机会出现的情况
公司产品前景	当前价位状况	离开市场	需要等待
管理团队质量	市场走势状态	继续关注	立即介入
营收情况	市场结构状态		
现金及负债			

点评：制订交易计划是一门学问，它决定了是否可以在交易中全面呈现盈利策略和功能，是承上启下的必要环节，是理论到执行的必要步骤。学会制订交易计划，是每一位想长期稳定盈利的投资者必须具备的基本能力。

四、建立自己的交易体系

那么，应当如何建立一套适合自己的交易体系呢？唯有学习，学习正确的交易知识，获得正确的投资理念。

构建过程：

（1）选择正确的交易知识；

（2）获得明师的指导；

（3）努力学习，刻苦训练。

点评：明师，首先是一名成功的投资者，其次要有愿意分享的精神，还要有让其他投资者掌握交易知识并转化成交易能力的教育体系。交易体系的构建具有不可替代性，他人的盈利体系可以帮助我们构建自己的交易体系，但不能代替。

五、形成完整的盈利交易体系

投资者要想在股票市场中盈利，必须建立一套适合自己、完整的盈利交易体系。

实现步骤：

（1）认识市场的本质。

（2）形成一套完整的盈利策略。

（3）学习为策略服务的所有交易知识和技术。

（4）刻苦训练，转化能力。

（5）结合自身特点，制定盈利交易体系。

点评：这五步是全维度盈利策略的基本。

六、成为一名盈利的技术交易者

当投资者决心选择这个职业之后：

（1）要做的就是舍弃。舍弃那些不能给投资者带来盈利的不良思想和交易方法。

（2）必须要建立一套自己认可的、接受的、真正能盈利的交易思想，认真学习、刻苦训练，不但要消化吸收学到的交易知识，还要把这些知识转化为自己的交易能力。

（3）不但要构建适合自己的盈利策略，还要构建完整的交易体系。

你的盈利交易体系在不断完善的过程中，你就逐渐成为一名走向盈利的技术交易者。

点评：股票市场中能持续稳定盈利的投资者只占1%。如果不能构建属于自己的盈利交易体系，你就不可能成为1%中的一分子。

七、技术交易法在中国和国外的市场有什么区别

是否有区别的根本在于交易法构建的基础理念。

要点：

（1）根据市场的本质去交易，国内外都适用。

（2）基于市场特性去交易，就只能适用于该市场。

点评：根据你所交易的市场，选择合适的技术交易方法。

八、技术交易法为什么能在市场中稳定盈利

市场走势包含一切基本面信息，基本面信息必然通过K线图表达出来。

要点：

（1）K线图包含我们交易需要的一切信息。

（2）读懂市场，把握市场运行状态，看清市场走势。

（3）适合自己的盈利策略。

（4）一致性的执行操作。

点评：如果能将基本面分析和技术交易方法相结合，以基本面分析选取行业和股票，以技术交易方法筛选有即将启动信号的股票，这样就能达到事半功倍。

第七十七课　市场运行级别与交易盈利的秘诀

一、K线中所包含的信息

没有周期就没有K线图，任何周期下都存在K线图。

K线图的信息：

每个周期下的K线图，我们都可以看到它的最高价、最低价、开盘价和收盘价。

K线图通常有两种表现形式：蜡烛图和竹节线（见图5-3）。

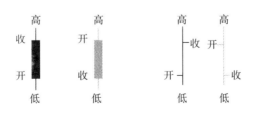

图5-3　K线图

K线图的意义：

（1）K线图只反映市场中点的信息。

（2）大概反映出低级别周期的价格方向。

（3）不能明确市场当前周期的方向信息。

（4）不能确切地反映市场的能量方向。

（5）K线图的最高价和最低价的意义高于开盘价和收盘价。

（6）K线图的最高价和最低价的意义随着周期的缩小而降低。

（7）日线及以上周期的最高价、最低价的意义远远高于日内周期。

（8）收盘价的意义高于开盘价。

点评：K线图是我们认识股票的最基本元素，也是最重要的元素。

二、市场的运行级别

股票市场走势的主要运行方式：波浪式前进和螺旋式上升。

波浪式前进：一般是指同一周期下的运行；

螺旋式上升：一般是指大级别周期下的运行。

运行能量体现：

（1）跟我们日常生活中一般事物的发展规律是一样的。

（2）股票市场和我们的日常生活是紧密相连的。

（3）市场行为法则（市场运行的规则）不是总结出来的，也不是由统计分析得出的结果，而是市场运行本身所固有的规律。

点评：投资者要掌握股票市场运行级别，不是一件容易的事，但一旦掌握了，盈利将呈几何级数增长。

三、市场运行级别对交易盈利的影响

市场运行级别可以简单地按照K线周期来理解，但市场的运行级别和K线周期关系，并不绝对等同。

K线周期越大，一根K线的运行空间越大。

举例：

投资者如果只做日线级别趋势，当日线趋势结束时就必须要清仓离市，盈利或许不多。如果投资者运用级别扩展到更大的周期，比如将日线趋势过渡到周线级别甚至月线级别，这就大大提高了交易盈利呈几何级数增长的可能性。

点评：市场运行级别越大，运行空间越大，盈利能力越强。但如果一味地只考虑追逐大周期，而没有相应的周期扩展策略，实现起来也有很大的难度。

四、让利润跟随市场的发展而不断增长

让利润随着市场的发展而不断增长，就必须弄明白市场走势是如何发展的，而仓位又是如何跟随的。

市场的走势是一级级发展壮大的：

一个日线级别趋势，它一定是由更小的周期趋势一点点发展而来的。最基础的是 1 分钟周期趋势，逐渐发展到分钟数更多的周期趋势，比如再发展到小时级别或多小时级别的周期趋势，最终才形成日线级别的周期趋势。

仓位跟随：

弄清楚市场反向运行的性质，是运行级别放大的回调还是反向趋势的开始。如果是级别放大的回调，就要忍耐了，只能做仓位调整而不能离市。待走势恢复时，就要第一时间补回调出的仓位，保证仓位的盈利能力。

点评：如果将周期过渡运用在趋势策略中，盈利能力将非常惊人。

第七十八课 花里胡哨不如朴实无华
——操盘实用技巧讲解

一、股市大跌时如何进行抄底操作

遇到股市暴跌，大部分投资者都会因为恐慌而抛售，其实，在底部反向抄底，同样可以获利。而待大盘反弹，别人忍痛割肉赔钱之时，你就可以大赚一笔。

炒股最根本的原则就是"低买高卖"，任何试图买在最低点或卖到最高点的行为，都是一种不成熟的贪心表现，其结果往往事与愿违。

因此，当大盘和个股的股价进入底部区域后，投资者应该抱着主动出击的态度，积极地选股，把握正确的时机买入。

大盘和个股均经过长期下跌以后，已经出现止跌企稳迹象，或者出现横盘整理走势，不妨大胆买入。如果大盘和个股经过长期下跌之后，略经震荡又出现加速下跌，然后突然形成连续放量上涨，在回调中可大胆买入。经过长期下跌以后，在以大阳线做前导的情况下，出现了长下影线的缩量状态，下影线的长度在

3%~4%最佳，这时往往是标准的见底动作。

一旦确定大盘进入牛市，应该果断地买入那些人气最旺的板块及其个股，不管这些股票的价格有多高，要坚决介入，一般都有丰厚的回报。

> 点评：谁都知道抄底，但并不是谁都能抄对底部。必须耐心等待，看准时机再进。一般情况下，当熊市到达末期时，市场会进入相对温柔的震荡筑底阶段。这时投资者必须要耐心等待，顺势而为，不可盲目斩仓割肉，也不必急于抄底。

二、如何替换股票

截至 2020 年 8 月，国内上市的公司已经超过 4000 家，任何一位投资者都不会从一而终，替换股票是必然之举。那么，时机如何掌握呢？

其一是在股价上升了一段时间后，卖出真正有名气且正在上涨的股票，买入完全不受人们欢迎的便宜股。这种做法对普通的投资者来说是十分重要的，因为股价总是涨跌相互交替，有名气的股票涨到一定程度就很难再有明显上涨，出现下降也很正常，卖出它们以使既得利润到手。同理，那些比较冷清的便宜股，除非有先天性的缺陷，都会有上涨的那一天。因此，一般投资者都认为介入便宜股较易成功。

其二是在股票的名气（受欢迎程度）发生变化时，迅速卖出原有的名气股票，换入新的没有名气的股票。当一个新的企业诞生，一种新的名牌产品出世的时候，股票也会由默默无闻，变得稍有名气，甚至会逐渐名声大振，而股价迎来上涨是必然的。

替换股票切忌卖掉一种有名气的高价股，改换另一种有名气的高价股，这样做意义不大，还要白白花掉手续费。也不要在同业股票间相互替换，如将某钢铁公司的股票换为另一钢铁公司的股票。因为同业股票的股价受其行业经营情况的影响，走势基本上差不多；能上市的公司，在我国一般都是效益、经营等各方面比较好的企业，即使有差距也不会太大。

> 点评：投资者不要因为看中某点小利，去搞类似的比较愚蠢的替换，反而坐失其他可以盈利的机会。

三、低价买进的技巧

股价有涨有跌实属常事，股市不景气时，股价会下跌，到处都呈现着暗淡的气息，所以一般投资者都无心购买。可是当所有人都胆怯而不敢买进时，恰恰正是最好的低价购买时机。

　　除劣股外，此时什么股票都可买进，当然主要目标应集中在大幅下跌的绩优股上，虽然这类股票可能还会继续下跌，但你买进时的价格可以说是相当低廉了。由于涨价的时期不甚明确，所以当你看到其他股票都上涨了，唯有自己买进的股票迟迟没有动静而十分苦恼、焦急，这时冷静勿躁才是最明智的抉择。因为只要你耐心等待下去，一定能获得很大的报酬。

　　因为你买进的价格很低廉，等到你卖出时，股价会涨 2 ~ 3 倍，经验和统计资料都能证明这一点。所以投资者千万不可根据眼前的局势而盲目操作，要切记在景气不好时低价买进总是正确的选择。

> 点评：一定要有耐心，而且最好不要一次买进，分两三次购进较为稳妥。

四、股票处于高价位时如何买进

　　高价买进是指投资者期待已久的股票开始上涨了，但并不是已经涨到高位的股票。因为股价才上涨不久，后市有更进一步的爆发力，所以按照这样的高价方式买进股票。

　　高价买进投资成功的秘诀在于：

（1）选择具有良好前景的股票。

（2）买进时必须是行情看涨时期。

（3）选择有知名度且周期较长的股票。

> 点评：无限风光在险峰。虽然高价买进相当危险，但也是短期投资的一种乐趣。

五、把握股市的整理契机

　　所谓股市的整理就是股价在上涨或下跌过程中有一段停顿时间，在这段时间内，股价会有所调整，也称"回档整理"。

　　如何把握：

　　股价与成交量呈正相关，即随着股价上升，成交量呈逐渐增加，而随着股价调整，成交量持续萎缩。

　　股价处于低档整理的时间越长，后市上涨的潜力就越大。

> 点评：投资者若能清楚地了解股市整理过程的变化，并配合技术分析与测算方法，就能预判出技术回档的低点及转折时机，如果能够做到把握精准，稳操胜券不是难事。

六、股市"量价背离"时如何操作

所谓"量价背离",即当股价发生变动时,成交量并不因此而发生相应的变化。

如何操作:

(1) 在股价上涨之际,成交量伴随增大,说明供不应求,卖方虽然卖出了相当的股票,但买方的实力更为雄厚,态度更积极,行情自然看好。

(2) 反之,当股价上涨时,成交量不增反减,则预示着行情即将反转。

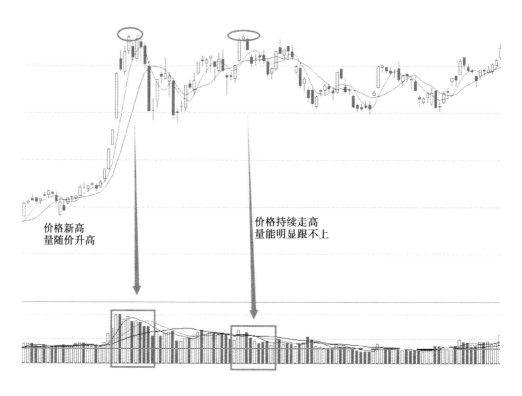

价格新高
量随价升高

价格持续走高
量能明显跟不上

图 5-4 量价背离

点评:如果投资者对"反转"节点没有足够的思想准备和技术储备,必然会遭受损失。

第七十九课　大家都想问：股价涨跌由什么决定

一、决定股市价格涨跌的因素

股指持续上涨，就是我们常说的牛市，投资者往往愿意相信这种上涨势头会长期保持。对于一个成熟的股票市场来说，牛市需要有强劲的经济增长、居民充分就业和收入大幅提升作为强大的后盾。相反，股指持续下跌就是熊市，是由宏观经济紧缩、公司盈利持续下降和个人收入大幅下滑的相互传导而形成的。投资者往往不愿意相信熊市的到来和漫长的熊市。所以在熊市途中，多数投资者都会实施抄底或补仓行为，但往往买在半山腰。当经济萎缩到人尽皆知、熊市漫漫之际，多数投资者才会真正地相信熊市，扛不住的投资者开始割肉出局。

牛市和熊市的表面特征是股价的上升或下降，但透过表面现象可以看到背后隐藏着的深层次的原因，影响股市涨跌的主要因素有以下几点。

（1）宏观经济表现。投资者通常把股票市场与经济发展的关系形象地比喻为"股市是国民经济的'晴雨表'"，表明股市的冷暖与宏观经济形势有极强的正相关性。虽然形成牛市或熊市的原因众多，但最根本的基础还是一国或一个地区的经济发展状况。虚拟经济可以在一段时期内与实体经济不匹配，但最终还是要靠实体经济作为依托。因为上市公司的业绩表现、老百姓的钱袋子鼓不鼓，决定了投资者的投资意愿，也决定了股市是"牛"还是"熊"。

（2）投资者的心理。市场的行为是由无数个投资者的投资行为集合而成的，所以投资者的心理因素和情绪变化，自然会影响到股市的涨跌。在牛市中，几乎人人都想参与到股市中获取丰厚的回报，乐观的情绪会不断地推升股价。而在持续下跌的熊市中，投资者的信心受到打击，相继地把资金从股市中撤出。投资者的投资信心一旦受损，市场很难在短时间内恢复，熊市或许持续很长时间。

（3）股票供求状况。在牛市中，投资者对股票的需求极其高涨，而股票的供给却相对紧张。也就是说，投资者都想买进股票，很少有人愿意卖出股票，求大于供，股价自然会形成持续上涨。在熊市中，多数投资者都不愿意持有股票，于是纷纷割肉抛出，股价自然越走越低。

> 点评：决定股市和股价涨跌的因素有很多，必须从基本面、技术面和心理等全方位地进行分析。

二、政府经济政策如何影响股价走势

西方国家的股票市场由来已久，各方面趋于成熟。许多西方学者、专家纷纷提出和研究股票市场的预测问题，创造了许多有价值的经典理论，如道·琼斯股票价格波动论、期望理论和有效市场假说等，有的学者甚至建立了模型。

这些理论和模型虽然能从某些方面描述股票市场的情况，但它们都建立在对股票市场本身的分析上，如股票市场过去的价格趋势、股票市场上各种指标的变化等。其实，影响股票市场走势的不仅有市场本身的因素，也有外部的因素，比如政府的经济政策就是对股票市场影响较大的外部因素。我们在研究股票市场走势时，不能不考虑这些因素。

世界各国的证券市场都要受到国家经济、金融状况和各种政策的影响。在我国，国家经济政策和金融政策直接影响到证券交易的交易价格。国家重大的经济活动和金融政策的出台，会对股市行情产生较大的影响。

点评：为了在股票投资上获得收益，投资者事先应对股票市场走势进行预测。一个成功的投资者既是一位敏锐的政策分析家，又是一名训练有素的投资专家。

三、企业经营状况如何影响股票质量

股票的质量是指发行企业的信誉、经营状况、经济效益、企业发展前景、产品销售以及股息率等因素。目前，我国股票的质量主要是指企业发行的信誉和股息率。

由于我国证券发行和流通市场的交易机制尚未完善，缺乏一整套评定企业信誉的科学指标体系，也缺乏一批具有权威性的从事企业信誉评级的机构，因此，发行企业的信誉在很大程度上主要取决于其在社会公众中的印象，特别是企业的产品在市场中的销售情况、企业级别的大小、人员多少，企业原有的所有制性质等。

从理论上讲，企业经营效益好，股息高，反之亦然。因此，股息率的高低是反映股票质量的一个重要因素。

点评：投资者一般通过股息率的高低来判断企业经济效益和经营状况，所以股息率的高低是反映股票质量的一个重要因素，但股票价格受到多方面的影响。

第六章　攀登投资"致富峰"

第八十课　常见的炒股策略

一、一套完整的盈利策略

一套完整的盈利策略包括八个组成部分，如表6-1所示。

表6-1　盈利策略

组成	组成
①入市策略	⑤资金管理
②止损策略	⑥风险管理
③加减仓策略	⑦头寸管理
④离市策略	⑧个人管理

点评：这八个组成部分缺一不可，每一部分投资者都不可忽视。

二、挑选适合自己的交易策略

（1）如果投资者想尽可能地跟随市场，抓住市场的整段趋势，建议投资者选择趋势交易策略，最好是多周期配合的趋势交易策略。

（2）如果投资者喜欢做波段轮动，可以选择波段交易策略或快速盈利交易策略。

（3）如果投资者喜欢交易横向市场，可以选择幅度足够大，持续性好的横向市场，选择横向区间交易策略。

（4）影响交易的因素实在太多，投资者的心情、工作环境、身体状况等都可能影响到交易行为。

（5）只有符合并适合自己的交易策略，才能在市场中稳定盈利。

点评：一旦觉得自己所使用的交易策略，执行起来很别扭，说明这个交易策略并不适合你，赶紧寻找适合你的交易策略。

三、交易是个性的

每个人的交易模式都是不同的，都是个性的。

因为：

（1）每个人的性格喜好和对事物的判断不同，交易模式也不同。

（2）每个人的资金量和风险意识，交易策略和执行措施，入市位置和止损设置，加减仓位和离市方法等都不会相同，都是个性的。

点评：投资者要建立并使用适合自己的交易策略，盲目跟随是股票交易的大忌。

四、选择合适的离市策略

俗话说会卖的才是师傅，交易盈利的决定因素在于怎么离市。

离市策略：

（1）有千万种盈利策略，就有千万种离市策略；

（2）离市策略必须和盈利策略相适应；

（3）没有盈利策略，勿谈离市策略；

（4）入市策略要依靠离市策略来盈利。

点评：只有适合自己的，才是最好的。

五、如何跟随市场获得丰厚的盈利

持仓跟随市场趋势的发展，让利润迅猛增加。

如何实现：

首先，投资者需要建立一套能盈利的趋势策略交易体系。

其次，一致性的执行并平衡好的心理。

点评：其实跟随市场就是这么简单，但投资者往往败在第二条上。

六、选择止损策略

止损策略必须与投资者的交易策略相适应。

如何选择：

（1）在市场趋势被定义之前就以一根臂的交易去对待，一旦臂被否定了就及时离市，一旦市场趋势被定义，再按趋势交易对待。

（2）投资者在初期可以使用走势否定点确定止损，市场趋势定义或被确认之后再改为趋势反转点设置止损。

（3）如果投资者只想做一根臂的交易，就把止损设在走势否定点，逐根 K 线跟随，当这根臂不再延续的时候，就是离市的时候。

> 点评：善用止损的策略，止损策略要和投资者的交易策略结合起来。

七、善用周期之间的配合入市

一个成熟的交易策略至少会用到三个周期，每个周期都有各自的功用，它们之间需要配合使用。股市周期如表 6-2 所示。

表 6-2　股市周期

周期	作用	注释
月线周期	支持周期	用来看市场大的运行方向和运行空间
周线周期	交易周期	发现值得参与的市场机会和最终的离市
日线周期	入市周期	寻找入市的时机，以最小的成本获得最大的仓位

交易者的入市既有大周期的支持，可以获得足够大的获利空间。

从小周期入市也可以保证有足够大的仓位，保证盈利的能力。

入市交易如果得到大周期的支持，就可以获得足够大的预期空间。

从小周期入市可以保证有足够大的仓位，保证盈利的能力。

> 点评：安全持有足够多的头寸，是在股票趋势交易中盈利的关键。

八、如何确定股票能持有多长时间

在决定做任何投资之前，投资者先要明确这笔投资可以持有多长时间。如果现在手上有 10 万元闲钱，计划在一年之内用于购买住房，则现在把这笔钱用于购买高风险的股票就不是明智的选择。因为股票价格波动通常会非常频繁且难以预测，如果持有股票的时间有限，就很有可能遭遇在用钱的时候被迫以亏本价格卖出的结局。

只有确定有能力长期持有，投资者才能更加从容地面对短期股价的波动和损失，也就有了更强的风险承受能力。比如这笔 10 万元闲钱是用作 10 年后子女的大学学费，就不妨投资于高风险的股票，即便短期遇到了亏损，也有充裕的时间来翻本，不会被迫过早地卖出，形成实际的损失。

> 点评：持有时间越长，风险到来时间就会被推迟，而不确定因素也会增加。

第八十一课　是时候展现真正的技术了

一、分析股市行情

分析股市行情主要有两个目的：一是了解发行股票的上市公司的情况，对公司对外公布的数据是否与事实相符做出判断；二是分析整个大盘的走势，决定哪些股票可以买、哪些股票不可以买。

在实际中，并不是每一位投资者都具有分析股市行情的能力。即使是在证券市场较为发达的资本主义国家，也只有部分具有专门学识的专家能提出复杂而准确的分析和判断意见，而普通投资者一般都是根据专家的分析报告，参照自己的财力来选择适宜的投资对象。

股票分析者必须具备广泛的知识和信息，如投资原理、公司法、公司成本会计、公司财务结构、公司成功及失败的因素，货币供给情况、国家经济政策等。这些并不是一名普通投资者所能掌握的。但在决定购买股票之前，收集一些与股票相关的资料，对股市行情有一个基本的大致了解，还是很有必要的。

涉及股市行情分析的资料很多，普通投资者不可能面面俱到，一般来说，要从三个方面有重点地收集。

一是上市公司的财务状况资料，这是涉及公司的经营状况及股票能否获利的关键。

二是证券管理机构的有关资料，涉及有关的政策法规和各种交易规定。

三是专家的研究分析报告，这类报告在财经网站上都可以查阅到，要做一个积极主动的有心人，经常收集积累，天长日久，也能成为股票分析方面的行家里手。

> 点评：虽然股票分析不是每个投资者都能胜任的，但收集有关资料却是每个投资者都有能力办到的。所以，投资者即使不能自己分析股票行情，但也能通过各种途径将收集到有关的资料，为自己的投资提供多一些的参考。

二、如何判断哪些是成长股

成长股是指迅速发展中的企业所发行的具有高报酬的股票。成长股具有几乎是永恒而又神秘的魅力。

在过去的股市历史中，成长股的价位似乎总是偏高，但只要买了它，就可以将它束之高阁，基本不用为之操心，因为成长股产生的利润和持续增长，足以抵消目前认为高昂的超额溢价。既然成长股具有如此优势，无疑对于任何一个投资

者来说,都应该把成长股作为首选的投资对象。一般来说,具有成长股性质的上市公司有以下特点:

一是劳动成本占适度比率。具有高劳动成本的公司更容易遇到劳动力方面的困难。如果这个公司依赖于密集型的劳动力,那么当劳动力成本出现上涨时,公司将被迫增加劳动成本。因此,具有成长股性质的公司在劳动成本方面,一定要控制适当。

二是产品价格具有弹性。受到通货膨胀和其他因素的影响,每一家公司都想提高售价,以便抵消产品日渐上升的各项成本。另外,在一个高度竞争的市场,公司想提高售价又十分困难。因此,有发展前途的公司,首先要使自己的产品在市场中具有个性特征,而在价格上更具有弹性。

三是政府法规的限制达到最低限度。任何经营活动都要受到政府法律法规的限制,如果公司的每一个重要决定都可能受到政策的某些限制,那么就可以想象它在前进中所遇到的困难,它的股票也很难成为成长股。

> 点评:还有一些参考标准,如公司的管理是否是以其具有杰出的专业管理能力而闻名?公司管理是否能够控制公司本身的命运,能否受益于经济形势、银行、竞争者和政府管理部门?公司的产品单位销售成长率高不高,在将来是否能够继续保持高增长?适应这些标准的,有可能成为成长股。

三、如何判断哪些是绩优股

绩优股就是业绩优良公司的股票。但对于绩优股的定义国内外却有所不同。

在我国,投资者衡量绩优股的主要指标是每股税后利润和净资产收益率。一般而言,每股税后利润在全体上市公司中处于中上地位,公司上市后净资产收益率连续三年显著超过10%的股票当属绩优股之列。

在国外,绩优股主要指的是业绩优良且比较稳定的大公司股票。这些大公司经过长期的努力,在行业内达到了较高的市场占有率,形成了经营规模优势,利润稳步增长,市场知名度很高。

绩优股具有较高的投资回报和投资价值。其公司拥有资金、市场、信誉等方面的优势,对市场变化具有较强的承受和适应能力,绩优股的股价一般相对稳定且呈长期上升趋势。因此,绩优股总是受到投资者尤其是从事长期投资的稳健型投资者的青睐。

> 点评:一般认为,评判一只股票是否为绩优股,应以净资产收益率为准。其实,评价股票是不是绩优股,还有很多其他因素,有时也不能仅仅看收益。

四、正确分析股市指标

股市有多种多样的指标，每种指标都会反映不同的股市特征。在各种指标中，有表示股价的，有表示成交量的，有表示利率的等。所有这些指标都对股价的变动发生这样或那样的影响。

指标代表了一种对股价产生影响的因素。在股价分析中只偏信一种指标，就等于只相信这一种因素对股价产生影响，这是一种错误的想法。在一定意义上，世界上发生的任何重大事件，都会对股票的价格产生影响。影响股价的因素的可能有成千上万个，如果只重视少数几个指标肯定不能确切地反映股市真实状况。

兼听则明，偏听则暗。投资者进入股市后，要多向别人请教，多方面收集信息、多角度进行分析，而不可偏听偏信于三五种甚至一两种指标。

> 点评：股市上的信息真真假假，很难分辨。如果不放开视野，很难识别出庐山真面目，获得准确、科学、符合实际的判断。如果连一个自己都认为不那么科学的判断，又怎能勇敢地闯进股市？

五、正确分析股价波动原因

正确判断造成股价波动的原因，往往是一件很困难的事。许多人设计了各种指标分门别类地进行分析，面对这些指标，究竟选择哪些同样是一件涉及经验、技术并且有一定难度的事。选用的越多，准确性越高，但花费的时间和精力越多。

对于投资者来说，要把握好以下几个方面：

（1）如果只是想了解大概情况，只要看两三种、三四种指标就够了，如果想更准确的话，就要再多看、多参考几种指标。

（2）不同的时期选用不同指标，这一条对于炒股颇有价值。在股市平稳的时候，可以少看几种指标，当股市发生异常变化时，要多看几种指标。

（3）在各种指标中，选取影响较为直接的，放弃较为间接的；选取影响较大的，放弃影响较小的指标因素。

> 点评：在分析股价波动时，必须首先判明造成股价波动的真正原因，如果原因不明，则很难进行有效分析。

第八十二课　该出手时就出手，机会不在莫强求

一、判断股票的买进时机

选择股票买进和卖出的时机，是股票交易最为复杂的问题，后面还有各种各样的技术方法。

这里着重谈一下如何根据经济性因素、公司经营状况、国家财政金融政策等因素，判断股票买进的时机。

投资者可以试着回答下面的问题，如果对大多数的问题的回答为"是"，再结合其他因素，就可以考虑买进股票了。

（1）经济性因素方面：市场是否继续呈疲软状态？通货膨胀是否减缓？国民经济领域主要指标是否开始回升？

（2）发行公司经营状况方面：公司盈利是否减退？你能否预测到公司收入将会开始增加？公司产品存货是否降低？

（3）财政金融性因素方面：中央银行是否已开始采取信用扩张政策？短期利率是否正在下降？它们是否能够降到足以使经济扩张的地步？

（4）股票价值方面：股市的平均收益率是多少？是否已经达到上次股市最低点的收益？

（5）股票买卖者方面：发行公司的大股东是否很少卖出？新上市股票是否很少？短期抛空者是否大增？

（6）投资者个人因素方面：现在自己投资组合的市场风险是否低于原先预计的水平？在最近股市的下降中是否赔了不少？

> 点评：抓住了时机，好事会做得更好，不利会转化为有利；失去了时机，好事也会变成坏事。所以，对买进时机的判断很重要。

二、判断股票的卖出时机

一是在股市异常活跃时，应该卖出股票。具体表现是：出现许多新的高价股，几个月前的廉价股在此时的股价波动较大；股市经常创出交易额新纪录；信用交易的买卖关系恶化，信用交易额大幅提高；低价股的增资和可转换债的增加，使股市更加繁荣。出现上述情况，说明股市已经达到或接近顶点，这个时候应该莫错良机，立即卖出。

二是当股价达到你心目中的既定目标时，立即卖出。既定目标的原则当然是不能使自己的利益受损。对每位投资者来说，定这样的一个目标非常有必要，股

市的钱是赚不完的，能赚一点算一点；达到自己的既定目标就是胜利，无论股价是否还会继续上升，自己盈利是否会增大，都坚定这个目标。这样可以使你在股市纷繁复杂的时候，有一个简单的执行原则和方案，化复杂为简单。

三是当股价由高值下降到10%时，立即卖出。因为股票不可能都是单纯地上涨，有时还会呈锯齿状的变动，往往在下跌了7%、8%后，还会恢复到原来的水平。但一旦下跌了10%或更大时，一般表明此股价已经增长到了尽头，由上涨开始转为下跌的概率较大。此时再不卖出，就很有可能被套牢了。

四是当股市交易日益清淡，行情持续下滑时，立即卖出。

> 点评：选择最佳投资时机，是一个技术性很强、难度很大的分析、决策过程。以上讲的是总体原则，在具体的股票运作中，还有不少特定的机会需要注意掌握，有些时机有较强的规律可循。

三、选股和选时哪个更重要

有的投资者认为，选择股票比选择市场时机更为重要。因为从长期看，优质的股票即使碰到回落，也完全有能力快速恢复并超越原来的高度，给投资者带来丰厚的利润。

这样理解并没有错误。但是，最佳的股票及其组合也无法回避在整个股市下跌时出现的跌势，如果投资者能够做到通过对市场时机的分析和选择，在持有优质股票的同时，又避免下跌而带来的损失，岂不更好？

很显然，在股市上涨时应该持有优质的股票，在行情下跌时，应该果断离场，起码要学会减仓，等股价跌到较低水平以后，再把优质的股票买（加）回来。

> 点评：由此可见，选股票和选时机都很重要，选对股票，掌握时机，就能牵住股市的牛鼻子。牛熊气息的嗅觉能力并非天生造就，而是通过后天的刻苦研究获得。

四、把握买进和卖出的关键节点

股市波动是永恒的真理，把握投资靠自己，投资就是靠抓住机遇。股市中有这样几个时机要抓住：

（1）股价狂涨后的第一次大幅度回撤，可大胆下手买进；股价回撤后的第一次反弹是卖出的好时机。

（2）股价长期平稳之后，突然出现较大幅度的上涨，此时可以放心买进；若是较大幅度的下跌，就应立即卖出手中的股票。

（3）股市暴跌之后成交量随股价的继续低落而增加，是一次抄底机会；冷门股票暴涨为暴跌行情的前兆，是卖出时机。

（4）在通货膨胀期间，可将长期债券和优先股转换为普通股，更能抵消消费品价格上升所造成的损失，也可投资于多种实质资产，这样可以达到回避通货膨胀的作用。

（5）因利率上升而造成股市资金转向银行存款，引起股市见顶回落时，应抛出股票，转向银行储蓄。

点评：卖出时动作要快，买进时不妨多斟酌。

第八十三课　暴涨暴跌亦泰然处之

一、股市暴涨暴跌时如何应对

股市暴涨暴跌，波动剧烈，在这种情况下，进行股票买卖应该注意把握以下原则：

一是当股价出现暴涨时，宜减少操作频率，只要现在能赚钱就行。切忌回回加码，刻意地高档追价，拼尽全部财力去抢涨卖跌，一旦股市发生快速逆转，可能连老本都要搭进去。

二是在高价卖出股票后，应该不再理会该股票，最好把它从股票池中剔除。避免因为看见股价继续上涨，就杀个回马枪，而在更高的价位上抢进。

三是要及时注意卖出信号，及早准备断然措施（卖出股票以保住既得利润为底线），见好就收，反应必须迅速果断。

四是当利多的消息频频出现时，没有十分的把握，最好不要介入。对股市行情的研究判断，必须采取理性客观的态度。如果一个企业长期以来业绩平平，近来出现业绩大幅度好转的景象，应该多个心眼。要分析该企业变好的原因，如果是内部有新的资金涌入，开发出新的产品，在经营方面有新的举措，那么应该着力支持。如果企业还是昨天的企业，人还是昨天的人，就要考虑是否有人在操纵股价，做套忽悠。

五是对那些持续保持庞大成交量的股票，应该防止物极必反，提防出现反转和暴跌，越在高位越要减少持股数量。

点评：当股市暴涨时，投资者总会像股市那样热血沸腾，既担心眼看着股价上升自己失去赚钱良机，又担心自己一旦买进就被高位价格束缚，此乃高处不胜寒。

二、股市暴涨时如何保持冷静

盼望已久的牛市终于到来，许多存在暴富、盲从心理的投资者，往往会失去应有的理智，盲目地追涨杀跌，造成高买低卖。尽管行情似乎每天都很热闹，少数股票涨幅也相当惊人，但大多数投资者的收益却不高，有的在牛市中还有亏损。

股票市场处于牛市时，各种交易行为频繁，形成了更加浓烈的交易气氛。不少投资者被这种气氛所左右，以致不能做出正确的投资决策。当投资者情绪高涨时，其心情就像坐在空中的缆车一样，一会儿是刺激、兴奋，一会儿又焦虑、沮丧，非常容易做出不理智的决策。

对于散户投资者来说，当股市牛气冲天时，千万不要有只要买到股票就能赚钱的想法，在牛市中买股票也要看时间、看情势。

比如，当股市开始大涨时，如果此时买进，或许能够搭上大肆炒作的车而获取利润；但当股价已升至一个很高的价位，再去追涨，则很可能被高价套牢。因此，一定要冷静认真地综合分析股市的行情，迅速地做出自己的判断，并谨慎行动。如果盲目地追涨杀跌，而误入市场陷阱，结果很可能是高买低卖，或高价套牢，损失惨重。

> 点评：最好的股票在整个股市下跌的时候也涨不起来；相反，当整个行情处于牛市的疯狂时，差的股票也会涨，甚至涨得比好的股票还多，此时一定要保持清醒的头脑。

三、如何避免股市"气氛效应"的影响

一只本不起眼的股票，在某种强烈气氛的渲染下，也会身价百倍。不少投资者本来还在犹豫是否跟进，但到了市场之后，受市场强烈气氛的感染，就会高价买进或低价抛出。即使投资者买入的是绩优股，但在股市狂热、价位很高的情况下，同样也会招致风险，付出高昂的代价，这就是所谓的"气氛效应"。

有的人本来可以获利却由于受"气氛效应"的影响而坐失其利；有的人明知道股价已经被炒得离谱、高得吓人，但因受"气氛效应"的影响，糊里糊涂地跟着买进，结果被高价套牢，后悔不已。

从来没有炒过股票的，因为受到广播、电视等一边倒的狂热行情介绍，身边炒股赚了钱的也在不断地刺激着神经，所以在"气氛效应"的影响下，不由自主地选择入市。

由此可见，"气氛效应"是一个无形的陷阱，它常使那些意志不坚定、缺乏主见的投资者坠入其中，大受其害。当然，也不乏受到"气氛效应"的影响跟

着买进或卖出而受益的投资者，但这只是少数。股市狂热以及它所带来的迅速致富的贪婪性，常使操作行为短视化，使急功近利成为模式，最终损害了投资者的整体收益。

> 点评：要在掌握坚实可靠的信息基础之上，对股市、企业的状况及发展前景和整个经济形势进行准确的分析和把握，避免盲目跟进、随波逐流。

第八十四课　盯好你的"聚宝盆"！
——了解你投资的上市公司

一、上市公司的信息披露制度

2007 年 1 月 30 日，中国证监会发布了《上市公司信息披露管理办法》，办法规定，上市公司必须及时、真实、充分、公平地向广大投资者披露可能影响投资者决策的信息，这是上市公司必须履行的义务。

就宏观而言，它有助于国家的宏观调控和市场的运转，有助于社会资源的优化配置，有助于维护证券市场秩序，促进证券市场的发展。

就微观而言，它有助于保障投资者和债权人等信息使用者的利益，有助于公司的筹资和降低筹资成本，有助于促进公司自身的发展，有助于落实和考核其经营管理责任。

因此，公平、真实、充分、及时的上市公司信息披露制度，对于国家、上市公司和广大投资者来说，都是大有好处的，也非常必要。

从近些年的情况看，上市公司在信息披露方面已经取得了很大进步，并正在向好的方向发展，但也存在不少问题，主要问题是信息披露不规范、不真实、不及时，影响投资者对市场真实情况的判断。

> 点评：目前我国已经由有关机构发布实施了一系列股票交易法律、规则，并规定了公司信息披露的原则要求和内容。但是，由于种种原因，我国上市公司信息披露中还存在不少不规范的现象，影响了我国股票市场和上市公司的健康发展，也使广大投资者蒙受了许多不应有的损失，广大投资者必须提高警惕。

二、阅读上市公司年报

投资者阅读上市公司年报时，应注意提防以下误区：

（1）只泛读，不精读。投资者面对年报中一大堆文字材料和繁杂的数字，一时无从下手，阅读的兴趣可能一下子降至冰点，往往是一目十行，一扫而过，这种现象是应当纠正的，阅读年报应当养成精读的好习惯。

（2）只阅读，不保管。投资者对于年报，往往没有养成良好的整理和保管习惯，除对关乎股东权益的主要会计指标进行抄录外，其他资料一概弃之，殊不知，年报中披露了很多产生这些数据背后的经营过程，这些资料也非常重要，也应保管好。

（3）只看业绩，不看风险。业绩突然大幅度增长、吸引眼球的上市公司，往往吸引到投资者追涨，但多数会产生高位套牢的局面。相反，那些业绩微增，或持续性增长较好的上市公司，其年报却不被重视，投资者一次又一次错失挖掘投资亮点的机会。

（4）只看历史，不看未来。投资者都知道，买股票就是买预期，可在阅读年报时，投资者还是盯着上市公司的以往业绩而高兴，而不去关心和预测上市公司未来的发展前景。应该说，上市公司因所处的行业不同，都会受到周期景气度的影响。因此，对上市公司的未来业绩保持谨慎乐观的态度，很有必要。

（5）只看结果，不看过程。上市公司千股千面，经营状况不一，年报编制也呈现出一定的个性。因此，对投资者来说，阅读年报虽然没有研究员得心应手，但也应对重要会计数据的产生过程，特别是影响上市公司最终经营成果的主要事项进行分析，从而提炼出上市公司未来业绩增长的信息来指导自己投资。

（6）只看主页，不看附页。上市公司因编制规则要求，都有主页和附页之分，主页是年报的正文，是会计数据和经营情况的详细分析，附页是审计结论和有关的补充说明。其实，一份完整的年报，其主附页之间是一种相互印证的联动关系。主页是否真实、准确、完整，附页将作出说明。某些重大事项的披露是否完整，附页将给予解释。

> 点评：走出了以上种种误区，相信投资者会得到更大的收获。

三、全面了解上市公司业绩

选择股票时，对上市公司情况要有较为全面的了解：

（1）公司的历史背景、过往年度财会数据及发展前景，有什么严重的历史包袱或难愈的先天不足。

（2）公司管理水平及产品研发等情况，如公司人员文化层次如何，是否与现代化的管理和经营相适应。

（3）产品的专利和商标的知名度，公司在广告宣传方面的工作，公司在整体形象设计方面的情况。

（4）公司的成长性估计，如在公司长远发展中所需的资金、技术、人才、计划等方面的情况。

（5）公司的生产能力及经营的多元化情况，包括公司的经营指导方针和重要原则，是否能面向市场、面向世界、面向广泛的消费群体。

> 点评：公司业绩水平反映了股票质量，公司是否具有凝聚力和竞争力，这些是公司能够取得并保持良好业绩的必备条件，也是公司股票能否受到市场认可和追捧的重要因素。

四、看懂上市公司利润预测

上市公司的利润预测是广大投资者非常关注的重要信息，也是投资者做出投资决策的重要依据，不应有半点虚假。从我国的实际情况看，新上市公司的利润预测又是股票发行定价和上市交易开盘价的重要参考依据，预测的数据直接影响公司的股价，直至决定市场的波动方向。

为投资者提供科学恰当的利润预测数据，是上市公司应尽的义务。但在我国的股票市场上，仍然有为数不少的上市公司表现不尽如人意。它们有的是不负责任地进行猜测，有的是利润预测水分太多，将不真实的数据提供给投资者，利润预测与实际情况不相符合，对广大投资者构成了极大伤害。

有少数上市公司居心叵测，有意欺骗投资者，损害投资者的利益。它们为了多募集资金，在信息披露时真真假假，报喜不报忧，使投资者上当受骗。

> 点评：如果依据有问题的利润预测选择股票，就很有可能造成决策的失误，不但赚不了钱，反而要赔本。

五、理性看待中期报告的业绩增长

一般来说，沪深两地上市公司的中期报告，都是报喜的公司"打头阵"，报喜的多，报忧的少；扭亏为盈的多，由盈转亏的少。

但是，如果仅仅依据上市公司公布的表面数据而沾沾自喜，并因此盲目投资，则会遭受损失。

以2007年首份中报A公司为例，尽管其实现的净利润增幅超过三成，但无论是该公司的主打产品生产数量、销售数量，还是其实现的销售收入都出现不同程度的下降；相反，倒是其投资收益增幅较大。也正是由于投资收益的增长，才促使其净利润同比出现增长。可以说，营业外的投资收益增加为该公司净利润的增长立下了"汗马功劳"。

事实上，类似的情形并非A公司一家。由于2007年证监会要求上市公司在编制定期报告时采用新的会计准则，对上市公司的业绩产生了较大的影响，某些上市公司的业绩增长正是由此而来。如果剔除这部分影响，则整体而言，上市公司业绩没有如此乐观的表现。

而且，某些上市公司的业绩增长还含有不小的"水分"。要么是因为股权投资，要么是因为账务处理，要么是因为资产重组，而其主营业务并没有什么大的起色。但是，上市公司业绩增长毕竟只能寄托在主营业务上，股权投资收益也好，账务处理产生的也好，严格地说，都是"一次性消费"，不可能长久。而只有主营业务上的增长，才是上市公司盈利增长的基础，也才是其做大做强的基本保证。

> 点评：投资者在分析公司中期报告时，要懂得"去伪存真"，将那些非经常性损益"剥离"出来，如此才能认识其业绩的全貌，也便于投资者进行理性决策。

六、哪些公司的股票不能买

评价一个上市公司是好是坏，有不少指标。仅看公司的业绩报告远远不够，许多国际行业组织每年都有本行业内的企业排名，只要资料准确可信，都可以作为投资者评价公司经营状况和盈利前景的重要依据。

哪些企业的股票不能买呢？

一是思路僵化、固守老方法、经营无方的企业；

二是不善竞争、缺乏锐气和进取精神，满足于过去的成绩和得过且过的企业；

三是缺乏独立思考精神，习惯于唯上、唯书、不唯实的企业；

四是管理过于僵化，内部缺少民主宽松氛围的企业；

五是新思路被老办法所牵制，无论老少，囿于传统，缺乏创新精神的企业；

六是经营状况每况愈下，或已存在着有碍全局发展不良因素的企业。

聪明的投资者，要力争买第一流公司的股票，应该尽可能地到市场上去了解情况，了解该公司上级主管部门的意见、工商税务部门的反映以及消费者的呼声，总之，要尽可能多地、尽可能广泛地收集相关资料，掌握第一手情况，并进行综合评估。

> 点评：投资者在选择公司的股票时，不妨充分利用上述六个特点，进行对比分析。

七、警惕公司高管违规炒股

随着股市的升温，媒体不断披露上市公司股东、董事、监事、高管或这些人的亲属不当买卖公司股票的行为，虽然已按照《证券法》的相关规定对这些行为做出了处理，相关收益也已收归上市公司，但却在投资者心中留下了阴影。例如：

A 公司：监事张某分两次买入了公司股票 66500 股，数日后卖出，违反了相关规定，该名监事在此次股票买卖中获利所得 14591.99 元。

B 公司：公司限售股股东某投资管理有限公司在限售期解禁后，连续减持公司股票 696.7 万股，其中又曾买入公司股票 5 万股，应公司董事会的要求，该名股东已将买卖 5 万股公司股票的收益 26.7 万元上缴归公司所有。

C 公司：监事李某买入公司股票 500 股，次日卖出，获益 90 万元，该名监事已表示将在 5 日内上交上述款项。

D 公司：副董事长配偶的亲友不当买卖公司股票。据核查，该亲友买进 10000 股股票，又于次日卖出。根据相关规定，将本次买卖所获得的净收益 1268.40 元上交公司。

我国的《证券法》规定：上市公司董事、监事、高级管理人员、持有上市公司股份 5% 以上的股东，将其持有的该公司的股票在买入后 6 个月内卖出，或者在卖出后 6 个月内又买入，由此所得收益归该公司所有，公司董事会应当收回其所得收益。有关部门对上市公司违规操作情况的处理，正是从这一角度出发及在这一法律基础上做出的。

> 点评：俗话讲"伸手必被捉"，加强股市监管对贪图私利者是一个警示，普通投资者也要对此保持警惕。

第八十五课 分析公司的财务情况

一、分析公司财务报告

公司财务报告包括的内容很多，投资者要重点抓住以下几项关键数据：

（1）观察利润构成。上市公司的利润总额一般由主营业务利润和营业利润两大部分构成。其中主营业务利润来自主营收入，而主营收入的强弱变化，恰恰是评判上市公司拳头产品竞争力的重要标志，如果主营业务利润占企业利润的比例较高，说明企业竞争力较强。

（2）关注应收账款。应收账款的品质决定着价值的高低，品质越好，所列金额越有参考价值；反之，则应打折扣。若上市公司应收账款呈现出大幅增加和账龄高龄化趋势，应引起投资者警觉。

从公司来讲，产品销售出去只是完成了经营过程的一半，接下来要尽快回收货款。若企业不能及时回收货款，不仅将打破企业的产销平衡，而且会严重影响到企业的资金利用率，最终可能导致企业的发展计划"搁浅"，甚至导致企业的资金链"断裂"而引发一系列严重后果。从财务实践看，应收账款账龄过长，一方面意味着资金被人家占用，丧失了资金周转后的收益；另一方面往往隐含着一定的坏账风险。

（3）了解财务风险。公司在发展过程中，除了市场带来的经营风险、宏观调控带来的政策风险之外，还有公司自身运作不慎而产生的财务风险。

（4）考察募股资金投向。公司募股资金运用如何，所投入项目的资金到位情况如何，是考察公司发展后劲的一个指标。有的公司注重募股资金的运用，讲究时效性，效益可能在当年就体现出来；相形之下，有的公司显得不尽如人意，产生不了应有的效益。

> 点评：作为投资者，在考察公司财务报告时，首先应该看一看编制账目的会计师是谁，初步鉴定报表的可靠性，然后再分析其具体数据。

二、正确看待公司的盈利水平

投资者选择股票的第一参照要素，就是公司的获利能力，然而一般人所看到公司的财务情况都是过去的，公司去年的盈利水平只表明去年的获利能力，不能说明今年，更不能说明明年。

当然，也不是说公司过去的财务情况毫无参考价值，作为着眼于未来的战略投资者，应该把目光放在前景良好的股票上。

目前，许多投资者对上市公司上年度的盈利过于重视，经常以当前的股价与过去的股利来计算本利比，并将之作为评估股票好坏的标准。

实际上，这样做是有明显缺陷的。因为股票投资者所衡量的基准，应该是以目前的股价来与未来的预期股利相比，推算出一个相对可靠的本利比，这个本利比才具有较高的参考价值。

> 点评：一般人认为，绩优股都是高成长股，而高成长股都是主营业务突出，有稳定的利润生长点的股票，主要是一些经营有方、市场占有率不断提高的公司股票，这些数据都应该在公司盈利上有所体现。

三、公司财务报表应包含的内容

公司财务报表主要有两种：资产负债表和损益表，分别反映公司的资金来源、资金运用情况及实际经济效益水平。

资产负债表的资金栏包括流动资产、长期投资、固定资产及无形资产等，负债及股东权益栏由流动负债、长期负债和股东权益三部分构成。

其中，股东权益反映上市企业的净资产值，是真正属于股东的财产，分为股本总额、股票溢价和累积利润三部分。企业资产中股权所占比重大，说明企业经营中的外部负债少，自有资金比例高，因而债务风险小。

损益表反映每年或每季的营业状况、成本变动及盈余结果等，近年来成为投资者看重的焦点，损益表的内容有营业收入、营业成本、营业毛利、营业外收支净额、本期利润总额、税后利润总额等项目。

通过观察公司财务报表的各项数字变化情况，可以清楚地了解公司经营状况及其变化情况，了解公司的利润及获利能力是否提高，还可与其他行业、其他公司做相应对比，从而掌握企业的整体情况。

> 点评：在任何一个成熟的股市，理性的投资者都必须对宏观经济状况和上市公司情况做深入扎实的研究，浮光掠影、蜻蜓点水似的一知半解不可能获得投资的成功。

四、提防财务报表中的陷阱

财务报表是投资者评估股票价值及对公司能力分析的重要依据。但有些上市公司却在其中设置陷阱，欺骗广大投资者。财务报表的陷阱常表现在"隐恶扬善"或"隐藏利润"两个方面。

当一些公司由于各种原因经营业绩不好时，为了对其真实情况进行掩饰及支撑局面，往往通过粉饰报表，千方百计地做出虚假的财务报告，致使投资者被蒙在鼓里而不知真相，进而做出错误的投资决策，结果损失惨重。

这样的例子有许多，以某上市公司为例，该公司实际负债比率偏高，流动比率偏低，财务结构极端恶化，但公司的财务报表却号称每季度的营业利润在10%以上。此时，同行业的公司都是知名度很高的大企业，但它们每季度的营业利润均不到10%。对于公司财务报表中隐藏的问题，投资者不能掉以轻心。

> 点评：对于广大的投资者来说，只要擦亮眼睛，开动脑筋，稍作比较分析，就不难发现财务报表中隐藏的问题。

五、上市公司如何运用财务报表造假

一般来说，如果公司的经营业绩极差，经营者可得利润有限，或者公司可挖的潜力已被挖尽，那么经营者的眼光可能就会注目于股市，利用业绩的弹性，制造股价的弹性，然后上下易手进行炒作，等到问题的严重程度已经无法隐瞒时，于是把心一横，制造大量利多消息，拉抬股价，抛售手中持有的股票，捞一把就

走。另外，还有一些公司通过粉饰、伪造的财务报表申请上市，批准上市且大量增发后，公司的头面人物便携款潜逃。

有些业绩优良的公司害怕利润过高会惹人眼红，或引起税务部门的注意，因此想尽办法将盈余隐藏在账面外，以保留实力，增加公司的应变能力，这从有些绩优公司有时的获利率居然低于业绩一般的同业公司可以看出一些端倪。

如某水泥公司在公布中期业绩时，亏损将近7000万元，小股东们看到这个数字后，感到震惊之余，纷纷抛出手中的股票，而股价在经历一轮快速下跌或经短暂急跌后，底部特征已显。公司管理层打着"票面保卫战"的旗号一律照单全收，因而还大获好评。其后，公司在公布年报利润居然高达2亿元，结果是股价直冲而上，连创新高，但股价很快就形成冲高回落的见顶特征。这种"高超"的战术，令广大的散户投资者损失惨重。

财务报表中还有一个问题值得投资者重视，很多公司的主营业务收入只占很少的一部分，而绝大部分的收入来自证券投资。一些公司为了支持本公司股票的股价，不惜以公司的名义参与股票市场中的短期投机，赚取短期投机所带来的利益，然后把这些钱作为公司的营业收入，当公司的营业外收入增加时，其股票价格也必然上扬。

但这种营业外收入的增加是短期投机所获得的，它是一种风险投资，投资收益极不稳定，当股市向好时，可能获得较高的盈利，而当股市低迷时，则可能亏损累累。用这种短期投机获得的利益去粉饰账面，炒高股价，是有些公司的惯用手法。

> 点评：一些上市公司所公布的财务报表华而不实，避重就轻，甚至是鱼目混珠，以此掩盖其外实内虚的经营情况，投资者应该仔细研究公司的财务报表，避免被各种假象所迷惑。

第八十六课　辨别市场消息

一、被虚假消息误导怎么办

股市上各种消息的来源大致可分为三大类：新闻媒介、市场传闻和内部人士透露的信息。由于它们发布消息的原则有所不同，处理方法亦应不同。

市场传闻是股市消息的一大来源。由于发布者没有责任的约束，可靠性并不高，有些谣言就是有心人故意"制造"出来的，以影响散户投资者为其抬轿，达到其反向出货或进货的目的，对此不能不谨慎应对。当然，并非市场上的所有传闻都是空穴来风，有的也具有一定的参考价值，但需要具体情况具体分析。对于市场传闻，关键是要根据各种形势来进行判断，确定其可信度有多高。

还有一类是所谓的"内部消息"。如果是真正的内部消息，当然可信度高，照此操作一般都会有可观的盈利。但这类消息散户投资者是很难得到的，并且有"内幕交易"之嫌。身处信息爆炸时代，投资者应滤去不必要的信息干扰，把精力放在研究足以扭转大势方向的重大消息，识大势而赚大钱，且不可频繁地炒作"小道"消息。

投资者要确信，只有与市场趋势一致的消息才会发挥较大的作用，但这种作用只对股价的短期波动有影响，很少能影响到股价的中长期趋势，所以不要因为一则消息就随便改变对大势的基本判断，更不应在大盘整理时一厢情愿地赌消息。

如果投资者已经听信了市场传闻而买进或卖出了某种股票，建议你立即采取以下措施：

（1）立刻向上市公司求证市场传闻是否确实，如果答案是否定的或不明确的，立即停止买进或卖出。

（2）向证券管理机构、交易所等单位求证市场传播的消息是否可靠，如果答案仍然是否定的或不明确的，应该密切注意该股票的股价变化。

（3）如果该股票的价格走势开始呈现异常变化，迅速处理手中持有的股票，以免越陷越深，导致亏损扩大化。

> 点评：市场上的消息来源繁杂，有的是真实信息被泄露，有的是庄家配合操盘有意释放的，投资者在短时间内无法证实其正确性，如果依靠它来进行操作，会增大风险。

二、股市无消息时如何操作

股市有时也会出现消息"真空"期，无消息时又如何操作？此时的市场只有两种可能：如果大势在无消息时悄然上涨，这种上涨比利好消息刺激的涨势更加持久、更加凌厉；大势若在没有任何利空消息的情况下，无端下跌，一定会比在利空消息引起的跌势跌得更沉重、更加持续。

股市在没有消息影响的情况下，大势的涨跌反映了人气的聚散，尤其反映了投资者对中长期市场趋势的看法。此时股价的变化，完全反映了投资人对未来一段时间政治和经济形势的信心，正是由于短时间内无法证实，此种行情的趋势往往会走出相当一段时间，直到消息出现为止。

在无明确消息的情况下，以下可作为买卖的准则：

（1）市场无消息，股市上涨，人心对前景乐观，一旦买入，中线看好。

（2）市场无消息而股市下跌，未来形势可能很恶劣，应适当沽空离场。

（3）市场无消息而股市呈拉锯的胶着状态，不要轻易冒风险，以静制动为宜。待大势有迹可循，形成明朗趋势时再作投资决策也不晚。

> 点评：此时无声胜有声，关键在于自己要拿捏得准。

三、如何根据消息面选择买点和卖点

所谓消息面，就是有关能决定公司盈利的一些利空或利好消息。比如原油价格变动、行业政策变化、银行利率变化等。根据消息面选择买点或卖点要把握以下原则：

（1）强势市场出现利空消息时，伺机低价买进。大势处于强劲拉升阶段，人气旺盛，不利消息传来会造成股价下跌，但并不能被市场接受，投资者只知道指数还会升，股价还能涨。因此，在这种情况之下，股价突然下跌反而是低吸或加仓的好时机。

（2）弱市出现利好消息时，伺机逢高卖出。在股市上，如果出现大盘波幅较小，指数跌多涨少，成交趋于极度萎缩，这是典型的弱势市场特征。若投资者手中还持有股票，此时市场又传来利好消息，在操作上应当借助利好推高股价时出货，回避后市股价推倒重来，避免损失，保存实力。

（3）行情极度低迷有利好消息，追高入货。股市里没有只涨不跌的股票，也没有只跌不涨的股票，股市自有其运行的规律。当股市连续下跌，时间跨度和下跌的幅度都达到极限时，人人都企盼股市反弹，但又没人敢轻易入货，怕被套牢，成交量极度萎缩，此时的股市欲跌不能，反弹是迟早的事。因此，一旦利好消息出现，股市反弹，就应果敢地追高入货。

（4）股价在上涨中利好消息被证实，适时沽空。庄家利用朦胧题材吸纳股票，逐渐拉高股价，待利好消息被证实后趁机出货，获利盘利用高开的时机平仓了结。当市场传闻初起时立即买入，待市场传闻证实后卖出。

（5）行情低迷时利空消息被证实，适时吸纳。这与上面的情况有异曲同工之处，当朦胧利空消息传来时，股价已开始急跌，经过消化后股价会在较低位回稳，窄幅波动，消息一旦明朗或被证实，大势即不会有下跌空间，却有反弹走高的可能性。

> 点评：天才并不常有，但有一点是肯定的：根据消息面的特点果断出击，同样可以把握住难得的机会。

第八十七课　"专家"还是"砖家"

一、正确看待专家股评

所谓股评是指市场人士或股市专家对现阶段的股市现状及趋势所进行的评论。这种评论通过媒体的传播成为投资者投资之前的重要参考。自中国股市问世以来，股评便伴随左右。股评一般由从事股市现状和趋势研究的专业人士围绕某个时段（当日或当周）做出的评论。股评林林总总，投资者各有所爱，参考偏重有所不同。从大的方面来说，包括国内外政治、经济和行业等方面的股评；从小的方面来说，包括大盘、板块和个股等方面的股评。股评的方式有文章、图形和视频这三大类。

但是，国内股评行业的发展还不太成熟，从业人员良莠不齐，讲好不讲坏，所提供的报告和建议往往存在误导成分，真正经得起市场考验的证券专家队伍尚待形成。所以，投资者试图依据专家意见而赚取巨大收益的片面想法和做法是不可取的。

> 点评：对正确信息的错误评判，是一种错误思考的结果。专家自身的能力、知识和经验也有局限性，专家们不可能行行都懂，事事都通。

二、专家股评的片面性

股市有句名言"股市无专家"，颇有些让人看不懂。三百六十行，行行有专家，为什么股市没有？而且大大小小的股评专家、炒股大师，不是正在财经媒体上点评大势，在股市沙龙上频频曝光吗？面对花招迭出，变幻莫测的股市，许多投资者在茫然不知所措的时候，不正是股市专家的评论和预测，为他们指点迷津吗？

人们一听到专家，都是非常信任的，毕竟专家向来是一言九鼎。如果是众多专家对某件事情都持同样的意见时，更具有权威性。不过，这里应该有个前提，这些专家的意见必须是独立思考，不经过讨论的，这样的结果会使人们坚定信心。然而，不成熟之下必有浑水摸鱼之辈。有些股市专家的意见往往不是那么回事，他们的想法也常常相互影响，所以他们对股市走向的预测就不是那么可信了。甚至有的时候，股市专家的预测与实际结果反而是相反的。

> 点评：相反的情况是，有一千个专家可能有一千种看法，由于专家们自认为自己的看法正确而不愿吸纳别人的意见，这也会降低其结果的可信度。

三、正确对待专家股评

对于专家意见，投资者不能盲目迷信，也不要急于照着去做，要采取大胆听取、小心过滤的方针。可以参考专家的意见，但不能被其左右，让专家到市场上去真枪实弹地买卖股票，他们有时也会受到重创而归。

投资者应当对整个经济前景做到心中有数，不能过分地信任专家的市场预测。对于专家提供的意见、建议、信息等不妨广泛收集，但在形成投资决策的时候，一定要弄清公司的业绩、股票的投资前景等基本情况，经过分析以后再作决断。

这样一来，就可以把主动权掌握在自己手中，而在茫茫股海中做到应对自如。

另外，对于专家提供的建议，要不断在事后进行验证，整理出可信度和准确度，便于日后再次采纳时衡量其可靠性。股市行情复杂多变，投资者不可能在得到所有信息之后再作决定，要逐步学会在信息不充分的情况下做出投资决定。当你对一个企业的所有情况都调查得一清二楚时再投资，做法是正确的，但有些后知后觉了！

> 点评：当然，有很多的资深专家毕竟磨砺多年，对投资市场走势及如何进行投资总能提供有价值的参考意见，这样的股评值得投资者信任和重视。

四、外国投资者如何看待专家股评

外国投资者与中国股民一样，随着股市规模的扩大和股票个数的增多，也面临着一个同样的难题，没有哪一个投资者能够具备完备的投资知识、操盘技巧和个股信息。

投资者在不太了解股市行情及信息不全的情况下，往往很难做出自己的独立判断，即使做了也是不完整的、不准确的。

西方发达国家的资讯业虽然比较发达，但作为一名普通投资者，在迅猛发展的股票市场中，时刻面临着资料和信息不全或不完备带来的盲目性风险。

为了应付这种风险，投资者主要是通过电视、广播、财经网站等途径学习，以增加自己的专业知识和信息量的储备。

在国外成熟的股市中，为了弥补来自各行各业的投资者对股票知识的不足，都设有专业人士组成的证券投资顾问，为投资大众提供比较权威的服务。在各类新闻媒体也都开设有专家专栏。

> 点评：据调查，外国投资者入市操作，主要是受各种媒体的股评影响，这一部分人约占投资者总数的40%以上。

第八十八课　正确看待市盈率

一、股票市盈率

市盈率即市价盈利率，又叫本益比。

它是上市公司在最新年度的每股收益与该公司最新股价的比率，也叫动态市盈率。它是分析股价高与低的重要指标，也是衡量股票投资价值的方法。

市盈率是把股价和企业盈利能力结合起来，其水平的高低能够真实地反映出股票价格的高低。

例如：股价同为50元的两只股票，每股收益分别为5元和1元，那么市盈率分别是10倍和50倍，两者相差5倍。也就是说，企业盈利能力不变的情况下，投资者同样是以50元购买这两只股票，分别需要在10年和50年以后，才能从企业盈利中赚回投资。

企业盈利能力会发生变化，作为买卖依据未必足够准确，所以购买股票还要看重企业的未来。发展潜力大的上市公司，就算当前市盈率较高，投资也划得来。预期的利润增长率较高时，市盈率往往也高。

例如：上年度每股收益同为1元的两家公司，A公司年保持20%的利润增长率，B公司年保持10%的利润增长率，到了第10年，A公司每股收益将达到6.2元，而B公司每股收益只有2.6元。因此，就算A公司的当前市盈率高于B公司，若以同样价格购买，A公司能更早地赚回投资。

> 点评：不同市场或不同行业的股票价格水平，可以计算出每个市场的整体市盈率或者不同行业上市公司的平均市盈率。计算方法是用全部上市公司的市价总值除以全部上市公司的税后利润总额，即可得出这些上市公司的平均市盈率。

二、影响股票市盈率的因素

影响市场整体市盈率水平的因素有很多，最主要的有两个：即该市场所处地区的经济发展潜力和市场利率水平。

新兴证券市场有较好的发展潜力，预期的利润增长率比较高，所以新兴证券市场的整体市盈率水平比成熟证券市场的整体市盈率水平高。

发达国家股市的市盈率在15～20倍，亚太地区多数国家股市的市盈率在30倍左右。由于社会资金追求平均利润率的作用，一国证券市场的合理市盈率水平还与其市场利率水平有倒数关系。

> 点评：记住经济发展水平和市场利率水平与股票市盈率密切相关。

三、正确看待市盈率

市盈率是一个反映股票收益与风险的重要指标，也叫市价盈利率。一般来说，市盈率表示该公司需要累积多少年的盈利才能达到目前的市价水平，所以，市盈率越小越好。市盈率越小说明投资回报率高、投资回收期短、风险系数小、投资价值高。

美国股市从1891～1991年的100年，市场整体市盈率保持在10～20倍，日本股市保持在60～70倍，我国股市中的一些个股，曾有过成千上万倍的市盈率，但目前多在20～30倍。

观察市盈率不能绝对化，投资也不能仅凭一个市盈率指标下结论。上一年度的税后利润并不能全面地反映出上市公司现在的经营状况，当年的预测值又未必可靠，而且许多上市公司在预告当年盈利的预测值时，往往存在虚高现象，必须引起注意。

> 点评：市盈率提供的是过去已经发生的真实数据，投资者需要发挥自己的聪明才智，不断地研究技术分析方法，将基本分析与技术分析相结合，才有可能做出正确的、及时的投资决策。

四、市盈率和股息率的关系

股息率是指股票当下的价格与股息之间的比率。股息率是挑选收益型股票的重要参考标准，也是衡量企业是否具有投资价值的重要指标之一。

决定股息率高低的不仅仅是分红和分红发放率的高低，还要视股价来定。比如，A股价为10元，B股价为20元，同样发放每股0.5元分红，那么A公司的股息率为5%，B公司的股息率为2.5%，显而易见，A公司的股息率比B公司的股息率高出1倍。

市盈率小说明投资回报率高，但最终的投资回报率还要根据上市公司股息率来定。市盈率小，股息率低，甚至没有分红，根本谈不上投资回报率，只能依靠股价上涨才能获得投资回报，这是造成A股市场投机氛围长期浓厚的原因之一。

> 点评：市盈率低，股息率高，这样的上市公司才有投资价值，不然市盈率再低也是镜花水月。

第七章　系好投资"安全带"

第八十九课　防火、防盗、防风险

一、炒股的风险

所谓风险，是指遭受损失或损害的可能性。就证券投资而言，风险就是投资者的收益和本金遭受损失的可能性。

从风险的定义看，股票投资风险主要有两种：一种是投资者的收益和本金的可能性损失；另一种是投资者的收益和本金的购买力的可能性损失。

从风险产生的根源看，股票投资风险可以区分为企业风险、货币市场风险、市场价格风险和购买力风险。

从风险与收益的关系看，证券投资风险可分为市场风险（又称系统风险）和非市场风险（又称非系统风险）两种。

市场风险是指与整个市场波动相联系的风险，它是由影响所有同类证券价格的因素所导致的证券收益的变化。

经济、政治、利率、通货膨胀等都是导致市场风险的原因。

市场风险包括购买力风险、市场价格风险和货币市场风险等。

非市场风险是指与整个市场波动无关的风险，它是某一企业或某一个行业特有的那部分风险。

例如，管理能力、劳工问题、消费者偏好变化等对于证券收益的影响。非市场风险包括企业风险等。

> 点评：由于市场风险与整个市场的波动相联系，因此，无论投资者如何分散投资资金都无法消除和避免这一部分风险；非市场风险与整个市场的波动无关，投资者可以通过投资分散化来消除这部分风险。

二、收益性风险

在多种情况下，投资者的收益和本金都有可能遭受损失，这就是炒股的收益性风险。

对于股票持有者来说，上市公司因经营管理不善而出现亏损时，或者没有取得预期的投资效果时，持有该公司股票的投资者，其分派收益就会减少，有时甚至无利润可分，投资者根本得不到任何股息。

投资者在购买了某一公司的股票以后，由于某种政治的或经济的因素影响，大多数投资者对该公司的未来前景持悲观态度，此时，因大批量地抛售，该公司的股票价格直线下跌，投资者也不得不在低价位上脱手，这样，投资者高价买进、低价卖出，本金因此遭受损失。

投资者的收益和本金的购买力损失，主要来自通货膨胀。

在物价大幅度上涨、出现通货膨胀时，尽管投资者的名义收益和本金不变，或者有所上升，但只要收益的增长幅度小于物价的上涨幅度，投资者的收益和本金的购买力就会下降，通货膨胀侵蚀了投资者的实际收益。

> 点评：市场风险与投资收益呈正相关关系。投资者承担较高的市场风险，可以获得与之相适应的收益补偿。这就是常说的"收益有多大，风险就有多大"。

三、主观因素风险

从投资者的角度看，炒股的风险归纳起来不外两大类：一类是外部客观因素所带来的风险，另一类是由投资者本人的主观因素所造成的风险。

投资者主观因素风险多来源于贪得无厌与赌博心理。这类投资者在股市中获利后，多半会被胜利冲昏头脑，像赌棍一样频频加注，直到输个精光为止。反过来，假如在股市中失利，他们常不惜背水一战，把资金全部投在股票上，孤注一掷。毫无疑问，这种人多半落得个倾家荡产的下场。

个人和家庭财富保值增值的途径有很多种，而股市作为一个风险与收益并存的场所，具有其独特的魅力。

对于没有股市经验的人来说，总多少带有一些对股市的畏惧。但是，如果风险承受能力差，就应慎重介入股市。

> 点评：如果说客观因素难以控制，那么主观因素风险是完全可以避免的，这需要投资者不断修炼主观意志，克服贪赌心理。

四、客观因素风险

外部客观因素所带来的风险主要有以下几种：

（1）利率风险。这是指利率变动，出现货币供给量变化，从而导致证券需求变化而导致证券价格变动的一种风险。利率下调，人们觉得存银行不合算，就会把钱拿出来买证券，从而造成买证券者增多、证券价格便会随之上升；相反，利率上调，人们觉得存银行合算，买证券的人随之减少，价格也随之下跌。

（2）物价风险。也称通货膨胀风险，指的是物价变动影响证券价格变动的一种风险。这里有两种情况：一种是一些重要物品价格的变动，从而影响大部分产品的成本和收益；另一种是物价指数的变动。物价上涨使企业成本增加，这时投资股票不免会有风险。不过总的来说，物价上涨，债券价格下跌，股市则会兴旺。

（3）市场风险。这是指股票市场本身因各种因素的影响而引起股票价格变动的风险。证券市场瞬息万变，直接影响供求关系，包括政治局势动荡、货币供应紧缩、政府干预金融市场、投资大众心理波动以及大户投机者兴风作浪等，都可以使证券市场掀起轩然大波。

（4）企业风险。指上市公司因为行业竞争、市场需求、原材料供给、成本费用的变化，以及管理等因素影响公司业绩所造成的风险。企业风险主要包括营业风险、财务风险等。

> 点评：外部因素带来的风险虽然不可控制，但投资者可以认识风险变化的客观规律，并可以及时化解和规避。

五、通过典当炒股的风险

在众多影视作品里，当铺一直被看作是剥削阶级的产物，如今成了一些投资者融资的乐土。虽然典当的利息比银行抵押贷款的利息高出许多，但在火爆的行情面前仍有一部人将典当资金作为股本的来源之一，成为地道的"风险偏好者"，许多人把自己的贵重物品典当了，以典当融资炒股。

眼下到典当行办抵押贷款的投资者越来越多，主要是房产、汽车典当。其实，典当只是一些投资者急于融资的途径之一，为了筹集更多的资金，他们将房产抵押给银行，将汽车抵押给典当行，通过贷款的方式，放大资金偿付能力。典当融资行与银行贷款不同之处在于，典当行并不会要求融资者提供资金用途的说明，也就更不会限制客户将资金用于炒股或者买基金。股市出现的翻番涨幅，让不少人把融资的目光投向了可以较快达到目的的典当融资上。

> 点评：历史的教训表明，通过典当炒股如果遭遇股指下跌回调，贷款资金无法偿还，那么房产等抵押品很可能被银行没收或者被典当行拍卖，投资者将一无所有。

六、典房炒股的潜在风险

中国股市的狂热，已经波及了众多的典当行。一批典当大件物品去炒股的人，正成为典当行主要客户，房产典当成为多家典当行最主要的生意。更有甚者，有人把仅有的一套住房直接卖掉进入股市。比起银行办理贷款相比，典当行作为"零门槛"的贷款方式很受急需资金投资的投资者欢迎，典当行的贷款在3～7天内就可以到账。

为了增加在股市上的投资，家住北京的张先生来到典当行咨询房产抵押，意欲典当的是一套200平方米左右的房子。这是他几年前以每平方米50000元、总价1000万元所购。典当行房产评估部门对他的房子进行实地评估。他的房子曾因装修而改动了原房型，估计评估出来的价格会相对原房型偏低，公司将会按评估价值的50%～60%的价格给予贷款。

张先生认为，能贷到原房款的50%就够了。他说："去年他在股市上投入了100万元，赚了40%，现在把房子典当来炒股，我有信心赢回来。去年我的一位朋友也是抵押了房产去炒股，当时典当行给他房价69%的贷款，结果他赚了不少，而今年典当行的贷款利息比去年还低些。"

典当行给张的贷款约定的利息是月息3.12%，如果超过规定偿还期，不仅每个月要支付3.12%的利息，还要加上每天1.1‰的罚款。如果还款时间晚了半个月以上，典当行将有权把张的房子拿来对外拍卖。

像张先生一样，今年32岁的王小姐也是当房炒股中的一员。2015年，听说股市涨得厉害，王小姐就带上200万元的存折去找朋友帮着炒股。不到半年，她赚了120万元。

尝到甜头后，王小姐就开始鼓动亲朋好友和她一起炒，但包括丈夫在内的亲友都对她的举动表示不可理解。眼见没有筹集到更多资金去炒股，王小姐打自己住宅的主意，死缠硬磨地从老公手里要来房产证，去了典当行贷了300万元，准备全部投进股市。

随着典房炒股者越来越多，银行系统对贷款挪用情况的审查也使得典当行开始留意，现在一般都要问问客户当房子、当车之后钱用来干什么，防止那些没有在银行拿到贷款的准投资者又转向典当行。

> 点评：典当房屋去炒股，资金成本年息超过30%，用这种方式买股票面临的风险极大，尤其在现在的市场条件下，投资者一定要慎之又慎。

七、学生炒股的风险

在各地的大中学校里，孩子年龄不大，拿着压岁钱入市，谈起"股经"却头头是道。为此，社会各界看法不一，有人认为这能够培养孩子的理财能力，人小鬼大，应相信孩子；有人认为孩子的主要任务是学习，整天心系股市，不利于学习成绩的提高；有人认为小学生炒股只是"玩玩"，需要家长和老师的正确引导。

股市的开盘时间正好是学生上课的时间，要想在开盘期间自己进行买卖根本不可能，所谓学生炒股，也无非是在家长的带领下一起炒。家长们倒痛快："钱也不多，输赢有什么关系？"有位孩子妈妈又补充道："经历了股指狂跌，孩子现在的风险意识很强，买股票坚决不肯多投钱，怕损失了自己从出生到现在好不容易攒下的压岁钱。"

还有的家长说："自从炒上了股，孩子总要在电脑边摆上纸笔还有计算器，那是在算自己的股票变化情况。感觉做题时都比以前细心了，答案也准确。"一位同学说："以前做计算题感觉有点枯燥，觉得没什么可算的。现在算的是自己的钱，加减乘除都能练习练习，有时候还要接触到小数，数位如果太多，搞不清，就请教爸妈。"

原来，炒股还能促进学习成绩的提高？

其实，只要孩子不是抛开学业到股市里去炒，而是通过家长参与股票买卖的运作，可以让学生对证券知识有一定的了解，只要学生不过分在意涨跌，就没必要过分担心。用压岁钱来学习经济知识，比乱花要好得多。这样有助于孩子培养经济意识，适应市场经济。可以说，这样的知识只能在生活中学习，课本上学不到。不过家长要特别注意，不能让孩子过分在意金钱的得失，不能让孩子过分沉溺于股市。对于学生来说，学习毕竟是第一位的。

> 点评：要注意不能因为炒股影响了孩子的学习，孩子是以了解理财知识为主，不能整天心系股市。

八、家庭主妇炒股如何规避风险

很多家庭主妇听说了太多身边的人买股票发大财的故事，恨不得自己也是其中一个。把家里的一部分钱拿出来投资，也算是贤良品质，这点大多会得到老公的表彰。

其实，家庭主妇们所听说的暴富故事，那些突然发现自己因持有股票暴富的普通民众，多数都是买了股票就恨不得忘记了，某一天想起来，突然发现那股票翻了许多倍。这就是投资，放在那里，等着。当然，你千万不能有暴富的期待，那就算投机了，你应该只是希望股票最终的收益是抛开通货膨胀的因素还有少许增值。

谁都明白赌博是投机，你听说谁赌博赢了一座大厦吗？只有人在理论上赢过，最后也会因再押进去而输掉，倒是会有人因为赌博输掉了一个庄园。这就是投机的可怕之处，不是说你不会赢钱，而是它会使你的心态失衡。

一位家庭主妇讲起炒股的心得体会说：炒股好比炒菜，讲究火候的菜，如果没点功利心，就不容易做得好吃。

> 点评：家庭主妇都知道什么菜最容易做，那就是炖肉类的菜。因为这种菜只要材料放得够，想做坏都不是件容易的事。主妇炒股就该有这样的心态，不急不火，做不好也不会做得一塌糊涂。

九、宏观经济调整会带来风险吗

从理论上说，有两种力量控制着经济的运转：一是市场经济制度内在的自发的力量；二是政府的经济政策。

政府的经济政策对股价有着重要的影响。如 1994 年上半年，由于股市持续低迷已经影响到新股上市发行，8 月 1 日，证监会公布了暂停新股发行等政策消息，引发了股市大幅度上涨行情，沪市从 325 点在不到两个月得时间内涨到 1052 点。

对于成熟的股市，股票价格的变化是大致平稳的，如果发生了震荡，在短时间内股价暴涨或暴跌，这有可能是由于长时间受到抑制而推动股价上升或逼迫股价下跌的力量等因素造成的，还有一种可能性就是发生了重要的政治或经济事件。

如 2008 年 10 月，国家推出 4 万亿元经济刺激计划，之后股市价格连连上升。相反，一些重大事件的发生和一些重要政策的出台，也可能造成股市的狂跌，给投资者带来巨大的风险。例如 2007 年 5 月 30 日夜，国家宣布上调印花税。

> 点评：股市是宏观经济发展的"晴雨表"，这句话既包含着机遇，也预示着风险。

十、购买境外股票的风险

购买境外的股票，必须通过境内有资格的金融机构代理，这叫作代客境外理财业务。银监会放宽了代客境外理财业务的投资范围，如交通银行、光大银行等中资银行，纷纷获得了 QDII 资格，QDII 的出现不仅为广大投资者提供了更宽的投资渠道，也在人民币汇率不断升值的背景下，提高 QDII 的回报率提供了可能。

银行境外代客理财产品大多以人民币认购，且周期大都在 1 年以内。在人民币升值预期十分强烈的背景下，潜在的汇率风险就成了银行代客境外理财产品面临的主要的潜在风险。按照目前人民币在远期市场的走势，银行代客境外理财产品面临着大约年化收益率近 3% 的潜在损失。按照这样来算，代客境外理财产品需要达到6%以上的年化收益率，才能与人民币理财产品收益基本相当。

海外投资产品种类繁多、鱼目混珠，个人投资者选择起来耗时耗力。另外，海外投资产品还有较高的相关费用，如托管费、管理费，有的产品还收取销售服务费。

> 点评：对于普通投资者来说，购买境外的投资产品之前，务必充分了解投资海外的相关专业知识，同时要注意人民币汇率的变化。

第九十课　为何有些投资者眼中常含泪水？
——来自大户的风险

一、"一日大户"的风险

在股票市场里，经常会出现所谓的"一日大户"。这些人在第一天买进股票，当整天跟踪炒手动态，跟进跟出的短线投资者发现这一动向，积极跟进的时候，他们却在第二、三天卖出跑掉了。这种"一日大户"，可以说是追不胜追，防不胜防。

由于股票市场对消息的反应特别敏感，炒手、大户进出股市的动向通常会引起股价的波动，因而也就成了股票投机者及一些散户竞相追逐的目标。而大户正是利用这一点，在操作技巧上，做短线，抢帽子。这使得一般的投资者常常感到困惑，前一天刚刚在市场上得知大户进货的消息，第二天当散户纷纷追高时，大户却在股票的高价位获利了结。

> 点评：事实上，这种做法是大户分散投资风险的一种投资策略，但却给散户带来了风险。

二、如何防范股市大户的恶意炒作

大户因为有长期操作几只股票的压力以及必须耗费的精力巨大，如果主力股控盘至相当高的价位水平，上档的压力比较重，有时为了转移市场散户投资者的注意力，大户会在投机性较强的股票上煽风点火，以达到带动市场人气旺盛的目的。

在快速的一进一出的过程中，由于额度较大，即使股价仅仅上升一两个申报价位，大户的获利也是十分大的。如果运气好，能以低价位拉高至涨停板的价位，也就是说从震荡盘中的跌停板价位开始上升，散户追高纷纷跟进，大户抢一趁帽子获利可达到6%，因此大户也乐于这样操作。

> 点评：对于喜爱追逐大户消息的投资人来说，应当提高警惕，注重分析和观察市场的动向，避免盲目跟进大户，在大户的恶意炒作中吃亏。

三、大户操纵股市的形式

（1）恶意抛售。股市大户通过买进或抛出某种总量不大的股票，股价因此而攀高或下滑，小户不知其中有诈，盲目跟进购入或售出，在达到一定时间后，大户暗中将吸入的股票抛出，或将抛出的股票购入。如果是前者，那么股市支撑乏力，股价回归正常，大批小户则被套牢，即上了大户的圈套。

（2）暗中转账。大户利用亲友姓名或本人化名，在不同证券公司开设多个账户，利用这些账户进行高价或低价转账，即利用两个以上户头同时买进与卖出，造成股市价格的人为波动，给其他投资者提供虚假信息，诱使他们盲目跟进，以达到高价出、低价进的获利目的。这种做法有较大的欺骗性，对股市的影响很大。

（3）串谋联手。主要指大户与一些内幕人士联手，共同操纵股市，使股价暴涨、暴跌，制造紧张气氛，诱使不明真相的小户盲目跟进被套牢。

（4）轮番炒作。这是大户联手操作股市的一种行为。几个大户按相互预定的计划以拉锯的方式来回买卖，哄抬或压低股价，制造对自己有利的行市，从中获利。这种形式与上述几种形式相比，更加具有隐蔽性与欺骗性，小户稍有不慎便会落入陷阱。

> 点评：巧斗大户，需要勇气和胆量，更需要智慧和谋略。

四、提防大户的"抛砖引玉"

在股票市场的运作过程中，有些股票大户以小额买卖（以"高进低出"或"低出高进"）的方法，连续操作多次，以损失少量金额达到压低或抬高股价的目的，这种做法叫以小失换大利。

大户以少量金额不断地高价买进，是为了抬高股票价格，当引诱大众跟随高价买进而使股价真的攀高之后，则大量抛出。另外，大户不断地低价抛出少量股票，造成一种虚假的供给，从而使股票的价格降低，这时再趁机大量购进。不断地小额"高进低出"或"低出高进"，其目的是趁机将大额"高出低进"，最终的结果是以小失换来了大得。

点评：防范这种风险的办法：要注意观察投资大户，如果某大户在短期内不断地以小额抛出或买进同一种股票，那么就千万要小心了。当投资大户以少量股票抬价买进时，应认准时机尽快把同类股票抛出；而投资大户以少量股票压价抛出时，倒不妨买进些同类股票。

五、提防大户的"障眼法"

大户们在炒作股票的过程中，还有一种与抛砖引玉十分相似的操作手法，那就是"明修栈道，暗度陈仓"。

在股票市场中，众多的投资散户为了追踪大户的动向，对"热门股进出表"与"做市商进出表"相当重视。大户利用投资散户的这种心理，采用"欺软"的手法，达到其出货或进货的目的。

大户为了顺利"出货"，往往"明"在一处小量买进，却在"暗"处（经常分散在多处）大量卖出，让散户误认为"主力仍在吃货"而照跟不误。大户若为了压低"出货"，则"明"在的一处"大"量卖出，却"暗"在其他地方买进（其实大量卖出的远远没有分散买进的多），让投资散户误认为"主力出货了"而惊慌杀出。结果一项原本为投资人提供快速"资讯"的通道，到头来，却成了有利于大户获利的工具。

点评：股市真真假假，虚实难辨，投资者一定要细心分辨大户的障眼法，否则雾里看花，定会掉入陷阱之中。

六、防止被炒家牵着鼻子走

一位著名的市场高手，在炒作一只纺织股时，一路上都非常顺手，市场跟进的投资者十分踊跃，整个股市的行情也颇能配合，使得这只本质并不突出的纺织股的股价节节上升。但是，由于这只纺织股的本质并不突出，跟进的人虽然见气势不错，且仰慕和信任这位市场业内大户之名而买进，但却是步步为营，且战且走，以防这位大户开溜了结。在这种情况下，虽然这位大户非常满意股票上涨的幅度，但却为如何顺利出货而感到困扰。

有一天，这只纺织股在临收盘时，突然涌现出强烈的卖盘，股价急剧滑落。跟进的投资者自然积极探听原因，经过多方查证后，所有的进出数据都显示这位大户仍在买进，卖盘则是来自市场的另一位高手，而且宣称是错卖，这位高手把大户临收市时电话通知不限价买进100万股，听成了卖出100万股。次日，一些媒体也报道了这段"内幕"。

"精研"市场气势的人立即判定这位高手错卖的100万股必须补回，有主力照应，而且"空头"待补的情势下，股价一定会有突出的表现。果然这只纺织股当天就因积极的抢进快速涨停，大户临收市时再以涨停价大量挂进，使收盘后这只股票涨停板挂进数量极为惊人，所有的媒体根据交易所提供的数字，也报道了这突出的涨停板挂进数量。

这样，很自然地这只纺织股接连几天在投资者的抢进中高挂涨停板，只是成交量逐日扩大。这位大户也就顺利地出货获利了结。没有了大户的支撑，这只纺织股往后的发展，当然是不太好，接二连三的跌停板，使那些后来蜂拥而入的跟进者个个损失惨重。

> 点评：在买进或卖出股票时，应充分分析市场行情，了解大户的用意，不要被表面现象所迷惑，不要被人家牵着鼻子走。

七、提防大户暗中"拔档子"

主力大户炒作某只股票时，在拉高股价的过程中，经常会用到这种手法进行洗盘，它使本可获利的中小散户中计而错失赚钱的机会。

当大户要炒作某只股票时，必定要将其股价抬高，因为这是他获利的关键。

但如果只顾一味抬高股价，不但过于明显外露，而且跟进的抬轿者也有可能发现其中的蹊跷而中途退出，这对于有心炒作的主力来说，坐起轿子来就不安稳，操作的成本也无形中增加了许多。所以主力大户常在股价上升看好的过程中，运用"拔档子"的手法作为技术性的调节操作。

当股价涨到某一价位时，主力大户会将手中的股票先卖出一些，给上升的股价降点温，使之冷却下来，等股价回低后，再予以补回。这样就可以将市场中浮动的筹码清理掉，减轻日后抬高股价的阻力。顺便也在一买一卖之间获取更多的资金。当然股价只是小有回跌，即补进，这样会增加大众投资者的信心，使抬轿者不会随意换手，因而主力成功的概率就大，机会也就多。

上海石化的庄家在炒作的过程中就使用了暗中"拔档子"的手法。庄家先将石化股价拉到3.0元附近，然后使用暗中"拔档子"的手法进行一次震荡，然后拉到3.2元进行一次震仓洗筹。投资者们因为对走势摸不着头脑，所以纷纷出货，而庄家此时却在3.0元全部接走抛盘，并在一日之内将股价由3.0元拉高到3.6元以上，其后，只要有抛盘，都是照吃。然后在3.6元附近，再用同样的手法洗盘。为以后的拉升过程，扫除了障碍，因而获利颇丰。而中途下轿者，则损失惨重，错失赚钱的良机。

> 点评：小额投资者和中小散户，在股价的一路攀升中，应警惕主力暗中"拔档子"。

第九十一课　股市防雷指南，我想你很需要！
——风险防范（一）

一、防范不可抗拒的股市风险

这是进入股市首先必须解决的问题。股市风险因来源不同大小不一，不可抗拒的风险是指因为宏观经济的周期变化、国家某项经济、金融政策的调整、有关法规的制定与变动、重要岗位官员的更换、国际上股市行情变化甚至市场谣言等因素给股票价格造成波动，从而形成不可抗拒的风险。

这种风险的特点是，只要跟着大势走，不想盈利也会盈利，不想亏损也得亏损，属于爱你没商量风险，投资者所能做的就是多赚还是少赚，多亏还是少亏。

股票市场具有投机性，因此在股票交易中，要坚持理性至上的原则。对市场上发生的每一个巨大的变化，都要理性分析其变化的深层原因，然后根据分析，提出自己的交易战略。

> 点评：在股市闯荡的人常常鼓吹跟着感觉走。每个人对感觉有不同的理解，有人把它称为"理性的感觉"。股市交易坚持理性至上的原则，这是减少风险的最佳途径。

二、防范经济周期带来的风险

一般情况下，当经济处于繁荣时期，股票价格呈上升趋势，涨多降少；当经济不景气时，经济发展缓慢，失业率上升，通货膨胀，国民生产总值下降，股票价格呈下降势头，跌多涨少。由于一轮经济运行的周期通常经历若干年，在经济持续发展的时期。股市总的趋势是向上的，但其间因为供求关系的变化或有关政策法规的影响，股市会出现幅度不小的回调。

也就是说，即使是在经济景气时，买入股票进行长期投资，在股市达到阶段性上涨的顶峰时，也应该辅之以中期调节的操作手法，先获利抛出，回避阶段性下跌的风险，待回调时再买进。

在经济的萧条时期即将结束，而股市又有见底回升迹象时，应该进入股市，分批购买股票做长线投资。当经济繁荣已近顶点时，而股市也已经长时间大幅上涨，股市人声鼎沸时，应该逐步抛出股票，退出股市。

这种投资方法能够有效地回避风险，并获取较大的利润。

点评：周期就是循环。只要在股市上交易，那么赢来的钱就只是借来的钱。股市是一个残忍的高利盘剥者，投资者会经常把借来的钱加上高利息还回，这就是风险。

三、规避利率变化带来的风险

中央银行要依据经济形势的变化逐步进行宏观调控，其中很重要的一个措施是调整利率。

利率的变化使股票投资具有遭受风险的可能性。当利率降低时，人们不愿将钱存入银行，更愿选择新的投资途径去投资股票。当资金从银行流入股市时，股票价格就会上涨。

当利率降低时，企业可从银行获得成本较低的贷款，可使企业利润相应地增加，刺激股价上涨。而当利率上涨时，银行存款利息增加，引导人们去储蓄，许多投资人会卖出股票收回资金，转入储蓄。因股市资金减少，股价就会下跌。

当利率上涨时，企业贷款成本上升，相应利润下降，也会影响到企业扩大再生产的积极性。

点评：利率变化既与宏观经济有关，又有其自身规律。投资者在遇到利率调整时，要先区分利率变化的不同原因，不要盲目地买进卖出。

四、防范公司经营状况带来的风险

关于股票的价格是如何决定的问题，有两种相反的看法。

一种是基础理论，认为发行股票的股份公司的经营状况好坏决定了股票的价格；另一种是空中楼阁理论，认为股票的价格与股份公司经营状况的好坏关系不大，股票的变动主要取决于供求因素。

认真分析一下，股票价格是与经营状况有直接关系的。在短期内，尤其是在突发事件中，公司的经营状况确实对公司股票价格变化影响不大，但在长期，公司的经营状况会对公司股票价格产生巨大的影响。

经济活动有确定性又有不确定性。经营活动也是一样的，也有诸多的不确定性，谁也无法保证任何一个上市企业都能盈利，谁也不能打保票说某上市公司永远处于良好的发展状况。

另外，市场的经营活动还与国家经济政策有关，管理层会根据股市的发展情况，适时用政策对股市加以调控，为有效回避政策风险，还需深入研究国家的有关政策，才能把握公司的发展趋向。

点评：当投资者买到股票时，应该铭记的是，任何一种股票都有经营性风险。更为糟糕的是，如果有一天公司倒闭，那么其股票便会一文不值。

五、防范上市公司诚信风险

按照有关规定，上市公司要坚持诚实守信，自觉规范信息披露行为，维护市场秩序，保护投资者合法权益，特别是切实履行好上市公司信息披露义务，树立诚信尽责的良好形象，提高规范运作水平，改善上市公司整体质量。

然而在中国股市，上市公司信息披露失真等有失诚信的行为却屡屡发生，给投资者带来很大风险。由于市场中的卖家永远比买家拥有更多的信息，买者往往不会相信卖者，他们唯一的办法是压低价格以避免信息不对称带来的风险损失。买者过低的价格会使卖者不愿提供高质量的产品，由此会导致劣质股票充斥市场。上市公司如果披露虚假信息，制造与投资者之间的信息不对称，会严重误导投资者，给投资者带来损失，以前的西部矿业、ST生态等事件，都是前鉴。

点评：对待这种风险，投资者唯一的办法是擦亮眼睛，详细了解上市公司的诚信状况。

六、防范大户恶意操纵风险

在股票市场中，大户的作为经常引人注目。大户经验丰富，有专门的股市行情分析人才，资料充分，信息来源广泛，所以比一般投资者能更深入地了解股市的动态，具有很强的权威性。一个或几个大户的吃进或抛出常常会带动整个股票市场的竞购或抛售，引起股价大幅度上升或下挫。同时，大户资金雄厚、实力强大，买卖的股票数量多，有很强的能力影响股价。

点评：在人为的股市风浪中，有很大部分是大户暗中操纵的。大户操纵的股市行为，需要引起散户的高度警惕。

第九十二课 股市防雷指南，我想你很需要！
——风险防范（二）

一、运用模拟战法防风险

投资者进入股市后，不要急于下单购进。无论你事前看了多少股票方面的书，请教了多少投资者的经验之谈。首先应该冷眼观察，熟悉股市行情和交易所交易的程序，这对了解什么是股市，什么是股票大有好处。如果实在控制不住自己的交易冲动，那么也可以试一试，但是买进是假的，运用"纸上模拟法"，即在纸上记下你对市场行情的分析和判断，记下决定购买的股票的名称、价格、数量、佣金、交易费用以及其他组合材料。

然后，根据股票市场价格信息，对比一下自己的决策是否妥当，是盈利还是亏损。通过这样的练习，对日后交易有很大的帮助，也有利于消除自己对股市的恐惧，从而大胆入市。

> 点评：实践出真知，模拟长才干。当股价经过长期下跌，股价已经处于历史低位，许多股票都具备了投资价值时，可以入场分批买进股票，而不宜抛出股票。当股价经过大幅上涨，股价接近历史高位，并远离投资价值时，应逐步抛出股票。

二、根据资金实力防风险

股票投资有一种特性，那就是风险难测。由于股市风险事先难以预测，因此，投资者应该遵循量力而为的投资原则。所谓量力而为就是在做投资决策前，先考虑自己的投资条件以及承担风险的能力，有几分承担风险的能力，就做几分投资，不做超越自身承担风险能力的冒险，这是初涉股市的投资者应遵循的原则。

一般而言，做任何生意，如果用现钱买现货是较稳定的；如果过分扩张信用，以一分钱做二分钱买卖，在顺境时自然获利，万一情况不对，就苦不堪言了。投资股票也不例外。自己手头有多少资金用于购买股票就购买多少，不可把自己维持生存的资金全部投上，这样心理压力太大，盈利的可能性也小。因此，初进股市，投资者应该以稳健保守为宜，以自有资金投资股票，自然平安无事；如果不自量力，则很有可能遭受重创。

> 点评：股市避险很重要的一条就是战胜自己。人往往会按照自己的经验和书本上的知识办事。事实证明这样不行。书本和经验都代表过去，而股市代表全新的未来世界，它需要全新的判断、全新的思维。

三、防范心理风险

在股票市场中投资者的心理因素是非常重要的，它事关投资者的成败。投资者的心理有个人心理和群体心理两种。个人心理指投资者自己对外界信息的理解而产生的心理，这与个人对外界信息的认识程度及个人心理素质有关。

投资者的心理直接影响着股票价格。在股市上，如果每个投资者都相信某一种股票值 100 元，那么它的价格就有可能是 100 元。如果每一个投资者又都相信该股票值 200 元，那么，该股票的价格就有可能是 200 元。但由于股市上的投资者地域、年龄、知识结构等方面的差异，因此对股票的认识也不尽相同。这样，股票的价格也会变得千变万化。

> 点评：在风风雨雨的股市上，既相信专家又不相信专家。专家在多数时候是正确的，但也有"看走了眼"的时候。做合格的投资者，必须告别依靠专家，最根本的，是唤醒自己的理性精神，与非理性的自我告别。

四、应对股市的突发事件

股海弄潮，形势瞬息万变，股市里的突发事件是频繁发生的，有时是难以预测的。突发事件大多是偶然性因素，而不是系统性原因，不会影响长期趋势。如果投资者受突发事件的干扰，轻易改变之前经过认真分析而做出的判断，做出过度反应，则会导致业绩不佳。

在股市中，投资者经常不愿意将账面损失转为实际损失，尽管这种亏损已经是显而易见、不可逆转的。即使需要现金时，投资者也往往倾向于卖出已经盈利的股票，而继续持有还处在亏损状态的股票，这就是金融行为学上的处置效应。投资者更愿意卖出股价上涨的股票，这是一种非常不良的投资心理，风险巨大，容易导致投资者遭受更多的损失，同时又失去更多获利的机会。

究其原因，对于相对肯定的损失，投资者即使不愿意面对，它也是事实，所以，长痛不如短痛，要制定一个参照价格点位来计算相对的盈利或损失，如果目前的股价距参照价位还有下跌空间，此时卖出股票虽有实际损失，但却是相对盈利状态；另外，在购买一只股票之前就要想好在什么条件下需要卖出。

现实情况表明，在投资者卖出一只股票后很快买入另外一只股票，往往被卖出股票的股价在随后一年的表现优于后来买入的股票，一般高出三四个百分点。这说明，对突发事件的过度反应所付出的代价是高昂的。原因在于投资者的心态发生了变化，把突发事件看成必然事件，所以，要去寻找新的模式而否定之前的模式。

> 点评：在遇到偶然性突发事件时，要稳住阵脚，沉着应对，先分析是否有确凿的理由支持自己对于市场的判断，然后再慎重考虑自己的决策是否有利于减少亏损，扩大盈利。

五、控制投资股票的风险

股票投资其实是一项风险决策，一般来说，正的期望值越高越是好的炒股机会。但一笔钱炒亏了，并不一定是买卖股票决策错了，良好的风险控制很重要。

炒股都是有风险的，必须做好风险控制，要考虑风险承受能力，不能因一次失败就让自己再也没有机会。良好的风险控制是长期取胜的关键。

股票投资做得好的人关键是心态要好、性格要稳，急躁、心理脆弱、情绪波动大的人不适合从事股票投资的。

影响股价变化的因素太多了，谁也不可能事先都预见到，所以不能用一两笔交易来衡量成败，投资成败确实有运气的因素，但无论环境如何变化，能够持续获利，才是成功的投资者。

股票市场充满了变数，短期的东西是很难把握和预测的，所以根本不用费心地预测短期的行情波动，甚至精确到具体个位点数，这是不可能也毫无意义的。

只要能够把握股市最粗线条的大趋势，就能获利无数了，股市投资方面，大家最缺的是一些大智慧。

股票投资是高风险的行为，俗话说，高风险伴随高收益，但这是就理论和总体层面而言的。对不同的人，风险并不相同。有的人对某一只股票有充分的了解，因而相对所承受的风险比不了解的人要小，获利的概率相应会更高一些，所以市场经常会出现收益远大于风险的时候，这就是股票投资的机会。

> 点评：股票投资不需要极高的智商，更不需要太高深的理论，在股市中往往简单的道理最管用。一位炒股大师曾说过，哲学、历史学得好的人比学统计学的人更适合做炒股。炒股就是把握风险与收益，"先为不败，然后方可求胜"，孙子兵法中的这一条很适合股票投资者。

第九十三课 "风控心法"要好好练！
——风险管理

一、进行风险管理

投资很重要的一个内容就是风险管理。如果不讲风险管理，则很难获得预期利益。比如投资已经亏了，以后涨的时候，就把止损线往上移，可以保证投资成果。如果判断股价上涨，股价却跌了，和预想的相反，那么就要考虑出货。

在买进时首先考虑的不是涨，而是如果跌了，在哪个位置止损。确立一个止损线，是保证投资者立于股市不败的生死线。在多头市场上，出货的时候，同样要考虑，如果抛错了的话，何时止损，何时还要进货。

错了以后马上改进，在股票市场上才能学到东西。不少新投资者自己长期亏损，但不在自己身上找原因，却责怪股市出了问题。股市上有这样的箴言：行情永远是正确的,错误的只能是自己。另外,投资者在本能上都有一种跌了以后,不赚回来不肯罢休的想法。这样,很可能会因此遭受更大的损失。

股市短期波动随机性较强,短线投资只能用少量资金参与,并应参考技术分析、市场消息面和市场主力的动态来决定进出股市的时机,同时应设立止损点,防止亏损进一步扩大。

> 点评:避开风险的弹性运作就是投资者要有风险管理意识,股市中的风险有几种,要针对不同的风险,采取不同的风险策略。

二、通过时机选择分散风险

分散炒股风险,选择股票的时机很重要。

依靠领取股息的投资,必须了解各公司的发息日期,在不同国家、不同地区、不同公司派息日期是有所不同的。在不同时间分别购买,有利于分散风险和取得较好的利润。依靠股票的买卖以取得差价收入的投资者,则更应注意股市的淡季和旺季,在投资时间上进行分散,以尽可能地减少损失。

选择不同的时机,实际上就是选择不同的对象。

选择股票时,要按照时间要素将投资分散于不同的公司股票。有些投资者因对某类公司比较熟悉,就将资金全部购买某类公司的股票,一旦该类公司遇到商业循环过程中的不景气阶段,投资者就会遭到重大的损失。投资者不可将全部资金集中于购买一家公司的股票,否则,很可能"一损俱损"。

> 点评:投资者应将资金分开来,选择不同的时段分别投资于不同的公司股票,这样可以收到东方不亮西方亮的效果,相对比较安全。

二、通过类别选择分散风险

证券市场上的股票种类多种多样,仅仅投资于一两种股票或一类股票是很危险的。如果某一组合虽然包括多种股票,但该投资组合中的大部分资金只集中于一两种股票上,其他股票只是象征性点缀其间,同样也具有风险性,因为这种投资只能算是低度分散投资,因而注定比一般分散投资承担更高的风险。

因为不同行为、不同类别的股票可以提供适当的风险分散,所以,一般情况下,没有必要把资金过多集中于一两种股票上。

一种所谓的投资价值高的股票,对于一个投入很少的大户投资者来说,相当于风险投资;相反,当一个小投资者为买一种绝对保险的股票,而借大笔贷款时,这是要命的投资。

点评：认真判别和合理分散股票投资的风险，还是那句老话："不要把鸡蛋放在一个篮子里。"

第九十四课　"投资组合拳"的魅力你知道吗？
——组合投资

一、用投资组合分散风险的原则

没有完全恰当的方法可以确定风险和收益各占多大比例。一般来说，在分散投资时要把握以下几点：

（1）投资行业的分散。即不集中购买同一行业企业的股票，以免碰上行业性不景气而使投资人蒙受损失。

（2）投资企业的分散。不把全部资金集中购买某一企业的股票，即使企业业绩优良也要注意适当的投资分散。

（3）投资时间的分散。可按派息时间错开选择投资，因为按照惯例，派息前股价往往会骤然升高，即使购买的某种股票因利率、物价等变动而在这一时间遭遇系统风险而蒙受损失，还可期待在另一时间派息分红的股票身上获利。

（4）投资地区的分散。由于各地的企业会因市场、税负和政策等诸因素的影响，产生不同的效果，分开投资，便可收到东方不亮西方亮的效果。

点评：只要在进行股票投资时能有效地进行投资组合，就能在降低风险的同时，获取较大的收益，这是一个基本规律。

二、保守型投资组合能避开风险吗

保守型的投资组合是投资者以购买发展缓慢股和较高股息的投资股作为主要的投资对象的股票组合。由于此类股票风险小、股息高，在经济稳定成长的时期，能够获取较好的投资回报，即使行情下跌，仍能够领取较为可观的股息红利。

保守型投资组合策略的资金分布是将80%左右的资金用于购买股息较高的投资股，以领取股息与红利，而只将20%左右的资金偶尔作投机操作。

在经济结构转型与衰退期时，要谨慎使用这种方法。因为在经济结构的转型与衰退期，原先投资价值较高的投资股，有可能由于经济结构的转型和不景气，使发行这些股票的公司获利大幅降低甚至转盈为亏，这样会使所持股票的价值大幅下降而使投资者蒙受损失。

点评：此种投资的组合主要适宜于经济稳定增长时期采用，是否能避开风险则因具体的投资环境而定。

三、投机型组合的优势

投机型投资组合是投资者以选择价格起落较大的股票作为主要投资对象的股票组合方法。投机型投资组合的资金分布是将80%左右的资金用于价格波动频繁且涨跌幅度很大的股票，将20%左右的资金用作买进其他比较稳定的投资股，而为准备再做追价与摊平用。由于这种组合方式的投机比重很大，因而称作投机型投资组合策略。

采用投机型投资组合策略的投资者通常以"见涨抢进、见跌卖出"的追价方式买卖股票。由于此种方式的买卖进出较为敏感，故经常能在股价上涨之初，买到日后涨幅很高的黑马股票，给投资者带来极为可观的差价收益，而见跌卖出的结果，也能使股价持续下跌时，不至于亏损太多。

采用此种组合方式进行投资的人若判断正确，往往比其他组合方式收益更丰，但倘若判断失误，当刚买进某种股票，恰逢股价大幅下跌，或卖出股票，股价又大幅上涨，则极容易给投资者带来惨重的损失。此外，运用投机型投资组合策略就必须频繁进出股市，累计交纳的手续费和印花税的数额也较为可观，因此此种投资组合的操作成本也比较高。

点评：这种投资组合方法不适用于初涉股市的投资者，中小投资者也应谨慎使用。

四、确定随机应变组合的比例

随机应变型投资组合是投资者根据股市走向变化而灵活调整证券组合的投资策略。当判定股市走向看好时，将资金的大部分投放在投资股上；而若认为股市走向是看跌时，将大部分资金转入购买公债等风险较小的证券。

对于此种投资组合可参考以下比例：在多头市场时，投资股20%，领头股20%，投机股40%，债券或流动资金10%～20%；在空头市场时，有息投资股10%、投机股10%、债券和流动资金80%。投资者可根据市场变化情况随时调整比例。

点评：随机应变型的投资组合策略具有机动灵活、能适应市场变动的特点，是一种较为推崇的投资组合策略。

第九十五课　居安思危，思则有备，有备无患！
——风险意识

一、不被牛市冲昏头脑

一般来说，经济繁荣时期，股价会由谷底逐步上涨，股市就步入牛市轨道。这时大部分企业会因市场需求增加而增加就业，从而使企业产品产量和销量都有大幅上升，经营业绩得到明显提高。反过来，企业利润增长带动股息提高，使投资者争相购股，又推动股价扶摇直上，股指也会急剧上扬，维持在高价位。

如果此时投资者选择一些成长性比较好的股票，在价格适当时买入，则可获得可观的回报。

这就是所谓的牛市，是股市维持长期上升趋势的时期。不少投资者认为，在牛市中只要买到股票就能赚钱，这是不准确的。

2007 年的前三个月，股市出现了有史以来最辉煌的纪录，但众多的散户投资者却在阵阵锣鼓声中迷失了买进的方向，不但没有在这次难得的股市暴涨风潮中获利，相反受此盛市之累的人却比比皆是，深沪指数暴涨，众多的散户投资者却败北而回。这就告诉投资者，哪怕是涨市仍可能投资失败。

股市高涨时，部分股民彻夜排队，结果买回的却是"套牢"。

沪深股市打破了"牛市必赚钱"的神话，多少追涨杀跌的短线投资者在牛市中被套牢，想想有点不可思议，但这的确是事实。

> 点评：这些事实充分说明，即使是在大牛市中，股市风险也同样存在，股市陷阱更是如影随形。

二、股票指数高就没有风险吗

随着我国股市规模的不断扩大，上市公司的业绩好坏，发展潜力等各不相同，这增添了股民选择"好股票"的难度。在股市的运作中，许多投资者习惯于以股价指数作为分析了解股市行情的依据，特别是对股票有一定深入了解的人，更是以股价指数的涨跌来判断股价的涨落。

但常让众多投资者心焦的是，当股指攀升的时候，手中的股票却步履沉重，无利可图；当股指走跌的时候，手中的股票价格更是飞流直下，跌的人情急意躁。之所以会如此，是因为投资者没有看到指数的盲点，陷入了指数陷阱。

有时，许多投资者明显感觉到"赚了指数不赚钱"。这是因为，在我国的股市中，以股价指数为依据选股存在很多盲点。在股市交易中，指数本来是靠得住的数据，特别是加权股价指数，是很牢靠的。在西方国家的股市，大多数投资者已经养成了利用指数作为分析工具的习惯。

这本来是不应该构成什么陷阱的，但我国的股市由于创立时间不是很长，各方面还不特别规范，所以有时存在股票不分好坏，要涨一起涨，要跌一起跌的情况，常常是股价全面上扬，全线"飘红"。或者股票的涨跌与否，与其业绩无关的现象，有时少数亏损企业的"垃圾股"也被炒到很高的价位，因而指数的作用被淹没了。

同时，由于股票除权、除息的关系，有时会使得股价指数一直往上攀高，造成股价指数的虚增假象。结果是帮助投资者校正方向的指数反而构成了陷阱，所以笃信指数者就会吃亏。应该说这实际上是一种畸形现象。随着市场走向成熟，指数会重新起到指导作用，绩优股票价格会上扬，绩劣股票价格会下跌，这是必然趋势。

> 点评：股市走强时，虽然股指不断上扬，但是，这并不意味着所有行业都看好，更不是所有的股票价格都会持续上扬。

三、调整震荡就会行情转跌吗

股市的调整与震荡是难免的，没有只涨不跌的股市，但是调整的因素比较复杂。以 2007 年为例，股市波动幅度和波动频率都比前一年增大，主要原因在于 2007 年股市的驱动力发生了重大变化。从某种角度讲，股改是贯穿 2006 年始终的最大驱动力，估值等其他因素作用次之，市场对此看法基本一致，因此 2006 年市场持续向上。

2007 年市场的驱动力发生重大变化，驱动力数量增加、力度减弱、时间分散，不同驱动力的认同度存在较大分歧；同时，在上市公司估值优势有所减弱时市场反而更重视估值，加上政策面出现一些短期利空等，这种状况必然导致市场出现波动。

在估值存在严重泡沫的时候，2007 年末后行情出现了调整。伴随着次贷危机的爆发，世界各国经济受到不同程度冲击，经济增长放缓，各国股市出现不同程度下跌，而中国股市估值偏高状况也有所扭转，股价逐步回归理性，形成了普跌局面。

> 点评：在震荡上行的市场中，保持良好的资产配置是获取理想投资收益的重点。投资者应高度关注发生质变的行业和公司，把握行业板块机遇，注重精选优质成长个股。

第九十六课　那些年踩过的坑，希望你不再踩！
——股市陷阱

一、不被图形分析所迷惑

在股票市场上的投资者，分别依据着不同的方法买卖股票，有着眼于消息好坏来决定操作的"消息研判投资者"，有着眼于公司获利能力，领取股利的"基本分析投资者"，有着眼于市场供求因素及差价利润而以线路为凭借的"技术分析投资者"。

随着股票市场的暴涨，越来越多的投资者加入其中，新手们在初涉股市之时，都想学会一种有效的方法，使自己能够看懂股市，于是，便有不少市场老手及新闻媒体教他们如何看图形进行股票投资，于是也就有了一些投资者专门以技术分析中的"K线图"为依据进行股票投资决策。

而主力庄家往往就利用这一点，故意"设计"出人意料的图形走势，蒙骗那些对技术分析过于迷信的投资者，使他们在图形上信以为真，以便于自己"低价进货"或"高价出货"。

> 点评：有人过于迷信技术分析法，有而走向了真理的反面，被不高明的"技术"所骗。

二、识破技术分析的陷阱

大户主力是如何用"伪造"的图表来进货或出货的？

在这里，大户预谋的关键点在于突破投资者预期的支撑点，或是穿越牢不可破的"压力带"（所谓的出线），诱使投资者卖盘杀出，或买盘抢进从而中计，或损失惨重或被高位套牢。

精通和熟悉技术分析的老手都知道，一旦股票走势超过支撑点或压力带，就预示着新的低价或新的高价的时代可能到来，对于单纯依靠图形分析来投资的投资者来说，自然不会轻易放过做多头或空头，以获取丰厚利润的机会。但主力正是在高价位时出货，在投资者误为空头时，压低价位进货后轧空。

所以，大户的真正意义是利用虚假的图形走势引导投资者做出错误的分析判断，接着到来的却是完全相反的情形，多头时候的先期信号，实则为空头信号；出现卖空信号，实际上主力却在暗中低价买进。

　　点评：狐狸再狡猾也要露出尾巴，骗法做得再漂亮，也会留下显而易见的痕迹。只要投资者能够冷静分析，就一定会发现破绽。而且，如果投资者能够识破主力的"骗技"，抓住时间差，跟进主力坐轿，还能有所收获呢！

三、识破"转投资"炒作

　　大户炒作股票，最常用的炒作题材是"处理资产"和"转投资"。但这种资产处理只是形式上的、口头上的，往往是处理了多少次但那些资产却还是原封不动。当大户炒作时，便是"利多"，上市公司十有八九闷不作声，等到大户炒得差不多、钞票已经"落袋为安"时，再由公司出面发表"严正声明""绝无处理资产或迁厂计划"。

　　例如，某家电机厂在某地的厂房一直在使用中，却年年传出该厂的土地所值如何如何，该厂将要迁厂等。但只要投资者认真思考，便不难发现这不过是个圈套。试想一下，一处正在使用中的厂地，如果要迁厂，必定要先找好新的厂地，可是方便的地段必定价值不菲，偏僻的地区虽然便宜，可是原材料供应、产品运销又都成了问题。

　　再加上迁厂费用及重建与停工损失，要迁厂谈何容易？所以只要稍加思索，"炒作题材"就不可能发挥作用。但奇怪的是，这类题材，在股市中不知被炒过多少次，却是次次成功，屡试不爽。

　　有只食品类股票，只因为拥有了某一地区性银行的股份，这个食品股的股价便猛涨。事实上这个地区性银行在同类银行中，业绩最差，长年处于亏损之中。当大家知道真相后，股价大幅下跌，使追涨的投资者损失惨重。

　　点评：买股票重在着眼未来，不能只注重暂时性的获利。要具有独立的分析能力和判断力，遇事要三思而后行，做到了这一点，就可以避免坠入大户的"转投资"炒作陷阱。

四、远离股票黑市交易陷阱

　　作为股票投资者，千万不要被黑市价格的攀高所迷惑，而坠入黑市股票交易的陷阱。因为黑市交易是违法的，可靠性和可信度极低，各种欺诈、骗术常在黑市中蔓延。一旦买了黑市上的股票，就会面临以下几种风险：

　　（1）买入的可能是已经挂失的股票，或者卖方在卖出后，又到交易所"挂失"，致使买者本利全无，到头来竹篮打水一场空。

　　（2）购买的可能是假股票。黑市交易中，有人见钱眼开，为了谋取暴利，而制造假股票，而且利用现代科学技术造几张假股票，可谓轻而易举。另外一种可能是，在真的股票上做手脚，如涂改相关数据等。

（3）买入后如果股价上升，收益可观，当抛出时，原卖主有可能要求让利，否则，可能会以种种借口不出借股票上载明的股东身份证及印鉴，使你无法将股票抛出。

（4）黑市买卖不受法律保护，一旦被发现后，可能被没收股票及价款。当买卖双方发生矛盾时，政府部门也难以处理。

> 点评：黑市上买卖股票安全系数极低，投资者千万莫要自踏险地。

五、提防信用交易的陷阱

所谓信用交易又称保证金信用交易，它要求投资者在买卖证券时，向证券公司交纳一定数量的现款或证券作为保证金，当买卖证券的钱款出现不足时，由券商垫付差额的部分，这种交易方式运用于股票市场中，就超出了投资的范围，而是买空卖空的典型投机行为。尽管投资者动用的现款比较少，但那些不必由投资者拿出的部分，却等于是借款，是必须支付利息的。不但如此，根据规定，有的信用交易一定要在6个月或几周内作出相反的买卖，比如你一开始是买进，到时不管股价比进价是高还是低，都必须全部如数卖出，否则就将全额现款拿出来还给证券公司。

因为信用交易负有利息，因此必须作短线交易。在不断地买进卖出中，往往因为频繁操作，而无法把握时机。信用交易虽有便利，但从长远的观点看，有时也是一个陷阱，一旦陷入，无法自拔。在1993年3月，上交所推出"严禁信用交易，限期强制平仓"的措施时，多少投资者都因此而一败涂地，黯然离开了股市。

> 点评：一位著名股市大亨曾说，他炒股票从不透支一分钱，他认为"透支，赚的多输的也多"。因此，对于中小散户来说，更要远离信用交易的陷阱。

六、避免陷入指数陷阱

股价指数的上升，并不一定表明所有股票的价格都是上涨的，可能只是少数股票大涨，其他股票原地踏步，甚至有些股票价格反而会下降。简单地说，个别股票价格的涨落，并不一定与股价指数的涨跌相一致。这是因为，即使是在牛市中，也有部分公司可能因经营不善而使效益继续滑坡，股价下跌，如果购买了这种公司的股票，就有可能招致损失。

另外，即使买入一个公司业绩较好的股票也有一个时机选择问题。在什么价位上购买一个公司的股票不可避免地带有主观成分，包括投资者对明天能以多少价格出售股票的心理预期，这种成分包含着强烈的自我循环机制，会使股市可能在一段时间内背离企业的内在价值，产生"泡沫"。所以，并非在牛市中只要买到股票就能赚钱。

股市中有一种主力庄家专门将整个股市作为炒作对象，把综合指数作为"个股"那样去炒作，运用各种方法去影响、控制其涨跌。

由此可见，仅凭股价指数决定投资策略是不科学的，往往会使投资者蒙受不明不白的损失。投资者不能仅仅看大势是"牛市"还是"熊市"，而应该花费更多的时间和精力去研究个股，要对个别股票的价位多做分析。

> 点评：要透过股价指数这个一般的现象，去分析各个公司股票的个性特征，千万不要被指数盲点遮住了视线。

七、识别多头与空头陷阱

"多头陷阱"，是大市的上升行情已经走到尽头，即将转升为跌时，突然迅速地上升一段，令投资者认为升势未完而纷纷追高，从而被套牢的行情。一般来说，"多头陷阱"发生在一种股票新高价成交区内，股价突破原有区域达到新的高峰，然后迅速地跌破以前交易区域的低点（支撑水准）。更恰当地说，多头陷阱捕捉到了那些在股价最后上涨时买进的人，或者在突破后买进的人，它使落入陷阱里的投资者被套牢而遭受损失。

多头陷阱一开始与多头行情差不多，都是股指、股价跳空开盘，高开高走，甚至突破股指、股价的上档阻力位，创新高，成交量也随之放大，可谓是"形势大好"。此时投资者很难判断这是多头陷阱还是多头行情，因而也就难以做出正确的抉择，是做多还是做空。一般来说，许多投资者都将这种情况认为是多头行情而追高吃进。其结果是随着成交量的不断放大，股指、股价掉头向下，追高吃进的做多者被高价套牢。

> 点评：只要掌握了多头陷阱的典型特征，就不会轻易上当了。

八、避免陷入成交量的陷阱

正常的状况是：股价以高成交量在主要的上升趋势中达到了新的高点，然后以稍低的成交量回档。只要回档不跌破目标的支撑线，就可以解释为多头行情。而多头陷阱一般来说恰好是成交量巨放而且向下回档又跌破了支撑线。

那么，为什么成交量巨放反而有可能是陷阱呢？

这是因为，在股价、股指持续上涨的过程中，积累了大量的获利盘，此时一旦接近上档阻力位，获利盘与解套盘就会一起杀出，加入"空方打压盘"的阵营，致使成交量巨放，甚至出现天量。天量意味着股价上涨力量已经达到极限，股价涨不动了，会引出更多的获利盘与解套盘，多方托不住天量的盘子，"多翻空"瞬间完成，股价、股指必然出现回落。此时，空方会借机拼命打压"指标股"，如大盘股，击穿股指的下档支撑位，制造"空头陷阱"，让人感觉似乎"熊市"已到，引起市场恐慌性抛售。

"空头行情"出现，股指迅速下跌，待股指跌幅已深，消化了获利盘，"套牢盘"也不肯"割肉"，成交量持续萎缩，股指获下档技术支撑位支撑时，抄底盘纷纷杀入，"空翻多"瞬间完成，成交量开始放大，又一轮"多头行情"开始了。

> 点评：当股价跌到一个新的低点时，如果成交量小而且冲不破支撑位，基本可认为是行情看好；如果在新的低价位上成交量反而剧增并且击穿支撑位，就应该慎重从事了。

九、避免掉入"拉高出货"的陷阱

拉高出货是主力普遍采用的办法，主要是利用一些投资者追高吃货的特点。

股市中有这样一种不正常的操作方法和投资理念：当投资者追高买进某种股票时，尽管价位已经很高，但总是想，在更高的价位上还会有人买，自己可以在更高的价位上卖出，这样就可以获利了！而在更高价位上买到的人也是这么想的，于是就总是有人追高吃货，永远如此。

实际上，这是一种极为冒险的投机策略，说是投资理念都抬高了！稍不留心，就被高价套牢，以致落入陷阱，损失甚大。主力拉高出货正是利用人心思涨、人性贪婪的弱点。

主力在炒作股票时，首先是在低价不断买进筹码，并根据各公司股票的本质和散户跟进的"票房记录"，采取长期抗战或边打边躲的游击策略，一步步地将股票的价格炒高或炒热，继而在高档行情出现时，将筹码"传递"给接棒者，而那些将"火棒"接到手中，再也找不到更高的价位传出去，就成了套牢者。

从形态上讲，拉高出货有很多，包括跳空高开后陆续出售，在高档整理时换手，或在尾盘拉高让看好后市的散户抬轿等。

主力将股价炒高是一个过程，不是一两天就完成的。主力出货往往采取分批"零售"的方式出货，这样做使卖盘压力不大，其回档的幅度也不大，意欲坐轿的散户不明其中道理，往往误认为是抢到"低货"。如果痕迹败露，卖盘转旺，主力便使用高明的操作技巧和少量的筹码使股价回升，如此"多出少进"来回几次之后，货出得七七八八，钞票落袋为安。因此，主力在"拉高出货"时，往往不动声色，化整为零地释出筹码，必要时，还会根据情况的变化而维持股价，再寻机抛售。

> 点评：投资者必须小心谨慎，学会研判市场行情，深入了解主力和资金动向，做到知己知彼，方能获利。在做投资决策时，要注意技术分析和财务分析，要观察市场行情的变化，多研究市场行情，不要怀着暴富的想法而盲目追高，以免上轿之后下不来，即使下来了也可能缺胳膊少腿。

十、识破压低出货

主力在炒作某只股票的过程中，要完成其取得暴利的目的，经过收集、拉高、洗盘，最后一步就是派发，也就是出货，而且这是最关键的一步。

压低出货是指主力将股价炒到相当高的价位后，使劲地把所有筹码都往市场上"倒"，承接盘又很有限，结果导致股价像直线一样重挫，以无反弹、无盘档整理的姿态完成出货。"压低出货"可以说是主力出货手段中最凶狠、最阴险的招数，所以那些刻意塑造形象的主力，为避免损害到自身的名誉和利益，不到万不得已，都不会采取这种杀伤力过大的出货手段。

一般来说，股价上涨都是主力有意为之，长期涨势往往呈现出阶梯式的盘涨，最后以不断创出新高的假象引君入瓮。在高位回调中，场内投资者以为这是不断创出新高过程中的小幅回档，于是在高位回调中加大入场的仓位，而场外投资者认为不可再错过在不断创出新高中的回调机会，于是在回调中捡"便宜货"。可是，最终股价再也见不到新高，留守者和跟进者都被"套牢"在高位，这就是"压低出货"的陷阱。

> 点评：压低出货其实就是利用盘涨的走势，使投资者防不胜防。即使是倚重技术分析的"线仙"，同样误以为这是股价的自然回档而落入主力圈套。短线操作忌讳盲目追涨，当出现超买或严重超买的情况时，应当果断离场。

十一、识破冲销转账的戏法

大户们在炒作股票时，为了操纵股价，常会用到冲销转账的方式。具体情况是这样的：一个投机者或一个集团利用不同的个人身份开立两个以上的银行账户和股票账户，以互相冲销转账的方式，反复"做价"，只要付出少量的手续费，就可以把股价任意抬高或压低。

如某大户以甲、乙、丙三个不同的姓名分别在三个不同的证券商开立账户。为了抬高某只股票的价格，先以甲的股票账户买入该股票（假定每股20元），然后叫价30元，把甲账户中股票转入乙账中，再以40元或更高的价位转入丙账户。

实际上，买者和卖者是一个人，但通过三转两转，容易造成一种虚假的需求，无形中把一种股票的价格抬高，随后择机卖出，从中牟利。反之，如果想压低某种股票的价格，先用甲的账户以每股 20 元卖出，转入乙账户，又以每股 15 元的价格转给丙账户，这种互相冲销的办法，容易造成一种虚假的供给，从而压低股价，然后伺机购进。

> 点评：也有的大户在不同的证券营业部开户，以"拉锯"的方式做价，甚至与券商勾结，对做对敲，造成一种有利于自己的形势。这两种做法，原理都是一样的。

十二、识破虚假的哄抬股价

在股市中，一些人串通一气，互相做价，造成虚假的需求或供给。

比如甲、乙、丙三人合伙做股票生意。如果他们想抬高某种股票的价格，甲以高于市价把手中的股票卖给乙，乙则以更高的价格卖给丙，通过这样的做贼抓贼，无形中就把股票的价格抬高了；反之，如果他们想压低某种股票的价格，甲以低于市价把手中的股票卖给乙，乙则以更低的价格卖给丙，通过这种方式，无形中就把股票的价格压低了。

这种做法，与市场上一些不法商人利用各种托儿欺骗顾客是一样的道理。

在深圳和上海的股市中，经常从盘口中可以观察到某些大户和主力之间的对冲和换庄，以造成某种股票的虚假需求，成交量突然放大，使散户投资者误以为是"量增价升"和新一轮行情的发动，于是大胆杀入，而结果是吃完货后，股价不升反跌。

> 点评：对于股市中出现不正常的"量增价升"，要有辩证的思维分析，警惕大户们上下其手。